Tendencias de las redes sociales en 2024

¿Hacia dónde nos dirigimos con Instagram, X (Twitter), Threads, TikTok, Facebook, LinkedIn, BeReal! y otros?

Un libro práctico lleno de ideas positivas para una sociedad digital que se encuentra entre disrupción social e inteligencia artificial.

Un libro escrito para grandes y pequeñas empresas, para todos los interesados en la comunicación digital y para todos los curiosos.

Escrito por Daniel Elger de Castro Luís

 tredition

© 2024 Daniel Elger de Castro Luís
Website: www.danielelger.de

ISBN: 978-3-384-27373-4

Editora: ELGER PUBLISHING, www.danielelger.de

Impreso y distribuido por cuenta del autor:
tredition GmbH, Heinz-Beusen-Stieg 5, 22926 Ahrensburg, Alemania

Índice

SOCIAL MEDIA TREND 2024/7
Experimentar con diferentes canales sociales: cómo las marcas

SOCIAL MEDIA TREND 2024/8
El poder de los nano y micro influenciadores:
Cómo las cuentas pequeñas tienen un gran impacto **204**

SOCIAL MEDIA TREND 2024/9
Privacidad, por favor: Cómo la privacidad en las redes sociales
se está convirtiendo en una prioridad **230**

Estimado lector,

este libro se ha publicado en alemán en noviembre de 2023. Como ya sabrás, el mundo de las redes sociales, el universo de la inteligencia artificial y todo lo que tiene que ver con internet avanzan a un ritmo vertiginoso. Como consecuencia, es posible que algunos de los datos ya no estén completamente al día. Durante la fase de corrección y traducción al español, se han realizado algunos cambios y actualizaciones con respecto al libro alemán. Pido disculpas si ha quedado algún error. Por favor, ve este libro como lo que es: una fuente de inspiración e ideas. Si alguna de las citas es errónea o incorrecta, por favor, házmelo saber. Las citas en el libro han sido traducidas del alemán. Te invito a que me escribas si observas algún error grave o si dispones de información más actualizada sobre los temas presentados. En este caso, escribe a mailto@danielelger.de.

En cualquier caso, espero que disfrute del libro.

Un cordial saludo, Daniel

Preludio

En los últimos 20 años, la forma en la que comunicamos ha cambiado radicalmente, en gran parte gracias al uso de las redes sociales. Estamos actualmente en una era de comunicación que nos proporciona un alcance, una conectividad, una diversidad y una velocidad de transmisión de datos sin precedentes. Estamos más conectados a través de las redes sociales que nunca en la historia de la humanidad. Al mismo tiempo, parece como si nunca hubiéramos estado tan lejos los unos de los otros a nivel individual. Nos sentimos solos, inseguros y divididos.

Antes de la era del internet y de las redes sociales, había comparado con hoy pocas formas de conectarse con los demás y comunicarse más allá de los límites de nuestra propia comunidad. Podíamos llamar por teléfono, escribir postales o cartas, enviar un fax o hablar con otras personas en persona. Sin embargo, el desarrollo de internet, y especialmente el auge de todos los canales en las redes sociales, han eliminado por completo estas limitaciones y nos han traído una gran variedad de nuevas formas de comunicarnos.

Disruptores y potenciadores

Uno de los mayores disruptores ha sido la introducción de la comunicación en directo en los respectivos canales de las redes sociales. En el pasado, a menudo esperábamos horas o incluso días para recibir una llamada o una respuesta escrita por carta o fax. Incluso los correos electrónicos se inventaron originalmente como canal de comunicación asíncrono al que normalmente no respondemos al instante.

Hoy, sin embargo, podemos responder instantáneamente a mensajes y notificaciones y comunicarnos directamente con nuestros amigos, familiares y colegas. Incluso podemos saber por los puntos y las marcas de verificación si el mensaje ha sido recibido, leído y está siendo respondido. ¿No es eso genial y terrible al mismo tiempo? La pandemia del Covid, que de alguna manera nos ha tocado vivir a todos entre 2020 y 2022 ha relegado a un segundo plano las variantes de comunicación asíncrona y ha empujado a los canales de comunicación síncrona como WhatsApp, Telegram, Teams, Zoom,

DMs y muchos otros. Este cambio ha modificado fundamentalmente la forma en que interactuamos, la forma en que nos comunicamos en nuestra vida personal y profesional.

Otro cambio significativo en los últimos años es la aparición de comunidades en internet. Antes de la era digital era necesario estar físicamente en un lugar para entrar en contacto con personas de ideas o intereses parecidos a los que uno tenía. En aquel entonces se iba al bar o se visitaba las innumerables asociaciones y grupos de interés. Las iniciativas deportivas, culturales y políticas necesitaban la presencia y el intercambio de personas reales. También en este caso, la pandemia ha forzado una evolución que ya se presagiaba, pero que ahora ya no tiene marcha atrás. Hoy en día, podemos establecer contactos en línea con personas de todo el mundo que comparten nuestros intereses, por muy específicos, extraños o estrafalarios que sean. En el proceso, las redes sociales en particular nos han permitido hacer nuevos amigos digitales, personas afines y aliados que nunca habríamos conocido de otro modo, y han ampliado nuestras oportunidades de interacción social. Por un lado, eso es maravilloso. Por otro lado, existe el peligro, que cada vez nos movemos más únicamente dentro de nuestro propio mundo de ideas, intereses y pensamientos y, sin darnos cuenta, acabamos metidos en una u otra burbuja de ideas, opiniones o conspiraciones que pueden radicalizarnos.

Las redes sociales han cambiado la forma de expresar nuestras opiniones y puntos de vista. Antes uno, si quería expresar su opinión para cierto tema, no tenía más remedio que acudir a una manifestación, escribir una carta a la redacción del periódico o expresar su opinión en una conversación personal para ser escuchado. Hoy podemos compartir nuestros pensamientos e ideas minuto a minuto a través de plataformas de redes sociales como X (Twitter), Threads o WhatsApp, llegando a un público muy amplio, si así lo queremos. Esto ha hecho que hoy la gente sea mucho más abierta y tenga más confianza a la hora de expresar sus opiniones y hacer oír su voz. Han surgido muchas cosas positivas de esto. Pero, por supuesto, también han surgido los lados más oscuros, como la radicalización, el ciberacoso y el embrutecimiento de los modales en todas sus facetas. El hecho de que muchas democracias liberales y cosmopolitas se tambaleen actualmente también tiene mucho que ver con la forma en que se manejan las redes sociales en estas sociedades. Los gobiernos democráticos, modernos y liberales, que dependen de la interacción social, positiva, humanista y de apoyo mutuo, subestiman espantosamente el poder de las redes sociales como forma de comunicación influyente y formadora de opiniones. Sorprendentemente estúpidos e ingenuos, siguen descuidando estos cambios en la comunicación moderna, asegurando así indirectamente el ascenso de populistas, extremistas y radicales, que lamentablemente tocan mejor el teclado de las redes sociales y les importan un bledo los límites éticos o morales. Los populistas radicales y los fascistas ganan en gran parte, porque saben utilizar mejor las herramientas de las redes sociales. Así de sencillo es.

Otro factor importante que ha cambiado nuestra manera de ver y consumir medios, noticias y mensajes es la expansión de la comunicación visual. En mi juventud, teníamos que limitarnos a las palabras escritas o a la comunicación verbal para expresarnos. Hoy podemos crear y utilizar fotos, vídeos y GIF para expresar nuestros pensamientos y sentimientos con pocos clics. En cuestión de segundos, las herramientas de inteligencia artificial actuales como DALL-E o Midjourney crean elementos visuales que se adaptan a nuestras ideas. Usamos avatares y emojis que se pueden personalizar para adaptarlos a mi persona e integrarlos en nuestros mensajes y posts. Y animar tipografía de forma emotiva y emocionante es pan comido. La comunicación visual ha llegado a ser una parte integral de nuestra forma de comunicarnos y, al mismo tiempo, el potenciador de dopamina que hace que canales como YouTube, TikTok o Instagram tengan tanto éxito. Por poner una cifra: en los 150 años transcurridos desde la invención de la cámara fotográfica hasta 1970, todos los seres humanos que hemos vivido hemos creado 14 mil millones de fotos. Es la misma cantidad que el número de imágenes generadas solo por Inteligencia Artificial en los últimos 15 meses, desde el estreno de herramientas de IA como DALL-E.

Comunicación corporativa y profesional

Las redes sociales han cambiado igualmente la forma en que las empresas se comunican hoy en día con sus clientes, empleados y socios. Ahora pueden interactuar directamente con sus clientes en plataformas de redes sociales como LinkedIn, Instagram y Facebook, ofreciendo una experiencia al cliente más personalizada y creando puntos de contacto emocionales en todas las etapas de la experiencia del usuario. En los últimos 15 años, las redes sociales han influido enormemente en la forma en que las empresas planifican y ejecutan sus campañas de marketing. El marketing en redes sociales es ahora una parte importante de cualquier estrategia de ventas en las empresas de éxito. Sin embargo, siempre me sorprende ver cuántas empresas, sobre todo pequeñas y medianas, siguen ignorando el tema del marketing en redes sociales y, por tanto, dejan que se esfumen los éxitos de ventas a largo plazo.

Voy a ser un poco provocador: **cualquier empresa, grande o pequeña, que no tenga una estrategia para su comunicación en las redes sociales y no confíe en estas para crear una relación con sus clientes, dentro de poco llegara a ser irrelevante y está poniendo en peligro su propia existencia.**

El uso de las redes sociales, especialmente en forma de innumerables intranets, ha revolucionado también la comunicación interna en las empresas. Donde antes se utilizaban tablones de anuncios, diarios de los empleados, memorandos y reuniones, hoy plataformas digitales como Teams o proveedores de soluciones digitales como haiilo o Staffbase ofrecen una forma de comunicación directa, interactiva y oportuna. A menudo permiten un diálogo dinámico en el que los empleados pueden compartir abiertamente sus pensamientos e ideas. A través de estas aplicaciones de redes sociales, las empresas pueden difundir directamente actualizaciones de la empresa, anuncios e información importante, a menudo mejorada con elementos visuales y multimedia que aumentan el compromiso de los empleados. Éstos pueden responder directamente y formular comentarios y preguntas, fomentando un clima de comunicación transparente e integrador. Además, el uso de las redes sociales en la comunicación interna favorece el desarrollo de la cultura propia de la empresa y refuerza así la unión. Empleados con distintos intereses pueden formar equipos virtuales, trabajar juntos en proyectos e incluso organizar actos sociales, lo que contribuye a la satisfacción del empleado. En resumen, las redes sociales han mejorado fundamentalmente la forma en que las empresas se comunican internamente, al tiempo que generan numerosos beneficios para el entorno laboral.

Mirando al futuro

El futuro de la comunicación está marcado actualmente por nuevas tecnologías como la inteligencia artificial (IA) y el Internet de las Cosas (IoT). Pero también influyen en los temas de comunicación tendencias y soluciones técnicas como la Realidad Aumentada (RA) y la realidad virtual (RV). Da igual de que avance tecnológico digital estemos hablando, una cosa es cierta: las redes sociales desempeñan un papel importante en la mayoría de estos avances. Tomemos, por ejemplo, la integración de la inteligencia artificial en la comunicación. Los chatbots y las respuestas automatizadas a las consultas en los canales de las redes sociales ya pueden ofrecer un gran alivio a las empresas, y sin duda veremos algunos desarrollos interesantes en este sentido en el futuro.

Pero, además de los avances tecnológicos, también es importante que como sociedad seamos conscientes del impacto que puede tener nuestro propio estilo de comunicación individual en las redes sociales. La red no olvida nada y nuestras declaraciones y acciones pueden tener consecuencias de largo alcance, tanto en contextos privados como profesionales. Una comunicación apreciativa y respetuosa en las redes sociales puede ayudarnos a sentirnos más seguros y cómodos. Si no prestamos atención a nuestro estilo de comunicar y seguimos radicalizando de manera histérica la comunicación, surgirán tendencias que pueden ser peligrosas para cualquier sociedad: desde la autopercepción distorsionada del individuo, pasando por la radicalización, las fake news, las campañas de troles y los shitstorms contra empresas, hasta la adicción online y la pérdida de estructuras de valores humanistas y positivos en nuestra sociedad. Por eso, a pesar de todo el entusiasmo por las nuevas tendencias, en este libro se encontrarán también algunas palabras de advertencia.

En general, en los últimos 20 años hemos experimentado un desarrollo impresionante y cambios muy grandes en todos los ámbitos de la comunicación debido a la enorme influencia de las redes sociales. El mundo se ha acercado más a través de las redes sociales y el intercambio en estas. Podemos conectar con personas de todo el mundo con más facilidad que nunca. Sin embargo, aunque la comunicación en las redes sociales es muy positiva en muchos aspectos, es responsabilidad de cada individuo recordar siempre que en las redes sociales también tratamos con personas reales y que nuestras palabras y acciones siempre tienen consecuencias. No, las redes sociales no son un espacio sin ley donde todo el mundo puede hacer lo que quiera. Sí, todo el mundo tiene derecho a tener su propia opinión, pero no todo el mundo tiene derecho a sus propios hechos. Si somos conscientes de esta responsabilidad y nos comunicamos respetuosamente entre nosotros, sobre todo cuando no concordamos en algún tema, podremos dar forma a una comunicación exitosa y positiva en las redes sociales en el futuro, tanto como individuos como empresas.

Redes sociales más populares por cantidad de usuarios entre los internautas de Alemania en 2022

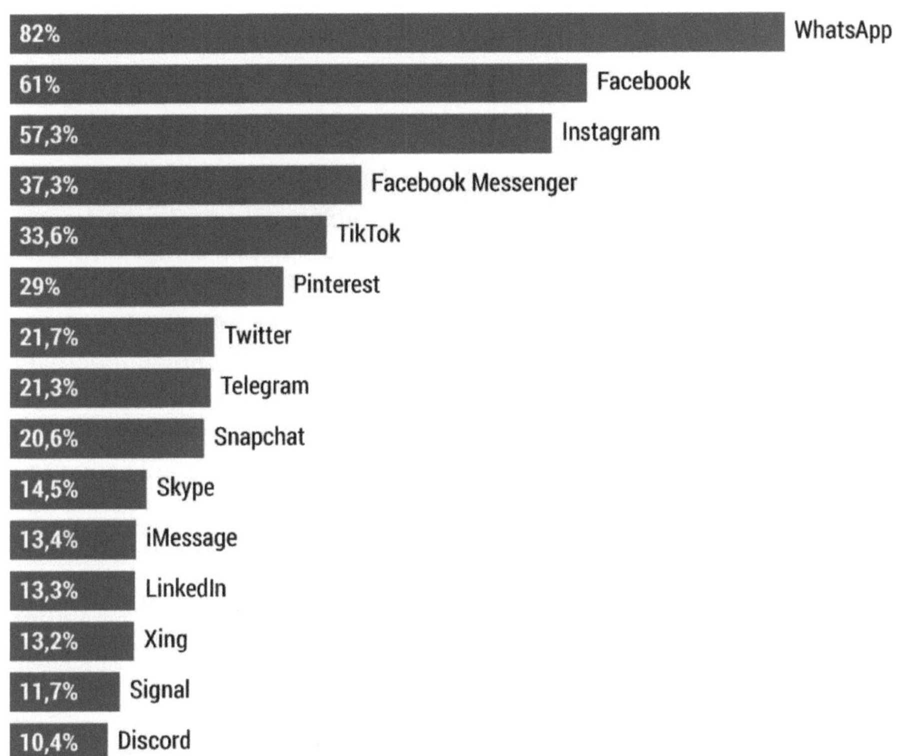

Fuente: WeAreSocial, HootSuite y otros.

¿Cómo surgió este libro?

Como docente y Consultor de comunicación para empresas grandes y pequeñas, qué trabaja con los temas redes sociales y online marketing, me dedico constantemente a estos campos que también incluyen la inteligencia artificial y la psicología detrás de la comunicación humana. Siempre trato de mantenerme al día con las últimas tendencias en estos ámbitos. En comparación con mis colegas que enseñan diseño gráfico, tipografía o redacción, yo tengo que adaptar, cambiar o revisar completamente el material de mis clases al menos dos veces al año. Aunque por un lado puede ser agotador, lo disfruto enormemente, ya que constantemente puedo aprender algo nuevo. Intento hacer esto cada día y voy por la vida con gran curiosidad y amor por el aprender. Esta actitud que ya tengo desde que soy niño juega a mi favor.

La inteligencia artificial (IA), por ejemplo, siempre fue uno de los temas de mis clases que me interesó mucho, pero realmente no profundizaba mucho en él. No soy un friki de la tecnología y por eso tenía un enfoque más teórico, casi filosófico, hacia el tema IA. Esto cambió cuando examiné más de cerca las IA que utilizan canales de redes sociales como Facebook o Instagram y el impacto que tienen estas herramientas en nuestros diferentes niveles de conciencia. La pasión por IA se vio reforzada cuando probé por mí mismo lo rápido que las IA aprenden y se adaptan a mí como usuario. Por eso fui uno de los que probó chatGPT con entusiasmo infantil a finales de 2022 e inmediatamente me enganchó. Desde entonces, utilizo con regularidad distintas IA, especialmente en las áreas de procesamiento de texto, generación de imágenes, código y análisis de datos en un contexto de marketing.

Hace unos meses, estaba buscando para un proyecto las tendencias de las redes sociales para el año 2024. Lo hice usando entre otras cosas algunas herramientas de IA. Sin embargo, como fuente para futuros temas, los colegas virtuales de la IA son bastante poco fiables. El problema con las IA como chatGPT es que, por un lado, no sabes con qué datos han sido entrenadas y, por otro, no son realmente las fuentes más fiables. Si creen que tienen que hacerlo, inventarán contenidos, y hay que comprobar cuidadosamente con mucha exactitud todo lo que las IA producen, antes de utilizarlo. Así que elaboré las tendencias como siempre lo había hecho: análisis de diversas herramientas de marketing en redes sociales, institutos y agencias que llevan muchos años dedicados a la investigación del futuro, numerosos estudios de tendencias actuales, herramientas de monitorización de redes sociales y mi propia experiencia. Sin embargo, cuando por fin definí las tendencias en redes sociales para el 2024, el intercambio de contenidos con chatGPT fue en parte tan entretenido que en un momento dado me sorprendí a mí mismo pensando "y si escribimos el libro juntos". Y así fue como empezó a formarse la idea de usar de manera transparente IA en la redacción de este libro.

Por supuesto tenía claro que quería ser abierto al respecto. Los pasajes de texto creados por chatGPT son claramente reconocibles como tales. Pero incluso en estos pasajes no hay frase que yo no haya tenido que revisar y comprobar en el 99% de los casos. En algunas excepciones no he cambiado el resultado creado por IA. Éstas me parecían tan buenas, divertidas, erróneas, extravagantes o simplemente dignas de mención que las he incluido en el libro. También estas son claramente reconocibles y deberían ser fáciles de encontrar, como lo demuestra el siguiente ejemplo. Al escribir este libro use las versiones 3.5 y 4. Hoy en mi trabajo uso la versión 4o que es increíblemente más avanzada que las anteriores.

Empieza el viaje el 18 de mayo de 2023

Yo: ¿Cómo le explicarías a un niño lo que es chatGPT y por qué no debe tenerte miedo?

GPT-4: Claro, imagina que soy como un gigantesco y simpático dragón de los libros que vive en una biblioteca llena de libros, historias, chistes e información. Puedes hacerme una pregunta y yo bucearé en esta enorme biblioteca para encontrar la mejor respuesta para ti. Incluso puedo contarte un cuento, escribirte un poema o ayudarte con los deberes. Pero no te preocupes, no soy un dragón de verdad y no puedo salir de la pantalla de mi ordenador. Sólo soy una herramienta creada por científicos e ingenieros inteligentes para ayudar a la gente a encontrar información y responder preguntas. Y esto es lo más importante: soy un dragón muy pacífico. No quiero asustar ni hacer daño a nadie. Siempre puedes apagarme o hacer clic si no quieres hablar conmigo. Pero espero que podamos divertirnos juntos mientras aprendemos y descubrimos.

¿A que es gracioso? :)

Mantuvimos "conversaciones" similares durante horas. No sólo con chatGPT de openAI, sino también con otras inteligencias artificiales que trabajan con texto escrito. En el libro encontrarás varios diálogos como éstos. Espero que sirvan para entretener o para hacer más vívido uno u otro tema. Los pasajes creados por chatGPT también pueden servir como impulso para dar una idea de cómo trabajar con IA. Tras innumerables conversaciones con expertos de las mejores agencias publicitarias y de comunicación de Alemania, el consumo de un sinfín de estudios, de casos prácticos y el rastreo de innumerables sitios web, llego en Mayo del 2023 el momento, en el que había definido los temas que llegarían a ser las tendencias de las redes sociales para 2024. En mi computadora aparecieron estas líneas de texto:

Tendencias de las redes sociales para 2024 – ideas originales

- La Realidad Aumentada se está convirtiendo en una parte importante de la experiencia de compra en las redes sociales.
- Los vídeos cortos están adquiriendo cada vez más importancia en la captación de clientes, cambiando en el proceso el comportamiento de los consumidores y la capacidad de atención de los usuarios.
- La sostenibilidad se está convirtiendo en un tema muy importante en el marketing de las redes sociales y es crucial para el éxito de las empresas.
- La venta directa de bienes y servicios en las plataformas de las redes sociales se está convirtiendo en la corriente dominante.
- Las interacciones por voz se están convirtiendo en la nueva normalidad también en las redes sociales.
- Los chatbots y la inteligencia artificial mejoran significativamente la atención al cliente en las plataformas de redes sociales.
- La comunicación sigue desplazándose hacia las redes sociales: Cómo las plataformas de redes sociales ofrecen oportunidades para que las marcas se diferencien de la competencia.
- Los micro influidores y los influidores corporativos se están convirtiendo en factores importantes en las estrategias de marketing.
- La protección de datos y la privacidad siguen siendo cuestiones importantes en el marketing de las redes sociales.
- Las redes sociales favorecen el cambio social y político.

El contenido era el que yo quería, pero el tono todavía no me gustaba. Faltaba la emoción. Así que pregunté a mi coautor digital chatGPT cómo podía reformular los títulos de los capítulos para que sonaran más emocionantes. El resultado fueron estas sugerencias:

- *"Inmersión total: La Realidad Aumentada revoluciona la experiencia de compra en las redes sociales "*

- *"El efecto TikTok: cómo los vídeos cortos cambian nuestra capacidad de atención".*

- *"Las redes sociales se vuelven ecológicas: Cómo las marcas y las empresas deben integrar la sostenibilidad en su estrategia de marketing".*

- *"Venta social: Cómo la venta directa está en auge en las plataformas de redes sociales".*

- *"Cuidado con lo que dices: Cómo las interacciones basadas en la voz están transformando la experiencia de las redes sociales".*

- *"El auge de los chatbots: cómo la inteligencia artificial está transformando la atención al cliente en las redes sociales".*

- *"¿Hablas Social Media? Cómo las marcas modernas ganan ventaja comunicándose en las redes sociales".*

- *"El poder de los micro influidores: Cómo pequeñas cantidades de seguidores pueden tener un gran impacto".*

- *"Privacidad, por favor: Cómo la privacidad ha llegado a ser una prioridad en las redes sociales"*

- *" Las redes sociales al servicio del bien: Cómo las plataformas y los usuarios se comprometen con el cambio social y político ".*

No está mal, ¿verdad? Con algunos cambios, he tomado estas sugerencias y las he implementado en el libro. Para mí es muy importante que tú, el lector, encuentres en este libro valor adicional para ti personalmente y también para la empresa en la que trabajas. Por eso encontrarás listas de comprobación, ejemplos prácticos, recomendaciones, preguntas, deberes y enlaces adicionales a los temas. En el mejor de los casos, este es un libro de trabajo al que volverás una y otra vez. Siéntate libre de escribir tus pensamientos, ideas y comentarios en este libro. Toma tus propias notas. Tacha cosas que no te gustan o marca aquellas que te gusten. No dudes en enviarme tus comentarios a la dirección de correo mailto@danielelger.de. También yo quiero seguir mejorando y aprendiendo.

Con todo mi esfuerzo y compromiso, estoy consciente de que este libro es sólo una instantánea. Las tendencias mencionadas no son las únicas que existirán en 2024. Dependiendo de la empresa, puede que las ideas aquí mencionadas no sean tan importantes para ti o que ya se vivan en tu empresa desde hace mucho tiempo. Son las tendencias que yo individualmente veo para los próximos años. No pretendo ser el único que tiene razón ni pretendo que son todas las tendencias que veremos a lo largo del año o de los siguientes años. Pero creo firmemente que los temas mencionados en este libro describen la dirección que tomará la comunicación en 2024.

También me gustaría mencionar que este no es un libro científico. Me quedo feliz, si este libro te da una o dos ideas para empezar a trabajar con las redes sociales. ¡Si encuentras uno u otro impulso que te haga reflexionar y que puedas poner en práctica en tu empresa o en la manera como usas las redes sociales, perfecto! Este libro pretende ofrecerte una visión general y darte algún impulso. Cada cual puede profundizar por sí mismo en las áreas que le resulten importantes. Con este libro, quiero presentarte temas e ideas, rozarlos y lanzarlos a la discusión. Crear ideas prácticas, tener una visión general de los temas y darte algunos impulsos. Estas son las metas que tuve al escribir este libro. Nada menos, pero tampoco nada más.

Pero, en cualquier caso, te deseo que te diviertas y que te inspire leerlo.

SOCIAL MEDIA TREND 2024/1
Inmersión total: La Realidad Aumentada revoluciona la experiencia de compra en las redes sociales

La Realidad Aumentada combinada con las redes sociales es una de las tendencias en 2024. Esta combinación innovadora y creativa ofrece a las empresas numerosas oportunidades que les ayudarán a hacerse más visibles para sus clientes y de esta manera a sobrevivir en un mercado altamente competitivo. Pero ¿qué es la Realidad Aumentada? Una rápida pregunta a mi coautor de GPT nos da la siguiente respuesta:

Yo: Explícanos, desde la perspectiva de un experto en marketing, qué es la Realidad Aumentada y cuál es la diferencia entre Realidad Aumentada y Realidad Virtual.

GPT4: La Realidad Aumentada (RA) añade elementos digitales a nuestro mundo real incrustando gráficos informáticos o información en nuestro entorno natural. En cambio, la Realidad Virtual (RV) crea entornos inmersivos totalmente digitales en los que el usuario está inmerso. Así, mientras que la RA es una superposición de elementos virtuales sobre el mundo real, la RV sustituye completamente la realidad física por una digital. Ambas tecnologías ofrecen grandes oportunidades para el marketing, ya que crean experiencias únicas e interactivas que pueden captar la atención del consumidor e impulsar la fidelidad a la marca.

En primer lugar, la Realidad Aumentada lleva la experiencia de compra a un nivel completamente nuevo. Imagínate que entras en una tienda y quieres comprarte un par de zapatos nuevos. Con la Realidad Aumentada, tienes ahora la posibilidad de probarte el producto virtualmente sin tener que tocarlo. Eso significa menos tiempo en la tienda y más tiempo para hacer otras cosas, y nada de intercambios amistosos de esporas del pie de atleta con otras personas.

Pero no se trata sólo de ahorrar tiempo. La Realidad Aumentada también puede ayudarte a tomar decisiones de compra. Por ejemplo, si quieres comprarte unas gafas de sol nuevas, la Realidad Aumentada te permite probarte distintos modelos virtualmente y ver cómo te quedan. Así puedes estar seguro de que compras el producto adecuado y no compras algo que ni te gusta ni te queda.

Otra ventaja de la RA en combinación con las redes sociales es que crea una experiencia muy personalizada. Las empresas pueden utilizar esta tecnología para crear ofertas y anuncios personalizados. Por ejemplo, si estás buscando un nuevo par de vaqueros, una marca podría crear un anuncio personalizado que te muestre cómo te quedarían los vaqueros. Esto crea una experiencia única y personalizada que crea una relación estrecha con el cliente. Las redes sociales ayudan en este momento a compartir la experiencia con los amigos o la familia, por ejemplo, compartiendo fotos y videos que captan el momento, y de esta manera se potencia el efecto marketing.

La fidelidad y el aprecio del cliente crecen, lo que lleva a que también el valor de la marca se beneficia por el uso de la Realidad Aumentada, sobre todo en combinación con las redes sociales. Utilizando RA las empresas pueden crear una percepción de la marca que es única. Si creas una campaña publicitaria que incluye elementos de RA, tu empresa será percibida, considerada y recordada como innovadora por una campaña moderna y única.

Usar RA en combinación con las redes sociales de la empresa también es una forma estupenda de llamar la atención. En un mundo en el que todo el mundo intenta llamar la atención, la Realidad Aumentada puede ayudarte a destacar entre la multitud. Si creas una campaña con Realidad Aumentada que consiga que la gente hable de ella y comparta la experiencia, tu marca se dará a conocer más rápidamente y puedes aumentar el éxito de esta exponencialmente.

Dicho en términos generales, la Realidad Aumentada en combinación con las redes sociales ofrecen numerosas ventajas creativas a las empresas. Mejora la experiencia de compra para tu cliente, ayuda a tomar decisiones de compra, crea experiencias personalizadas, fomenta la fidelidad del cliente y aumenta el valor de la marca, y puede ayudar a atraer la atención. Si las empresas utilizan esta tecnología adecuadamente, podrán presentarse de manera más exitosa en un competitivo mercado.

Las mejores redes sociales para la RA

Instagram: Instagram tiene muchas características que lo convierten en un gran canal para utilizar la Realidad Aumentada. La plataforma cuenta con tecnología de RA integrada que permite a las empresas presentar sus productos de forma interactiva y atractiva. Las diferentes funciones de filtro potencian el efecto y pueden utilizarse de forma brillante en una campaña de marketing adecuada.

Snapchat: Snapchat fue uno de los primeros canales de redes sociales en utilizar Realidad Aumentada, sentando las bases para que otras plataformas usen también esta tecnología. La plataforma ofrece una amplia gama de filtros y lentes de Realidad Aumentada que pueden utilizar tanto los usuarios como las marcas.

Facebook: Facebook ha invertido mucho en Realidad Aumentada en los últimos años y ahora ofrece una variedad de funciones de Realidad Aumentada, incluidos efectos de Realidad Aumentada, juegos de Realidad Aumentada y anuncios de Realidad Aumentada. Estas funciones están bien integradas en la plataforma y ofrecen a las marcas la oportunidad de llegar a su público de una forma única y atractiva. Queda por ver hasta qué punto el Metaverso se convertirá en un impulso adicional en el futuro.

TikTok: TikTok es una de las plataformas de redes sociales de más rápido crecimiento. La plataforma cuenta con una amplia gama de filtros y efectos de RA que pueden ser utilizados por usuarios y marcas. Muchas empresas, marcas, artistas y personas influyentes están utilizando este pionero AR entre los canales de redes sociales por una buena razón. TikTok es especialmente popular entre los usuarios jóvenes y, por lo tanto, ofrece una gran oportunidad para las marcas que desean interactuar con este grupo de personas. Especialmente cuando se trata de employer branding y social media recruiting, este es el canal del momento.

Pinterest: Pinterest es una red social visual utilizada por muchas marcas para mostrar sus ideas. La plataforma también ofrece funciones de RA que permiten a los usuarios ver y probar productos en su entorno antes de comprarlos.

Cada uno de estos canales ofrece herramientas diferentes y se presta al uso de la Realidad Aumentada de formas distintas. Por ello, las empresas deben tener en cuenta sus objetivos y su público objetivo para seleccionar el canal más adecuado. El éxito se consigue cuando el contenido que se genera es relevante y atractivo para el grupo objetivo.

¿Cómo pueden utilizar las empresas RA?

Pruebas virtuales: La Realidad Aumentada permite a los clientes probarse virtualmente la ropa y los accesorios antes de comprarlos. Con solo utilizar la cámara de su smartphone o tableta, los clientes pueden ver una prenda proyectada sobre ellos y comprobar su aspecto en tiempo real. Esto no solo es cómodo para el cliente, sino que también puede ayudar a reducir las devoluciones porque el cliente ya ha visto y probado el producto virtualmente. Lo mismo puede hacerse con zapatos, muebles, decoración, maquinas, con coches y si quiere también con la barba o el peinado. Las posibilidades son casi ilimitas.

Vistas de productos de 360 grados: Mediante el uso de la RA, las empresas también pueden ofrecer vistas de 360 grados de sus productos. Esto significa que los clientes pueden ver el producto desde cualquier ángulo antes de comprarlo. Esta función es especialmente útil para productos complejos como muebles o productos electrónicos. También funciona perfectamente para juguetes, decoración y formatos para eventos, como exposiciones o ferias de muestra.

Publicidad interactiva: La RA puede utilizarse para la publicidad interactiva. Las empresas pueden añadir un componente de RA a sus campañas publicitarias que permita a los clientes probar el producto o verlo en un entorno virtual. Esto aumenta la interacción con la marca y refuerza su imagen.

Exploración de lugares y monumentos: La RA también puede usarse para explorar lugares y monumentos. Las empresas pueden vincular sus productos a lugares virtuales para guiar a los clientes a un lugar o punto de referencia concreto. Puede mostrar a sus clientes cosas de su entorno que quizá aún no existan. ¿Una autopista en Marte? ¿Un coche de chocolate? ¿Una silla en la Luna? ¿Un par de pantalones que parecen churros? Sólo tu imaginación pone aquí los límites a lo que puedes mostrar a tu cliente a través de la RA. El uso de la Realidad Aumentada puede ayudar a dar a conocer tu marca y animar a los clientes a seguirte en las redes sociales.

RA en la comunicación interna: Las empresas pueden distribuir puntos de información, procesos dentro de la línea de producción o incluso una conversación con el jefe o el ejecutivo en el espacio virtual. Esta sería una forma creativa, por ejemplo, de entablar una conversación con todos sus empleados o llegar también a los empleados que trabajan en maquinaria de producción.

5 pasos para el éxito de una campaña de RA

Tanto si eliges Realidad Aumentada como si escoges Realidad Virtual, es importante para el éxito que hagas algunos deberes de antemano. ¿Cuáles?

- Determina qué tipo de experiencia de RA se adapta mejor a tu organización (identidad corporativa, valores, recursos) y a tus clientes.

- Desarrolla una estrategia de RA que se integre con tu estrategia actual de marketing en redes sociales.

- Asegúrate de que la experiencia de Realidad Aumentada que ofreces a tus clientes sea intuitiva y fácil de usar.

- Prueba tu concepto de RA antes de presentarlo al público a fondo y de forma profesional para asegurarte de que funciona correctamente en diferentes dispositivos y bajo diferentes circunstancias.

- Promociona tus ofertas de RA a través de tus canales de redes sociales para aumentar la visibilidad y atraer clientes.

Algunos ejemplos de empresas que usan RA

IKEA Place: IKEA desarrolló hace varios años la aplicación IKEA Place, que permite a los usuarios colocar muebles virtuales en su propia casa para ver cómo quedarían antes de comprarlos. Esta función de Realidad Aumentada ofrece a los clientes una mejor experiencia de compra y aumenta la probabilidad de que la adquieran. La aplicación de IKEA también incluye un planificador de habitaciones 3D, que ofrece una experiencia similar. Aquí está el enlace al vídeo explicativo de IKEA:
https://www.youtube.com/watch?v=UudV1VdFtuQ

L'Oreal: L'Oréal ofrece la aplicación de Realidad Aumentada "MakeUp Genius", que permite a los clientes aplicar y probar maquillaje virtual antes de comprar los productos. Esta función ofrece a los clientes una experiencia personalizada y aumenta la predisposición a la compra. Aquí está el enlace al estudio de caso MakeUp Genius de McCann Paris: https://www.youtube.com/watch?v=R5OnjiDa71s

Converse: Converse ya había desarrollado la aplicación de Realidad Aumentada "The Sampler" en 2010, que permitía a los usuarios probarse virtualmente diferentes modelos de zapatos. Esta aplicación mejoraba la experiencia de compra y ofrecía a los clientes una mejor idea de cómo quedarían y se ajustarían realmente los zapatos. Por desgracia, que yo sepa, la aplicación ya no está disponible. Este es el enlace a uno de los vídeos de muestra para usuarios: https://www.youtube.com/watch?v=IBQzXi04JpE

Sephora: Sephora desarrolló la aplicación de Realidad Aumentada "Virtual Artist" en 2016, que permite a los clientes probar maquillaje virtual. La aplicación escanea la cara del usuario y le permite probar diferentes looks de maquillaje antes de comprar los productos. Esta experiencia personalizada, que se puede compartir al instante a través de las redes sociales, aumenta la intención de compra y la experiencia del cliente. Este es el enlace a uno de los vídeos de muestra: https://www.youtube.com/watch?v=NFApcSocFDM

Adidas: Adidas ha integrado en su aplicación una función de Realidad Aumentada que permite a los clientes probarse y calzarse zapatos virtualmente. La aplicación escanea el pie del usuario y le permite probarse diferentes modelos y colores de zapatos. Esta función mejora la experiencia de compra y aumenta la propensión a comprar. Aquí está el enlace a uno de los muchos vídeos de muestra de la aplicación: https://www.youtube.com/watch?v=YW2XNZFetTc

Pepsi Max: Pepsi Max lanzó una campaña de Realidad Aumentada llamada "Increíble", en la que los transeúntes se enfrentaban a sucesos increíbles, extraños y bastante chulos en la calle a través de la tecnología de Realidad Aumentada. Esta campaña fue un gran éxito y generó mucha atención para Pepsi Max. Aquí está el enlace a uno de los vídeos de la campaña en YouTube: https://www.youtube.com/watch?v=GB_qT6rAPyY&t=5s

BMW: BMW ha integrado en su aplicación una función de Realidad Aumentada que permite a los clientes probar virtualmente el interior y el exterior de los coches. Esta función permite a los clientes tener una experiencia personalizada y aumenta su predisposición a comprar. Además, el fabricante de automóviles utiliza la Realidad Aumentada en sus propios vehículos como ayuda adicional para el conductor.

Coca-Cola: Coca-Cola lanzó una campaña de RA llamada "Share a Coke" en la que los clientes podían encontrar sus nombres en botellas personalizadas. Esta campaña se mejoró con tecnología de Realidad Aumentada, lo que permitió a los clientes escanear las botellas y desbloquear contenido virtual en sus teléfonos.

Ray-Ban: Ray-Ban ha integrado en su aplicación una función de Realidad Aumentada que permite a los clientes probar virtualmente distintas gafas de sol. La aplicación escanea la cara del usuario y le permite probar diferentes modelos y colores. Esta experiencia personalizada mejora la experiencia de compra y aumenta la propensión a comprar.

Jaguar Land Rover: El fabricante de automóviles ha desarrollado una aplicación de Realidad Aumentada que permite a los clientes ver y personalizar el coche de sus sueños en 3D. Los clientes también pueden compartir la aplicación en las redes sociales para mostrar sus diseños personales.

Timberland: La marca ha desarrollado una aplicación de Realidad Aumentada que permite a los clientes probarse diferentes zapatos en Realidad Aumentada. La aplicación también ofrece un mapa interactivo que guía a los clientes hasta la tienda más cercana.

Lush Cosmetics: La marca ha desarrollado una aplicación de Realidad Aumentada que permite a los clientes explorar los productos en un entorno virtual. Los clientes también pueden obtener información sobre los ingredientes de los productos y comprarlos a través de la aplicación.

M&M's: La marca ha desarrollado una aplicación de Realidad Aumentada que permite a los clientes crear un personaje virtual de M&M y compartirlo con otras personas en las redes sociales. La aplicación también ofrece juegos y actividades con los personajes.

LEGO: El fabricante de juguetes ha desarrollado una aplicación de Realidad Aumentada que permite a los clientes ver modelos LEGO terminados en un entorno virtual. Los clientes también pueden construir sus propios modelos y presentarlos en la aplicación.

Estée Lauder: La marca de cosméticos ha desarrollado una aplicación de Realidad Aumentada que permite a los clientes probar distintos colores de pintalabios. Los clientes también pueden compartir los looks virtuales en las redes sociales y comprar los productos directamente a través de la aplicación de diseño intuitivo.

Nike: El fabricante de artículos deportivos ha desarrollado una aplicación de Realidad Aumentada que permite a los clientes personalizar sus zapatillas y probar diferentes combinaciones de colores. La aplicación también ofrece un análisis virtual de la carrera.

Centro de innovación de Lufthansa: La compañía ha desarrollado una app de Realidad Aumentada que permite a los viajeros visualizar su futura posición de asiento en el avión y medir la distancia con otros pasajeros y objetos.

Snocks: El startup alemán Snocks, que vende calcetines y ropa interior, ha integrado en su aplicación móvil una función de Realidad Aumentada que permite a los usuarios determinar la talla de sus calcetines apuntando el smartphone a sus pies.

Assembrix: Assembrix es una empresa alemana que desarrolla tecnología de RA para la industria manufacturera. El software de RA permite a los usuarios visualizar y manipular modelos 3D de productos en el mundo real para encontrar defectos y realizar mejoras.

Estas y muchas otras empresas reconocieron en parte ya hace años cómo funciona la Realidad Aumentada y los beneficios que su uso puede aportarles a ellas y a sus clientes. Junto con tus propios canales de redes sociales y la estrategia de redes sociales relevante para el grupo objetivo, la RA puede utilizarse para activar a los clientes y llegar a nuevos grupos objetivo de una forma muy creativa. Estos ejemplos demuestran que la RA no es sólo un jueguecillo, sino que puede ser una poderosa herramienta para mejorar la experiencia de compra de sus clientes e intensificar la experiencia de marca.

Esta opción de la Realidad Aumentada, que en realidad existe desde hace años, se impondrá cada vez más en los próximos años, especialmente en los canales de las redes sociales. Desarrollos adicionales como la gamificación, autopistas de datos más estables y dispositivos interactivos darán a la Realidad Aumentada el impulso que estaba esperando. Aunque el uso de la

Realidad Aumentada junto con las redes sociales puede ofrecer muchas ventajas a las empresas, también hay algunos riesgos que deben tenerse en cuenta.

¿Qué hay que tener en cuenta antes de utilizar RA?

Privacidad: Cuando se utiliza la Realidad Aumentada junto con las redes sociales, es posible que se recopilen datos personales, como datos de localización, imágenes y vídeos. Las empresas deben asegurarse de que cumplen todas las políticas de privacidad y de que los usuarios están informados sobre qué datos se recogen y cómo se utilizan.

Problemas técnicos: Las aplicaciones de Realidad Aumentada pueden tener problemas técnicos, como el reconocimiento de objetos o el funcionamiento de la aplicación. Las empresas deben asegurarse de que sus aplicaciones sean fiables y fáciles de usar para garantizar el interés y la satisfacción de los usuarios.

Coste: El desarrollo de aplicaciones de Realidad Aumentada puede resultar caro, sobre todo cuando se usan en combinación con las redes sociales. Las empresas deben asegurarse de que el coste de desarrollo y mantenimiento de la aplicación es proporcional a los beneficios que aporta.

La seguridad: Las aplicaciones de Realidad Aumentada también pueden plantear riesgos de seguridad para los usuarios. Las empresas deben garantizar que sus aplicaciones sean seguras y que no pongan en peligro a los usuarios, por ejemplo, provocando distracciones no deseadas durante la conducción de un vehículo o exponiendo datos de localización.

Aspectos jurídicos: Las empresas deben asegurarse de que cumplen todos los requisitos legales cuando utilizan la Realidad Aumentada junto con las redes sociales, como el cumplimiento de los derechos de autor, las marcas comerciales y las patentes.

Experiencia del usuario: Utilizar la Realidad Aumentada junto con las redes sociales puede dar lugar a una experiencia visual excesivamente pesada a menos que esté bien diseñada. Las empresas deben asegurarse de que sus aplicaciones sean intuitivas y fáciles de usar para garantizar una experiencia positiva a los usuarios.

Audiencia: Las empresas deben asegurarse de que sus aplicaciones de Realidad Aumentada son relevantes para su público objetivo y de que llegan a un número suficiente de usuarios para ser rentables.

Barreras tecnológicas: El uso de la Realidad Aumentada junto con las redes sociales requiere conocimientos tecnológicos y dispositivos especializados. Las empresas deben asegurarse de que sus aplicaciones funcionan en distintos dispositivos y plataformas para llegar al mayor público posible.

Deberes antes de utilizar la RA

¿Qué preguntas deberías hacerte antes de empezar a usar alguna idea de Realidad Aumentada en tu empresa? ¿Qué cuestiones deberías responder para que invertir en Realidad Aumentada no llegue a ser sólo una aventura financiera?

GPT4 dio la siguiente respuesta:

- *¿Cuál es el objetivo de tu empresa al utilizar la Realidad Aumentada?*
- *¿A qué público quieres llegar con tu aplicación de Realidad Aumentada?*
- *¿De qué presupuesto dispones y qué recursos y personal necesitas dedicarle?*
- *¿Cómo puedes garantizar que tus usuarios puedan utilizar tu aplicación de Realidad Aumentada de forma fácil e intuitiva?*
- *¿Cómo puedes asegurarte de que tu aplicación de RA ofrezca una experiencia fluida y no sea demasiado lenta o presente errores?*
- *¿Cómo puedes asegurarte de que tu aplicación de Realidad Aumentada respeta la privacidad de tus usuarios?*
- *¿Cómo puedes garantizar la mensurabilidad y el éxito de tu aplicación de Realidad Aumentada?*
- *¿Cómo puedes asegurarte de que tu aplicación de Realidad Aumentada aporte valor al usuario?*
- *¿Cómo puedes asegurarte de que tu aplicación de Realidad Aumentada encaja con la imagen y la personalidad de la marca de tu empresa?*
- *¿Cómo puedes asegurarte de mantener y actualizar la tecnología a largo plazo para garantizar la mejor experiencia a tus usuarios?*

La Realidad Aumentada tiene que adaptarse a ti, a tu empresa y al grupo objetivo para que pueda utilizarse como una herramienta de marketing de éxito a largo plazo. Pensar en estas preguntas de antemano y responderlas abierta y honestamente en los equipos pertinentes puede ahorrarte tiempo y mucho dinero. Pero si después de contestar las preguntas existe la más mínima posibilidad de probar RA, ¡hazlo!

¿Cómo abordar el tema de la RA?

Aquí algunos pasos que aconseja GPT4 que las empresas deben tener en cuenta a la hora de planificar y ejecutar con éxito una campaña de Realidad Aumentada:

Define objetivos: *Identifica lo que quieres conseguir con la campaña de RA, como el conocimiento de la marca, la participación, la conversión o la experiencia del cliente.*

Conoce a tu público objetivo: *Comprende quién es tu público objetivo y qué tipo de experiencia de RA le atrae.*

Crea un concepto individual: *Diseña un concepto único y creativo que refleje tu marca y al objetivo definido.*

Selección de tecnología: *Selecciona las herramientas y plataformas de RA adecuadas para tu campaña.*

Creación de prototipos y pruebas: *Diseña un prototipo de RA y pruébalo a fondo para identificar y corregir cualquier error.*

Integración con la estrategia general: *Asegúrate de que tu campaña de RA está perfectamente integrada en tu estrategia global de marketing y comunicación de marca.*

Lanza la campaña: *Inicia la campaña, promociónala activamente en tus canales de redes sociales y motiva a tus usuarios a interactuar.*

Gestión de la comunidad: *Estate preparado para responder a los comentarios, contestar preguntas y ayudar a los usuarios con problemas técnicos.*

Medición y análisis: *Sigue el rendimiento de tu campaña, recopila y analiza datos para medir el éxito.*

Optimización y aprendizaje: *Utiliza la información recopilada para optimizar y mejorar continuamente tus futuras campañas de RA.*

Opiniones, citas y comentarios

"La Realidad Aumentada es el futuro de la publicidad. Es la próxima frontera."

La cita, que se atribuye a Michael Kassan destaca la importancia de la Realidad Aumentada (RA) como el futuro de la publicidad y la próxima área pionera. Es importante que las empresas reconozcan este potencial, ya que la RA crea nuevas oportunidades de experiencias de marca interactivas y más envolventes. Al integrar la RA en tus estrategias publicitarias, las empresas pueden captar la atención de tu público objetivo, reforzar la fidelidad a la marca y encontrar formas innovadoras de mostrar productos y servicios. En un mundo digital en constante evolución, la RA puede proporcionar una ventaja competitiva y ayudar a las empresas a destacar entre la multitud y comunicar sus mensajes con eficacia.

"La Realidad Aumentada cambiará nuestra forma de comunicarnos, trabajar y jugar. Llevará las experiencias digitales al mundo físico y hará posible lo imposible."

La cita, que se atribuye a Ori Inbar demuestra que la Realidad Aumentada (RA) tiene potencial para cambiar nuestra forma de comunicarnos, trabajar y jugar. Aunque la RA ya ha progresado, aún se encuentra en gran medida en fase de desarrollo. Sin embargo, ya estamos viendo algunas aplicaciones interesantes de la RA en diversos campos. Con nuevos avances tecnológicos y una mayor adopción, la RA tendrá sin duda un impacto aún mayor en nuestra vida cotidiana, haciendo posible lo imposible. Es a la vez una apasionante visión de futuro y un ámbito en constante crecimiento que aún encierra un gran potencial de innovación.

"La Realidad Aumentada no es sólo una tecnología, es una forma de pensar."

La declaración que se atribuye a Helen Papagiannis, una de las mayores expertas del mundo en RA y autora de "Augmented Human: How Technology Is Shaping the New Reality", subraya que la RA es más que una simple tecnología. Es una forma de pensar, de ver el mundo desde un punto de vista diferente. El peligro es que nos centremos demasiado en la tecnología en sí, descuidando las implicaciones éticas y sociales. Una mentalidad integral de la RA requiere una reflexión crítica sobre la protección de datos, la privacidad, las implicaciones sociales y el posible uso indebido. Es importante que actuemos con responsabilidad en el desarrollo y la aplicación de las tecnologías de RA y garanticemos que se utilicen en beneficio de la sociedad y no en su detrimento.

Lecturas recomendadas

Aquí tienes algunas recomendaciones de libros y lecturas, si deseas profundizar en este tema.

HBR's 10 Must Reads on AI, Analytics, and the New Machine Age (con el artículo extra "Why Every Company Needs an Augmented Reality Strategy") de Michael E. Porter y James E. Heppelmann, 2019.

The Ethics of Virtual and Augmented Reality: Building Worlds (Routledge Research in Applied Ethics) por Erick José Ramírez, 2024.

Hello Avatar: Rise of the Networked Generation por B. Coleman y Clay Shirky, 2024.

Virtual Natives: How a New Generation is Revolutionizing the Future of Work, Play, and Culture por Catherine D. Henry y Leslie Shannon, 2023.

Virtual and Augmented Reality (VR/AR): Foundations and Methods of Extended Realities (XR) por Ralf Doerner, Wolfgang Broll, 2022.

SOCIAL MEDIA TREND 2024/2
El efecto TikTok: cómo los vídeos cortos cambian nuestra capacidad de atención

Imagínate que estás sentado en el sofá, con planes de ver una película, y por curiosidad chequeas lo que pasa en tu móvil. De repente, tu mirada se queda atrapada por un vídeo en Instagram o TikTok. Ves a un perro montando en monopatín y con gafas de sol moviéndose al ritmo de tu música preferida. Haces clic en el corazoncito debajo del video y mueves tu dedo para ver siguiente vídeo, y el siguiente, y el siguiente, y antes de que te das cuenta, llevas dos horas en un mundo de vídeos cortos y entretenidos sobre perros, monopatines u otras instantáneas divertidas: ¡bienvenido al mundo infinitamente creativo y alucinante de TikTok!

¿Qué tienen estos breves clips verticales que tanto nos cautivan? ¿Qué efecto tienen los TikToks, clips y reels en nuestros patrones de consumo de medios visuales? En este capítulo, exploraremos cómo los vídeos cortos como los que se encuentran en TikTok y otras redes sociales están cambiando nuestra capacidad de atención y el impacto que esto tiene en nosotros y en nuestra sociedad. Pero también arrojaremos luz sobre las oportunidades y posibilidades que esto supone para las empresas y cómo podrían tener que replantearse sus ideas actuales sobre sus vídeos de empresa, productos y su publicidad.

A la caza de tus neuronas

Los vídeos cortos en plataformas de redes sociales como TikTok e Instagram tienen tanto éxito por varias razones. En primer lugar, encajan perfectamente con los patrones actuales de consumo de contenidos, cada vez más centrados en publicaciones rápidas, entretenidas y visualmente atractivas. Al limitar la duración a unos 60 segundos o menos, los usuarios pueden informarse, captar la atención y entretenerse de forma rápida y eficaz sin tener que invertir demasiado tiempo.

Además, los vídeos cortos permiten una alta tasa de interacción, ya que permiten a los usuarios desplazarse rápidamente por una variedad de contenidos y darles un "me gusta", comentarlos o compartirlos con un solo clic. Esto da lugar a una mayor visibilidad de los contenidos y puede ayudar a las empresas a aumentar la fuerza y el alcance de su marca.

Otro factor importante es la capacidad de implicar a los usuarios en el proceso creativo. Los vídeos cortos en plataformas como TikTok e Instagram ofrecen numerosas herramientas y funciones que permiten a los usuarios crear y compartir sus propios contenidos. Esto crea una comunidad activa y comprometida – por ejemplo a través de #hashtags inteligentes – y puede ayudar a las empresas a construir relaciones auténticas con sus clientes. En general, los vídeos cortos en TikTok e Instagram ofrecen una oportunidad única para que las empresas lleguen a un público más joven, aumenten la popularidad de la marca y construyan una comunidad comprometida a la empresa detrás de la marca.

El mundo digital ofrece hoy innumerables oportunidades de entretenimiento y distracción. Las plataformas de redes sociales como TikTok e Instagram han experimentado un enorme auge con su oferta de vídeos cortos. Pero, ¿qué ocurre realmente en nuestros cerebros cuando pasamos horas desplazándonos por nuestras redes sociales, haciendo un clic detrás del otro y pasando con el dedo de un video al siguiente?

¿Qué hace esto con nuestro cerebro?

Un efecto psicológico que podemos observar es el llamado efecto dopamina. Entre otras cosas, nuestro cerebro utiliza el neurotransmisor dopamina, que se encarga de transmitir señales entre las células nerviosas del cerebro. La dopamina controla las reacciones emocionales y mentales, así como las motoras. Es responsable de nuestra sensación de recompensa y se activa cuando hacemos algo que nos hace sentir bien. Los numerosos vídeos cortos que consumimos en las redes sociales suelen estar llenos de contenidos divertidos, entretenidos o emotivos que activan la liberación de dopamina y nos hacen sentir bien. Cada vídeo corto que nos guste es como un pequeño chute de dopamina, una chocolatina emocional. Y cuando termina un video, nuestro cerebro ansía el siguiente chute de dopamina. Después otra y otra, por favor. Todo esto ocurre de forma inconsciente, y por eso perdemos la noción del tiempo y, de repente, dos horas se nos pasan volando.

Además desarrollamos con el tiempo algo que se determina como FOMO (Fear of Missing Out). Tememos perdernos algo si no estamos constantemente activos en nuestras redes sociales. Escaneando constantemente vídeos cortos, intentamos inconscientemente estar al día y no perdernos ninguna noticia que podría ser importante. Este efecto se ve reforzado por el hecho de que la mayoría de las plataformas de redes sociales se basan en algoritmos que sólo nos muestran determinados contenidos de determinadas personas que podrían ser importantes o interesantes para nosotros. Como resultado, sentimos que nos estamos perdiendo algo si no estamos constantemente haciendo scrol y swipe. ¿Cómo voy a pertenecer a algo si no estoy ahí todo el tiempo? Especialmente en mentes muy jóvenes, esto puede convertirse con el tiempo en un grave comportamiento adictivo.

Es más, nuestro cerebro – perezoso por naturaleza – agradece mucho los vídeos cortos, que son muy fáciles de consumir. A diferencia de los textos largos o los vídeos detallados, necesitamos poca atención y energía para los clips cortos. Podemos consumirlos rápida y fácilmente sin tener que hacer ningún esfuerzo. Esto los hace especialmente atractivos, sobre todo cuando nos sentimos cansados o estresados y buscamos una distracción rápida o entretenimiento.

Otro efecto interesante que afecta a nuestras neuronas es la forma en que se presentan los vídeos cortos. La mayoría de las plataformas de redes sociales utilizan un sistema de desplazamiento sin fin que nos permite ver más y más vídeos que coinciden con nuestros intereses, deseos e ideas sin tener que buscarlos activamente. Esta estrategia deliberada de los algoritmos de las redes sociales crea una sensación de continuidad y flujo que nos incita a permanecer más tiempo en cada plataforma. La transición de un vídeo al siguiente es suave y fluida, lo que facilita que sigamos viéndolo. El tiempo de atención que dedicamos a un vídeo se ha reducido a solo 1,6 segundos en los últimos años. Es el tiempo que tienes tu, tu marca o tu empresa para captar la atención de tu usuario: 1,6 segundos.

El peligro de todas estas influencias en nuestros patrones de pensamiento y comportamiento es que podemos quedar atrapados rápidamente en un bucle sin fin de consumo de vídeos cortos. Con el tiempo, perdemos interés en contenidos más largos y complejos que requieren más concentración y atención. En casos extremos, puede llevar a una pérdida de nuestra capacidad para centrarnos en tareas o procesar información más profunda.

También puede provocar falta de sueño y un aumento del estrés si estamos constantemente intentando satisfacer nuestro cerebro con más y más vídeos cortos.

Todos estos efectos suenan negativos a primera vista. Y es cierto que debemos vigilar de cerca su evolución, especialmente entre los niños y los jóvenes. La responsabilidad de encontrar el equilibrio adecuado recae en los padres. Pero también corresponde a todos los adultos, que pueden actuar como modelos en una gran variedad de papeles y funciones.

Una gran oportunidad para los creativos

Con la debida cautela, la forma en que consumimos vídeos en la actualidad sólo refleja el cambio en el comportamiento de consumo de medios de nuestra sociedad. Antes todo era diferente. No peor o mejor. Simplemente diferente. El cambio es la única constante a la que nadie puede escapar. Por eso, el paso del tiempo también ha cambiado nuestra forma de ver las imágenes en movimiento. De la pantalla de cine a la de televisión, de la tableta al smartphone. Cada fase fue criticada, luego aceptada y después asimilada por la generación anterior.

Además, una gran proporción de estos brevísimos vídeos son extremadamente creativos y han dado a mucha gente una plataforma que nunca habrían tenido de otro modo. Ya sean extremadamente divertidos, artísticamente valiosos o supercreativos, hace falta mucho compromiso, corazón y creatividad para inspirar a millones de personas en unos pocos segundos. Y lo que siempre me fascina es el hecho de que no haya ninguna persona o grupo que dicta a toda esta gente creativa adónde ir o qué hacer – algo que pasaría por ejemplo en una universidad de diseño o un instituto de arte. Todo el mundo puede crear su pequeño nicho y convertirse en un éxito viral.

Para las empresas que quieren darse a conocer en las redes sociales con vídeos cortos, esto significa que tienen que ser capaces de producir contenidos breves y atractivos para captar y mantener la atención de su público objetivo. Es importante entender que esto requiere una forma diferente de conectar con el público que la publicidad tradicional o los vídeos más largos. El contenido debe ser corto, rápido, entretenido y visualmente atractivo para captar, emocionar y retener al público objetivo. Al mismo tiempo, las empresas deben tener cuidado de no caer en un bucle continuo de irrelevancia y asegurarse de presentar su marca y su mensaje de forma adecuada.

El poder del vídeo marketing

En el mundo actual, el vídeo marketing es una estrategia muy eficaz para captar y persuadir a su público objetivo. Las capacidades técnicas de los móviles hacen que el vídeo marketing sea asequible y fácil de implementar, independientemente del tipo de empresa o de sus recursos. Numerosas estadísticas ilustran cómo las empresas utilizan este medio para llegar a su público objetivo, informarle y captar su atención.

Los vídeos muy cortos llegan a ser la norma: en 2020, la mayoría de los vídeos en las redes sociales, 4.816.548 para ser exactos, duraban menos de un minuto, lo que supone un aumento del 62 % con respecto a 2019. El 46% de los profesionales del marketing que utilizan vídeos de formato corto lo consideran eficaz. El 31% de los profesionales del marketing global invierten en vídeos de formato corto. La tasa media de interacción para con el contenido de vídeo de formato corto es del 53,9%. (Fuentes: Wistia, 2021; HubSpot Blog Research, 2021)

Los vídeos de productos tienen un impacto impresionante: el 64 % de las empresas afirman que un vídeo en Facebook les ha llevado a captar nuevos clientes en los últimos 12 meses. El 83 % de los profesionales del marketing por vídeo afirman que los vídeos les han ayudado a generar clientes potenciales. El 84 % de las personas afirman que ver un vídeo de una marca les convenció para comprar un producto o servicio. El 95% de los profesionales del marketing por vídeo afirman que han mejorado la comprensión de su producto o servicio a través del vídeo. El 93 % de las marcas han conseguido un nuevo cliente gracias a un vídeo en las redes sociales. (Fuente: Animoto, 2020; Wyzowl, 2020)

Las redes sociales, especialmente TikTok y YouTube, son plataformas clave para esta tendencia: La participación social a través del vídeo es uno de los cuatro tipos de vídeo en los que más invierten los profesionales del marketing. YouTube es el segundo tipo de contenido más usado en las redes sociales para llegar al público. Los vídeos en directo son la tercera táctica más utilizada en el marketing en redes sociales. YouTube es la plataforma más popular en la que los profesionales del marketing en redes sociales crean comunidades. El 85% de los profesionales del marketing usan YouTube y el

79% Facebook como plataforma para sus vídeos. (Fuente: HubSpot, 2020; Wyzowl, 2020)

El vídeo marketing sigue aumentando en importancia: Más de 17 millones de archivos de vídeo se subieron a Wistia en 2020, un aumento del 81% interanual, y el 99% de los profesionales del marketing planean seguir incorporando el vídeo a su estrategia de marketing. El 88% de los profesionales del marketing de vídeo informan de un ROI positivo. 1,5 veces más personas ven vídeos diariamente en sus móviles que en ordenadores. (Fuente: Wistia, 2021; Wyzowl, 2020; Facebook, 2020).

En general, los vídeos ofrecen una forma poderosa de transmitir mensajes, captar la atención de los espectadores y crear una fuerte conexión emocional. Mediante el uso adecuado del vídeo marketing, las empresas pueden llegar eficazmente a su público objetivo y tener un impacto positivo en su crecimiento y éxito. (Fuentes: Wistia, 2021; HubSpot Blog Research, 2021; Animoto, 2020; Wyzowl, 2020; HubSpot, 2020; Facebook, 2020).

Antes de crear una estrategia basada en videos

¿Qué debe tener muy en cuenta tu empresa antes de empezar a utilizar videos cortos como herramienta de marketing en tus canales de redes sociales? Esa es una gran pregunta para mis coautores.

He aquí algunas cosas que según GPT4 una empresa debería tener en cuenta antes de empezar a producir vídeos y compartirlos en las redes sociales:

Grupo objetivo: *Antes de empezar a crear contenidos, debes tener claro cuál es tu grupo objetivo y sus intereses. El contenido debe ser atractivo y, sobre todo, relevante para el grupo objetivo.*

Creatividad: *Para destacar entre la multitud, es importante crear contenidos creativos y únicos que llamen la atención y permanezcan en la memoria.*

Actualidad: *Es importante crear contenidos actuales y naturalmente relevantes para captar el interés de los usuarios.*

Autenticidad: *Los contenidos reales y sin adornos suelen gustar más al público objetivo que los contenidos de gama alta demasiado perfectos, pulidos y sin aristas.*

Regularidad: La publicación regular y continua de contenidos relevantes ayuda a fidelizar a los seguidores y a aumentar la interacción.

Hashtags: Utilizar hashtags inteligentes y adecuados ayuda a aumentar el alcance de los vídeos y a llegar a nuevas audiencias. Tomate tu tiempo para pensar en las palabras clave adecuadas para tu vídeo.

Interacción: La interacción con el público objetivo es un factor importante para el éxito en TikTok e Instagram. Es importante responder a los comentarios e involucrar a la comunidad. Nunca olvides al final del video, de invitar a tu audiencia a la acción (Call To Action, CTO).

Sonido: El uso de música apropiada puede ayudar a atraer la atención de los usuarios y promover la distribución del vídeo. Aquí es importante prestar atención a los derechos de autor aplicables y utilizar el sonido de forma legalmente protegida.

Emociones: Los contenidos que desencadenan emociones fuertes, como el humor o la compasión, suelen compartirse y difundirse mejor.

Medir y analizar: Por último, es importante medir y analizar el rendimiento de los vídeos para ver qué contenidos funcionan bien y cuáles no. De esta forma, el contenido futuro puede optimizarse para aumentar el éxito.

Las afirmaciones de GPT coinciden al 100% con lo que intento transmitir en mis cursos, workshops y seminarios. Cuanto más precisas y mejores sean las respuestas a estas tareas hechas de antemano, menos tiempo perderás en la producción y más éxito podrás tener con tu estrategia de vídeo marketing.

Por supuesto, también pregunté a GPT4 por los errores que las empresas deberían evitar. Por experiencia práctica, conozco la mayoría de los errores y sé que muchas empresas siguen cometiéndolos muy a menudo. Tenía curiosidad por saber qué tenía que decir GPT4 al respecto.

He aquí algunos errores según GPT4 que una empresa debe evitar si quiere tener éxito con vídeos y clips en las redes sociales:

No definir un público objetivo claro: Si una empresa no define un público objetivo claro para sus vídeos, será difícil dirigirse a las personas adecuadas.

Cuanto más amplio se defina el grupo objetivo, a menudo por una mentalidad de ventas equivocada ("por favor, no perdamos parte de las ventas teóricamente posibles"), más irrelevante será el contenido para el público objetivo.

Demasiado promocional: *Si una empresa es demasiado promocional (anuncios push, guerra de precios, batallas de descuentos), los usuarios perderán rápidamente el interés por los vídeos. La clave aquí es entender que el público objetivo tiene una receptividad diferente a la publicidad en las distintas fases de la experiencia del cliente. Las empresas tienen que definir estas fases y encontrar una forma de abordar a cada una de ellas de una forma que sea relevante para el público objetivo.*

Sin contenido auténtico: *Los usuarios de TikTok, Instagram y compañía aprecian el contenido auténtico y se darán cuenta rápidamente si una empresa intenta aparentar algo que no es. Hay que vivir los valores. Hay que evitar a toda costa el whitewashing (hablar de valores y no vivirlos), el greenwashing (hablar de lo que se hace para el medio ambiente, aunque todos saben que no es verdad) y otros lavados de color. Con unos pocos clics se pueden comprobar rápidamente las seudo declaraciones en Internet. Muchas empresas siguen perdiendo aquí la credibilidad que se han labrado quizás durante años o décadas.*

No hay interacción con los usuarios: *Una empresa debe esforzarse por construir una relación con sus usuarios respondiendo a sus comentarios y mensajes. En las redes sociales no se trata sólo de hacer una publicación, sino también de atender los comentarios y las reacciones. Este es un ámbito en el que muchas empresas desaprovechan el potencial de ventas, porque ¿qué puede ser más valioso para las ventas que poder entablar un diálogo directo con el público objetivo?*

Demasiada poca creatividad: *TikTok e Instagram son plataformas en las que se requiere y se espera creatividad por parte de las empresas que quieren anunciarse en ellas. Por tanto, las empresas deben esforzarse por producir contenidos originales, de alta calidad, auténticos y atractivos.*

Falta de regularidad: *Para conseguir seguidores, es importante publicar nuevos vídeos con regularidad. Por tanto, las empresas deben crear un plan de publicación de vídeos y ceñirse a él. Hacer un video y esperar que cumpla todos los deseos empresariales es poco realista.*

No hay adaptación a las plataformas: *Los distintos canales de redes sociales tienen funciones diferentes y grupos destinatarios distintos. Por lo tanto, una empresa debe adaptar sus vídeos a la plataforma respectiva para poder llegar al grupo destinatario previamente definido de una forma adecuada para el grupo destinatario. Por ejemplo, un clip de reclutamiento en LinkedIn tiene un aspecto diferente al de un clip de reclutamiento en TikTok. Si mezclara los vídeos, haría el ridículo en TikTok y no le tomarían en serio o perderían la confianza sus seguidores en LinkedIn.*

Ignorar las tendencias: *TikTok, Twitter (X), Instagram o BeReal! son plataformas en las que las tendencias van y vienen rápidamente. Por lo tanto, las empresas deben esforzarse por estar al día y utilizar las tendencias para que sus vídeos resulten más atractivos. Sin embargo, esto sólo se aplica si se ha definido de antemano que el grupo objetivo está en los canales y, por lo tanto, los respectivos canales pueden cumplir objetivos relevantes para la empresa. En otras palabras, no hace falta bailar en todas las bodas.*

Demasiado texto: *Los usuarios de los canales de redes sociales especializados en contenidos de vídeo quieren entretenerse rápidamente. Por eso, demasiado texto en los vídeos puede resultar aburrido y reducir el interés de los usuarios. Es mejor utilizar las descripciones de los vídeos de forma creativa e inteligente si quieres transmitir más contenido.*

Ausencia de análisis: *Una empresa debe analizar periódicamente sus campañas de vídeo para ver qué funciona y qué no. A partir de estos datos, la empresa puede ajustar y optimizar la estrategia.*

Un rápido vistazo a los diferentes canales de vídeo

Los canales de redes sociales que se mencionan a continuación se centran principalmente en la comunicación por vídeo y tienen diferentes funciones en el uso del vídeo.

Instagram: Instagram es una plataforma visual que se centra principalmente en fotos y vídeos cortos. Instagram dice acerca de su función Reel:

"Crea vídeos con varios clips y hasta 90 segundos de duración. Puedes ser aún más creativo con herramientas de texto y audio fáciles de usar, así como filtros AR. También puedes subir vídeos desde tu galería. Crea un reel remix grabando tu propio vídeo junto al de otra persona. Es una forma estupenda

de mostrar tu perspectiva, colaborar con tu comunidad y crear algo nuevo al mismo tiempo. Echa un vistazo a la nueva pestaña "Reels", donde la gente comparte momentos especiales al instante. O busca los vídeos en el perfil de una persona. Envía carretes que te gusten en Messenger o compártelos en Stories. Expresa tus ideas con más claridad, con grabaciones de audio de la biblioteca de música de Instagram, tu propia banda sonora original o un sonido único, añadiendo voces en off a tus clips. También puedes capturar y compartir páginas de audio." (Fuente: https://about.instagram.com/de-de/features/reels, consultado el 18/5/2023)

TikTok: TikTok es una plataforma especializada en vídeos cortos. Ha alcanzado el éxito con la creación de vídeos musicales y de baile, así como con la creación de vídeos cómicos, y es una de las plataformas de redes sociales de más rápido crecimiento en todo el mundo. TikTok procede de China, con todos los pros y los contras que ello conlleva y que las empresas deben tener en cuenta. En cuanto a la función de vídeo, TikTok dice de sí misma:

"Tus vídeos en TikTok pueden tener diferentes duraciones: Los vídeos que creas en TikTok pueden durar hasta 60 segundos. Los vídeos que subas pueden durar hasta 3 minutos. Con TikTok Stories, puedes compartir tu vida cotidiana con tus seguidores de una manera efímera, auténtica e íntima - a través de marcos de creación de contenido de hasta 15 segundos que desaparecen 24 horas después de la publicación. Con la función Dueto, puedes publicar tu vídeo lado a lado con un vídeo de otro creador en TikTok. Un dueto contiene dos vídeos en una pantalla dividida que se reproducen simultáneamente. Ten en cuenta que debes tener una cuenta pública para que otros puedan grabar un dueto con tus vídeos. Stitch es una herramienta de creación que te permite combinar otro vídeo en TikTok con el vídeo que estás creando. Si permites que otra persona grabe un Stitch con tu vídeo, esa persona podrá utilizar parte de tu vídeo como parte de su propio vídeo." (Fuente: https://support.tiktok.com/de/using-tiktok, consultado el 18/5/2023)

YouTube: YouTube es una plataforma en la que se pueden publicar vídeos más largos, de varios minutos a varias horas. YouTube es conocido por sus tutoriales, vlogs, entretenimiento y vídeos musicales. Google dice lo siguiente sobre su plataforma de vídeos:

"Por defecto, se pueden subir vídeos de hasta 15 minutos de duración. Los usuarios con cuentas confirmadas pueden subir vídeos de más de 15 minutos.

Puedes subir archivos con un tamaño máximo de 256 GB o una duración máxima de 12 horas, lo que sea menor. Es posible que veas vídeos antiguos de más de 12 horas. Esto se debe a que hemos cambiado los límites de carga en el pasado. En la pestaña Tendencias, los espectadores pueden ver lo que está pasando en YouTube y en el mundo. Allí aparecen vídeos y vídeos cortos que interesan al mayor número posible de espectadores. Algunas tendencias, como una nueva canción de un cantante conocido o el tráiler de una nueva película, son fáciles de predecir. Otras, como un vídeo viral, suelen sorprender. La lista de vídeos de moda se actualiza aproximadamente cada 15 minutos. Cada vez, los vídeos pueden subir, bajar o mantener su posición".
(Fuente: https://support.google.com/youtube/, consultado el 18/5/2023)

Vimeo: Vimeo es una plataforma que se centra en el contenido artístico y la producción cinematográfica profesional. Los vídeos suelen ser más largos y de mayor calidad que en otras plataformas. Vimeo lo explica así:

"Los vídeos alojados en Vimeo pueden transmitirse con una resolución de hasta 4K Ultra HD. Tus espectadores podrán disfrutar de tus vídeos con la máxima calidad. A diferencia de otras plataformas, no hay anuncios antes, durante o después de tus vídeos, ni siquiera en el plan gratuito. Tus vídeos nunca se estropearán con anuncios. Has oído bien - nada antes o después del vídeo o como una superposición. Con Vimeo, puedes mostrar tus vídeos exactamente como quieras. No hay límite en el número de vídeos que puedes almacenar en Vimeo. Para la transmisión en directo, necesitas un plan Advanced o Enterprise. Nuestro producto de streaming en directo está diseñado para un streaming de calidad profesional. Incluye un conjunto de herramientas de transmisión en directo para tus eventos. Además de las funciones de transmisión en directo, el plan Advanced incluye todas las herramientas de alojamiento de vídeo y marketing que respaldan tu flujo de trabajo completo: desde la creación de vídeos y eventos, la colaboración en equipo y la captación de clientes, hasta los análisis y mucho más."
(Fuente: https://vimeo.com/de/upgrade, consultado el 18/5/2023)

Facebook: Facebook es una plataforma integral que admite varios tipos de contenido, incluidos los vídeos. Los vídeos en Facebook pueden ser más largos que en Instagram, pero más cortos que en YouTube. Las diferentes interfaces y dispositivos admiten proporciones de vídeo de 16:9 a 9:16.
(Fuente: https://de-de.facebook.com/business/m/one-sheeters/video-requirements)

Snapchat: Snapchat es una plataforma especializada en contenidos de corta duración. Los vídeos de Snapchat suelen ser muy cortos, de unos 10 segundos, y desaparecen al cabo de cierto tiempo. Snapchat lo explica así:

"Puedes ver y enviar fotos y vídeos de las grabaciones de tu dispositivo mediante la aplicación Snapchat. Además, ¡puedes hacer copias de seguridad de las fotos y vídeos capturados en tu espacio privado! ¿Cuántos vídeos puedo enviar a un Reto Spotlight? Los Snapchatters pueden enviar un máximo de tres vídeos por Reto Spotlight". (Fuente: https:// help.snapchat.com/hc/de, consultado el 18/5/2023)

Existen muchas diferencias en la forma de utilizar los vídeos en las distintas plataformas de redes sociales. Las empresas deben alinear sus vídeos con el enfoque de cada plataforma y adaptar sus contenidos en consecuencia para lograr un mayor alcance y eficacia.

Reglas básicas para creadores de vídeos: TikTok

Estas son algunas reglas básicas para producir un vídeo exitoso y creativo no sólo, sino especialmente para los canales de **TikTok** e **Instagram**:

Entradas creativas e inesperadas: Empieza el vídeo con una entrada que capte inmediatamente la atención del espectador y despierte su curiosidad. Tienes mucho menos de un segundo para causar una primera impresión duradera que determinará si el espectador sigue viendo tu vídeo o pasa al siguiente. Según un estudio, son más o menos 100 milisegundos. Entonces el cerebro ya ha tomado su decisión.

"Los resultados adquiridos tras un tiempo de exposición de 100 milisegundos estaban altamente correlacionados con los resultados adquiridos cuando se miraban videos sin límite de tiempo, lo que sugiere que este tiempo de exposición era suficiente para que los participantes se formaran una impresión. Para todos los juicios (atractivo, simpatía, fiabilidad, competencia y agresividad), un tiempo de exposición más largo no aumentó significativamente las correlaciones. Cuando el tiempo de exposición aumentó de 100 a 500 ms, los juicios de los participantes se volvieron más negativos, los tiempos de reacción para los juicios disminuyeron y la confianza en los juicios aumentó. Cuando el tiempo de exposición se aumentó de 500 a 1.000 ms, los juicios de rasgo y los tiempos de reacción no cambiaron significativamente (con una excepción), pero la

confianza en algunos de los juicios aumentó; este resultado sugiere que el tiempo adicional puede simplemente aumentar la confianza en los juicios." (Fuente: Association for Psychological Science, "First Impressions: Making Up Your Mind After a 100-Ms Exposure to a Face", por Janien Willis y Alexander Todorov, https://journals.sagepub.com/doi/abs/10.1111/j.1467-9280.2006.01750.x, consultado el 18/5/2023).

Conclusión: ¡Comienza tu video con una explosión! Cautiva, emociona, asusta, encanta, cualquier cosa, todo menos aburrido. El mensaje y la información ya vienen después :)

Utiliza música y efectos de sonido: Algunos canales son conocidos por sus bibliotecas de música y efectos de sonido. Utilízalas para añadir dinámica y emoción.

Un estudio de Nielsen examinó la eficacia de más de 600 anuncios de televisión, de los cuales más de 500 contenían música. El estudio concluyó que los anuncios con música funcionaban mejor en cuatro áreas clave (creatividad, empatía, poder emocional y poder informativo) que los que no contenían música. (Fuente: https://www.nielsen.com/de/insights/2015/i-second-that-emotion-the-emotive-power-of-music-in-advertising/, consultado el 18/5/2023)

La música en los clips de las redes sociales amplifica las emociones, crea ambiente y mantiene la atención. Puede subrayar el mensaje y aumentar enormemente el valor de reconocimiento de una marca. Por eso merece la pena un enfoque profesional.

Presta atención a las tendencias actuales: TikTok e Instagram son plataformas que cambian constantemente. Siempre que encaje con tu marca y estrategia de marketing, aprovecha las tendencias y retos actuales para captar la atención de los espectadores y, en el mejor de los casos, convertirse en viral. Hay muchos blogs, sitios web, agencias y herramientas de escucha de redes sociales que abordan las tendencias actuales de cada canal. Siempre merece la pena echarles un vistazo.

Contenidos breves y concisos: TikTok es conocido por sus vídeos cortos, rápidos y concisos. Produce vídeos cortos y al grano. Menos contenido, pero bien implementado es siempre mejor que "esto y esto y esto también debe incluirse en alguna parte".

Utiliza superposiciones de texto: Añade superposiciones de texto creativas y alegres para reforzar y aclarar tu mensaje.

Utiliza efectos visuales: TikTok, Snapchat e Instagram tienen una gran variedad de filtros, efectos AR y transiciones. Utilízalos para que tus vídeos sean más atractivos visualmente.

Se auténtico: Tus seguidores aprecian la autenticidad y la personalidad. Se auténtico y muestra tu personalidad. Incluso una gran empresa tiene una personalidad, que se transmite a través de las personas que se ven en los videos. Mejor enseñar en los videos a tus empleados (si quieren, claro) o personas reales de tu entorno, auténticas y concisas que crear videos publicitarios pulidos y estilizados con y tomas de drones ;)

Cuenta una historia: Conviértete en un narrador, aunque el clip sólo dure cuatro segundos. Utiliza diferentes técnicas narrativas para mantener la atención del espectador. Por lo general hay 4 perspectivas narrativas en total: narrador autoral, narrador personal, narrador neutral y narrador en primera persona. Juega con ellas y comprueba, cuál de ellas funciona mejor. Los datos e informaciones son sólo el condimento, la decoración. La historia tiene que encajar contigo y tu marca, con tu producto, con tu servicio o tu empresa. Pero, sobre todo, tiene que encajar con tu público objetivo.

¡Emociones, emociones, emociones! Las emociones en los videos cortos son cruciales porque evocan reacciones fuertes y aumentan la participación. Ayudan a crear una conexión más profunda con la audiencia al fomentar la identificación y la empatía. Además, el contenido emocional anima a compartir y distribuir el clip, lo que aumenta su alcance y visibilidad.

¿Cómo crear emoción en un clip muy corto? Ideas

GPT: ¡Empecemos la montaña rusa emocional!

***Alegría:** Muéstranos un pingüino bailarín haciendo sus mejores movimientos en la pista de baile. ¿Quién no se ríe con eso?*

***Sorpresa:** ¿Pensabas que tu clip iba sobre una taza de té? Sorpresa. Es un pequeño unicornio que salta de la taza. El público se quedará perplejo.*

Tristeza: Muéstranos una ardilla que haya perdido su querida provisión de nueces. A todos se nos caerá una lágrima.

Miedo: ¿Qué tal un plátano que de repente se convierte en una espeluznante fruta fantasma? ¡Piel de gallina garantizada!

Ira: Muéstranos una acera donde todo el mundo tira basura. Todo el mundo se enfada y ¡queremos salvar el mundo de inmediato!

No te olvide de invitar a tu audiencia a la acción (Call To Action, COT): Concluye el vídeo con una COT para que los espectadores realicen más acciones, como visitar tu sitio web o seguir tu cuenta. Me sigue sorprendiendo la frecuencia con la que veo vídeos promocionales que terminan y pienso: "¿Y ahora qué?". No hay sitio web, no hay llamada a la acción. Oportunidad perdida.

Normas básicas para los creadores de vídeos: YouTube

Las siguientes recomendaciones se aplican tanto a **YouTube** como a otros portales de vídeo similares, como por ejemplo **Vimeo.**

Define tu público objetivo: Antes de producir un vídeo, debes tener claro quién es tu público objetivo y qué le interesa.

Una buena preparación: Una buena preparación es la clave del éxito. Esto incluye escribir un guion, determinar un concepto y seleccionar el equipo.

La calidad es importante: La calidad es un factor importante a la hora de producir vídeos para YouTube. Asegúrate de que la calidad de la imagen y el sonido es buena y de que el lenguaje es claro.

Creatividad: Se creativo e intenta diferenciarte de los demás vídeos. Experimenta con distintos formatos y técnicas.

Apela a las emociones: Intenta apelar a las emociones de tus espectadores. Los vídeos emotivos se comparten más a menudo y generan un mayor compromiso con tu marca.

Autenticidad: Se auténtico y honesto en tus vídeos. Los espectadores aprecian que seas abierto y honesto con ellos.

Llamada a la acción (COT): Incluye una invitación a acción en tus vídeos para incitar a tus espectadores a realizar una acción específica. Por ejemplo, una compra, un registro o una suscripción.

Duración del vídeo: Asegúrate de que tus vídeos no sean demasiado largos. La mayoría de los espectadores prefieren vídeos cortos y concisos.

Optimización SEO: Optimiza tu vídeo para los algoritmos de búsqueda utilizando palabras clave y frases relevantes. Esto aumenta las posibilidades de que tu vídeo sea encontrado por más espectadores.

Promoción: Promociona tu vídeo en varios canales de redes sociales y comunidades online para generar más exposición.

Reglas básicas para creadores de vídeo: Snapchat

Se auténtico: Los usuarios de Snapchat valoran la autenticidad y no quieren ver vídeos perfectamente montados. Muestra a tus espectadores quién realmente eres y qué valor o ventaja puedes ofrecer a tus espectadores.

Utiliza texto y emojis: Snapchat ofrece muchas formas de añadir texto y emojis a tu vídeo. Utiliza estas funciones para enfatizar tu mensaje o añadir un remate.

El formato es vertical: Snapchat se graba casi exclusivamente en formato vertical (al igual que TikTok e Instagram). Asegúrate de que tu vídeo esté optimizado en este formato y de que el contenido es fácilmente visible.

Usa filtros y lentes: Snapchat ofrece una gran variedad de filtros y lentes que pueden dar un toque especial a tu vídeo. Pruébalos y comprueba cuáles funcionan mejor para tu contenido.

Contar una historia: Las historias de Snapchat te permiten contar una historia en varias partes. Utiliza esta función para mantener el interés de tus espectadores para que vuelvan a por más.

Utiliza efectos de sonido: Los efectos de sonido pueden mejorar tu vídeo en Snapchat. Utilízalos con moderación y prudencia para crear una atmósfera especial o destacar algo.

Cuidado con la duración del video: En Snapchat, los vídeos son extremadamente cortos. Usa el tiempo sabiamente y asegúrate de que tu contenido no sea demasiado largo.

Añade llamadas a la acción: Utiliza la función de deslizar hacia arriba u otras llamadas a la acción para dirigir a tus espectadores a una página web o al destino que de antemano hayas definido para este video.

Diviértete: Snapchat es una plataforma divertida y creativa. Aprovecha la oportunidad para dejar brillar tu lado creativo y destacar sobre los demás.

Reglas básicas para todo creador de vídeos

Composición de la imagen: Presta atención al llamado "principio de los tercios" o corte áureo. Imagina su pantalla dividida en nueve partes iguales. Coloca los elementos importantes en las intersecciones o a lo largo de las líneas para conseguir un aspecto equilibrado y atractivo.

Perspectiva: Utiliza diferentes perspectivas para ofrecer al espectador una experiencia dinámica. Entre otras, puedes probar las siguientes perspectivas y averiguar cuál se adapta mejor a tu público objetivo:

1. Perspectiva subjetiva (Point of View, POV): esta perspectiva pone al espectador en la posición del personaje, de modo que vemos lo que el personaje ve. Puede utilizarse para fomentar la empatía y la identificación.

2. Perspectiva objetiva: esta perspectiva muestra a los personajes desde un punto de vista neutral, similar al de un observador invisible. Es la perspectiva más usada por ejemplo en películas de cine.

3. Perspectiva desde arriba (vista de pájaro): Se trata de una toma desde arriba, a menudo utilizada para introducir una escena o dar una visión de conjunto. También puede simbolizar poder y control.

4. Perspectiva baja (ángulo bajo): Esta perspectiva muestra a los personajes desde abajo y puede usarse para que parezcan más poderosos o intimidantes.

5. Ángulo alto: Esta perspectiva muestra a los personajes desde arriba y puede utilizarse para que parezcan más pequeños, más débiles o vulnerables.

6. Perspectiva en tercera persona: aquí la cámara ve a los personajes y la acción desde una cierta distancia, haciendo que el espectador se sienta más como un observador.

Estas diferentes perspectivas permiten a los cineastas contar historias de diversas formas visualmente atractivas.

Color y contraste: Los colores pueden evocar emociones e influir en el estado de ánimo de su vídeo. Presta atención a la armonía cromática y utiliza el contraste para resaltar los elementos importantes.

Iluminación: Presta atención a la calidad y la dirección de la luz. Una buena iluminación puede marcar la diferencia entre un vídeo mediocre y uno impresionante. La luz natural es siempre una buena opción, pero cambia casi cada segundo (gracias a la rotación del sol y de la tierra :)). Si necesitas continuidad en la iluminación, tienes que adoptar una estrategia diferente.

Enfoque: El enfoque es fundamental para atraer la atención de tu público. Si quieres destacar un objeto o una persona concretos en tu vídeo, asegúrate de que estén bien enfocados mientras el resto de la imagen está ligeramente desenfocada. Pero asegúrate también de que el enfoque no sea tan intenso que el espectador se pierda detalles importantes del fondo.

Movimiento y sincronización: Piensa en cómo utilizar el movimiento y el tiempo para crear emoción e interés. Recuerda que, a veces, ¡menos es más!

Cuenta una historia: Por muy impresionante que sea tu vídeo, no cautivará al público sin una historia sólida. Así que cuenta una historia que intrigue y conmueva. Se emotivo, auténtico, frenético. Todo menos aburrido. Y no lo olvides: Una historia tiene un principio, al menos una parte intermedia y un final que atrapa.

Sonido y música: Nunca subestimes el poder de un buen sonido y una buena música. Pueden potenciar enormemente el impacto emocional de tu vídeo.

Simetría: La simetría puede ser muy agradable estéticamente en un vídeo, haciendo que una escena parezca armoniosa y equilibrada. Puede utilizarse para representar la calma, el orden o la perfección. Sin embargo, hay que tener cuidado de no abusar de la simetría, ya que a veces puede parecer aburrida. Un cierto grado de asimetría puede hacer que un vídeo resulte más interesante y dinámico.

Ángulos de cámara: Los ángulos de cámara pueden utilizarse para transmitir sentimientos y estados de ánimo. Una cámara que filma desde arriba (ángulo alto) puede hacer que una persona u objeto parezca pequeño e inferior, mientras que una cámara que filma desde abajo (ángulo bajo) puede hacer lo contrario y hacer que la persona u objeto parezca grande y dominante. Experimenta con distintos ángulos para conseguir el efecto deseado.

Ejemplos de vídeos utilizados con éxito

Chipotle: La cadena de comida rápida lanzó un "Lid Flip Challenge" en TikTok, donde los clientes muestran su pedido de guacamole y luego tratan de abrir y cerrar la tapa del recipiente con un solo movimiento. El reto se hizo viral, generando más de 110.000 vídeos generados por usuarios y más de 240 millones de visitas.

Fenty Beauty: La marca de belleza de Rihanna ha lanzado una campaña de influidores en Instagram con el hashtag #FentyBeautyHouse. En el proyecto, 10 influidores de belleza fueron invitadas a una casa y produjeron una serie de vídeos e imágenes en una semana. La campaña obtuvo 4,4 millones de visitas y provocó un aumento de las ventas.

Gymshark: La marca de ropa deportiva lanzó una campaña en TikTok con el hashtag #gymshark66, en la que pedía a los clientes que documentaran su reto de fitness de 66 días. La campaña obtuvo más de 80 millones de visitas y ayudó a Gymshark a convertirse en una de las marcas de más rápido crecimiento en el Reino Unido.

Airbnb: La plataforma de alojamiento online facilitó una campaña en TikTok con el hashtag #NightAt, que daba a los usuarios la oportunidad de alojarse en alojamientos poco habituales, como cines o aviones. La campaña generó más de 400 millones de visitas y propició un aumento de las reservas.

Mercedes-Benz: El fabricante alemán de automóviles lanzó una campaña en TikTok con el hashtag #MBStarChallenge, en la que pedía a los usuarios que crearan su propia coreografía con una versión remix de la banda sonora de la estrella de Mercedes-Benz. La campaña obtuvo más de 11 millones de visitas y ayudó a rejuvenecer la imagen de la marca y a atraer a un público más joven.

Kaffeeform: una empresa que fabrica tazas de café a partir de posos de café. Lanzaron una campaña en Instagram llamada #kaffeeliebe (amor al café), en la que animaban a sus seguidores a compartir sus propios momentos cafeteros y había un sorteo. La campaña alcanzó más de 100.000 visualizaciones y aumentó la notoriedad de la marca.

Ideas para un vídeo en las redes sociales

¿Qué ideas podrías utilizar para presentarte a ti mismo o a tu empresa en las redes sociales con vídeos atractivos? Los vídeos que mejor funcionan combinan tres cosas: relevancia para el grupo objetivo, emoción y valor añadido. Así que no siempre importa que tenga que ser una producción cara y de alta gama. Es la idea la que tiene que encajar contigo y con tu público objetivo. He aquí algunas pequeñas ideas. ¿Quién sabe? Quizá encuentras aquí la idea perfecta para tu empresa...

GPT4:

- *Demuestra cómo tu producto mejora la vida de las personas.*
- *Haz una comparación del "antes y el después" para demostrar el impacto de tu producto en la vida de tus clientes.*
- *Utiliza el humor para presentar tu producto de forma inusual.*
- *Muestra cómo puede utilizarse tu producto de una forma nueva e inesperada.*
- *Demuestra la longevidad de tu producto en comparación con otros.*
- *Deja que tus clientes prueben tu producto y graba sus reacciones.*
- *Muestra cómo tu empresa es sostenible y cómo protege el medio ambiente.*
- *Demuestra la sencillez y rapidez con la que la gente puede utilizar tu producto.*
- *Demuestra cómo tu producto mejora la vida de los animales.*
- *Utiliza las tendencias actuales para presentar tu producto de forma humorística y creativa.*
- *Cuenta una historia inspiradora de un cliente que logró su objetivo gracias a tu producto.*
- *Muestra cómo tu producto ayuda a la gente a perseguir su pasión.*

- *Realiza una entrevista con un experto que explique las ventajas de tu producto.*
- *Muestra el desarrollo de tu producto en time-lapse para demostrar el espíritu innovador de tu empresa.*
- *Demuestra la versatilidad de tu producto mostrando diferentes aplicaciones.*
- *Utiliza la animación para transmitir información compleja sobre tu producto de forma sencilla y divertida.*
- *Presenta un vídeo entre bastidores para conocer mejor la producción o el servicio al cliente.*
- *Muestra cómo tu producto supera los retos en una situación de la vida real.*
- *Organiza un tutorial en directo para mostrar a los usuarios cómo sacar el máximo partido a tu producto.*
- *Presenta una colaboración con una celebridad conocida u otra marca.*
- *Demuestra la responsabilidad social de tu empresa apoyando proyectos de servicio a la comunidad.*
- *Demuestra la facilidad de uso de tu aplicación móvil o servicio en línea.*
- *Crea una vídeo parodia divertida que combine una escena famosa de una película o de otra marca con tu producto.*

Por supuesto estas ideas deben adaptarse a tu empresa, tu estrategia y el sector o mercado en el que trabajes.

Cuando faltan las ideas

¿Qué hacer si te faltan las ideas? Por supuesto, puedes recurrir a un experto externo. A alguien como yo le encanta aportar nuevas ideas y abordar un tema complejo desde una perspectiva externa. Pero también puedes preguntar a chatGPT, a Bing u otras inteligencias artificiales. El problema con estas, como ya había mencionado antes, es que tienes que comprobar los resultados cuidadosamente antes de seguir usándolos.

Pero también puedes hacer algo tú mismo. Para conseguir ideas para vídeos en redes sociales, hay dos ejercicios creativos que pueden ayudarte a encontrar enfoques nuevos y originales. El primer ejercicio es "combinar elementos inusuales". Se trata de combinar diferentes elementos o ideas que a primera vista parecen no tener nada que ver entre sí. Por ejemplo, puedes pensar en cómo vincular un producto a un deporte concreto o a un destino de viaje exótico. Estas conexiones inesperadas pueden dar lugar a ideas de vídeo emocionantes y memorables.

El segundo ejercicio es "haz lo contrario". Se trata de dar la vuelta a un planteamiento o supuesto común. Imagina que quieres crear un vídeo sobre una chocolatina. En lugar de hacer hincapié en los aspectos comunes como el sabor o el aporte energético, podrías hacer lo contrario y centrarse en ello de una forma poco habitual. Quizás podrías presentar la chocolatina como un "secreto para una mejor salud mental" y mostrar cómo ayuda a la gente a mantener la calma en situaciones estresantes.

Para dar con esas ideas, es útil utilizar diversas técnicas de brainstorming. Las sesiones de brainstorming, los mapas mentales o la creación de tableros de ideas pueden ayudarte a reunir y visualizar pensamientos creativos. Ten siempre a mano un cuaderno o una aplicación para anotar las ideas espontáneas que te surjan en el día a día. La inspiración puede acechar en cualquier lugar, ya sea en conversaciones, viendo películas o navegando por Internet o dando un paseo. Recuerda que la creatividad también requiere tiempo y experimentación. No te desanimes si la idea perfecta no surge de inmediato. Prueba distintos enfoques, ensaya nuevas ideas y analiza opiniones. A veces, un pequeño cambio o ajuste puede suponer una gran diferencia. Utiliza estos enfoques y ejercicios para despertar tu creatividad y conseguir ideas de vídeo originales. Mantente abierto a nuevas perspectivas, piensa con originalidad y diviértete explorando nuevas posibilidades. El mundo del vídeo en las redes sociales ofrece infinitas posibilidades que explorar.

Opiniones, citas y comentarios

"La narración en vídeo se está imponiendo en el mundo del marketing, y con razón. No sólo es una forma visualmente atractiva de compartir la historia de su marca, sino que también tiene el poder de crear una conexión más profunda con su público."

El autor afirma que la narración en vídeo se está imponiendo en el mundo del marketing, y con razón. No solo es visualmente atractivo para compartir la historia de tu marca, sino que también tiene el poder de crear una conexión más profunda con tu público objetivo.

"Los vídeos son una forma poderosa de captar la atención de los espectadores e implicarlos emocionalmente. Cuando las empresas utilizan los vídeos con eficacia, pueden establecer una fuerte conexión con su público objetivo."

Brian Halligan, CEO de HubSpot, señala que los vídeos son una forma poderosa de captar la atención de los espectadores e implicarlos emocionalmente. Cuando las empresas utilizan el vídeo con eficacia, pueden establecer una fuerte conexión con su público objetivo.

"Los vídeos son el mejor medio para captar la atención de la gente. Con el vídeo adecuado, puedes contar una historia que cautive a tu audiencia en tan solo unos segundos."

Rand Fishkin utiliza la expresión "el vídeo adecuado" para subrayar que no todos los vídeos son igual de eficaces. Con "el vídeo adecuado" se refiere a un vídeo que llame la atención y cuente una historia convincente en pocos segundos. Se trata de crear un vídeo que atraiga al público objetivo específico y capte su atención desde el principio. Ese vídeo debe estar bien pensado, transmitir un mensaje claro y apelar a las necesidades e intereses del público objetivo. Consiguiendo este objetivo, el vídeo puede tener todo su impacto y cautivar a los espectadores.

"Los vídeos son el futuro del marketing. Si no te subes al carro, pronto te quedarás atrás."

Gary Vaynerchuk insiste en que los vídeos son el futuro del marketing y que las empresas que no se suban al carro pronto se quedarán atrás. El propio Vaynerchuk ha utilizado con éxito los vídeos en las redes sociales para construir su marca. Gracias al formato vídeo, ha podido crear una fuerte presencia que le ha permitido compartir sus mensajes y contenidos de forma atractiva y eficaz. Los vídeos ofrecen una forma versátil de presentar contenidos y conectar directamente con su público. Aprovechando la tendencia de los vídeos, pudo aumentar el compromiso con su público objetivo y posicionar su marca con éxito.

Lecturas recomendadas

He aquí algunas recomendaciones de libros:

Every Note Tells a Story: The Transformative Power of Music in Visual Media (Edición en inglés) por Shie Rozow, 2023.

Cinematography Essentials: Painting with Light: Techniques for Visual Storytelling in Film and TV (Edición en inglés) por Michael Edgar Lawrence, 2023.

Video Storytelling Projects: A DIY Guide to Shooting, Editing and Producing Amazing Video Stories on the Go (Voices That Matter) (Edición en inglés) por Rafael Concepcion, 2022.

Smartphone Smart Marketing: A layman's guide to content marketing, social media strategy, photography, video production, audio and live streaming (Edición en inglés) por Robb Wallace y Donna Wallace, 2020.

También recomiendo echar un vistazo en YouTube, TikTok o Instagram. Allí encontrarás innumerables vídeos, tutoriales y consejos para aprender cine, edición y producción. Deja que te inspiren y diviértete.

SOCIAL MEDIA TREND 2024/3
Las redes sociales se vuelven ecológicas: Cómo las marcas se centran en la sostenibilidad en sus estrategias de marketing

¿Te has enterado? ¡Las redes sociales se vuelven ecológicos! Sí, has oído bien: la sostenibilidad se está convirtiendo en una tendencia en el marketing de las redes sociales. Pero no te preocupes, eso no significa que tu feed de Instagram deba ser ahora todo árboles y flores. Muchas empresas y marcas se han dado cuenta de que tienen la responsabilidad de proteger nuestro planeta y de que la sostenibilidad es un factor importante para muchos consumidores. Como resultado, cada vez más empresas están incorporando prácticas respetuosas con el medio ambiente en su estrategia de marketing. Pero ¿cómo lo están haciendo y qué podemos aprender de los mejores ejemplos? Echemos un vistazo al apasionante mundo del marketing ecológico en las redes sociales 2024 y veamos cómo puedes beneficiarte de esta evolución como consumidor y empresa concienciados con el medio ambiente.

El marketing ecológico es una estrategia de marketing cuyo objetivo es promover productos y servicios que se consideran respetuosos con el medio ambiente, sostenibles y éticamente responsables. Es un tipo de marketing que pretende concienciar a los consumidores de que pueden contribuir a la protección del medio ambiente y a la responsabilidad social a través de sus decisiones de compra. Las empresas que practican el marketing ecológico comunican su respeto por el medio ambiente y su sostenibilidad a través de diversas herramientas de marketing, como la publicidad, los envases que usan o las redes sociales. Sin embargo, al hacerlo, las empresas deben asegurarse de que sus declaraciones sean veraces y no engañosas, ya que los consumidores de hoy en día son muy críticos y sensibles con el lavado verde o el engaño.

La sostenibilidad es un término muy utilizado en la sociedad actual y considerado por muchas empresas como una parte importante de su estrategia empresarial. Sin embargo, la definición de sostenibilidad puede variar de una empresa a otra. En general, sostenibilidad significa que una empresa lleva a cabo sus actividades teniendo en cuenta las necesidades sociales, económicas y medioambientales y preservando los recursos para las generaciones futuras.

Diferentes enfoques de sostenibilidad

Para muchas empresas, la sostenibilidad consiste en encontrar un equilibrio entre el crecimiento económico y la responsabilidad medioambiental y social. Las empresas quieren asegurarse de que dirigen sus negocios de forma que no sólo promuevan el éxito económico, sino que también tengan un impacto positivo en el medio ambiente y satisfagan las necesidades sociales. Por ejemplo, parte de la sostenibilidad puede ser el uso de tecnologías y materiales que respetan el medio ambiente. Esto puede incluir el uso de energías renovables, la reducción de la cantidad de energía y agua que se usa, y el uso de materiales reciclados. Las empresas pueden desarrollar productos que consuman menos energía, duren más o sean biodegradables.

Otro enfoque que adoptan las empresas es promover la justicia social y la igualdad de oportunidades. Pueden hacerlo creando puestos de trabajo, respetando las normas laborales y de derechos humanos, colaborando con las comunidades locales, fomentando la tolerancia y la diversidad, o apoyando iniciativas educativas y sanitarias. Las empresas sostenibles suelen tratar de mejorar la calidad de vida de las personas y las comunidades asegurándose de que sus actividades empresariales no provocan un impacto medioambiental negativo o desigualdad social. Algunas empresas también ven la sostenibilidad como una forma de aumentar el valor y la credibilidad de su marca y crear una base de clientes leales. Cada vez son más los consumidores preocupados por el impacto medioambiental de los productos y servicios, por lo que prefieren las marcas sostenibles. Comunicando sus esfuerzos de sostenibilidad, las empresas pueden ganarse la confianza y fidelidad de los clientes y diferenciarse de sus competidores.

En general, hay muchos enfoques diferentes de la sostenibilidad en las empresas. Para muchas empresas, se trata de gestionar su negocio de una manera que no sólo tenga éxito comercial, sino que también tenga un impacto positivo en el medio ambiente y la sociedad. Las empresas que integran la sostenibilidad en su estrategia no sólo pueden ayudar a proteger el medio ambiente y promover la justicia social, sino también reforzar sus marcas y fidelizar a sus clientes.

Las ventajas de una estrategia sostenible en las redes sociales

Prestar atención a la sostenibilidad en el sentido de "green acting" (vivir los valores comunicados) en lugar de "green washing"(decir y no hacer) y utilizar los canales de las redes sociales para la comunicación de la sostenibilidad puede ofrecer muchas oportunidades y ventajas a las empresas de todos los tamaños. ¿Cuáles son algunas de estas ventajas?

Mejora de la imagen: Una percepción positiva como empresa sostenible puede mejorar la imagen y reforzar la confianza de los clientes y el público.

Aumento de la credibilidad: Si las empresas divulgan y comunican con transparencia sus esfuerzos de sostenibilidad, refuerzan su credibilidad.

Diferenciación de la competencia: Una sólida estrategia de sostenibilidad puede diferenciar a las empresas de sus competidores y posicionarlas como pioneras de la sostenibilidad en el sector.

Aumento de la fidelidad de los clientes: Los clientes están cada vez más dispuestos a invertir en empresas que coinciden con sus valores. La sostenibilidad es uno de esos valores que pueden aumentar la fidelidad de los clientes.

Aumentar la lealtad de los empleados: La sostenibilidad no sólo es importante para los clientes, sino también para los empleados. Las empresas que se esfuerzan por ser sostenibles pueden atraer talento y reforzar la lealtad de sus empleados.

Reducción de costes: La sostenibilidad también puede ayudar a reducir costes. Con medidas como la eficiencia energética, la reducción de residuos y la conservación de recursos, las empresas pueden reducir sus costes operativos.

Aumentar la fuerza innovadora: La sostenibilidad requiere espíritu innovador y creatividad para desarrollar nuevas tecnologías y procesos seguros y respetuosos con el medio ambiente. Esto aumenta la fuerza innovadora de la empresa y la prepara para el futuro.

Desarrollar nuevos mercados: Una sólida estrategia de sostenibilidad también puede abrir nuevos mercados, sobre todo entre clientes preocupados por el medio ambiente y la responsabilidad social.

Evitar riesgos para la reputación: Las empresas que no se esfuerzan por ser sostenibles corren el riesgo de ser criticadas por los clientes y el público y de poner en peligro la buena reputación que se han labrado a lo largo de los años.

Contribuir al bien común: Una presencia en las redes sociales que dé prioridad a la sostenibilidad también puede ayudar a promover el bien común educando a la sociedad sobre cuestiones medioambientales y promoviendo un cambio positivo en la sociedad. La empresa se convierte en parte de la solución.

Haga primero los deberes

Antes de que las empresas cuenten lo sostenibles que son en las redes sociales en anuncios repletos de imágenes, videoclips o informes, deben tener en cuenta algunos puntos clave para garantizar que su mensaje sea creíble y eficaz.

Comprueba tus medidas de sostenibilidad: Antes de anunciar que eres sostenible, tienes que asegurarte de que realmente aplicas medidas de sostenibilidad. Por ejemplo, si vas a cambiar tus materiales en la producción, asegúrate de que los nuevos materiales usados realmente respetan el medio ambiente y no solo lo anuncian como tal.

Fijar objetivos realistas: Las empresas deben fijar objetivos de sostenibilidad realistas en función de su tamaño y sector. Si haces promesas demasiado grandes que no puedas cumplir, pierdes credibilidad.

Transparencia: Las empresas deben comunicar con transparencia cómo pretenden alcanzar sus objetivos de sostenibilidad y qué medidas están adoptando. La transparencia también incluye señalar los retos y abordar claramente los problemas de aplicación.

Evitar el green washing: Las empresas deben evitar promocionarse como sostenibles si no lo son. Esto se denomina "green washing" y puede hacer que las empresas pierdan credibilidad entre sus clientes y sean vistas como deshonestas.

Compromiso con la comunidad: Por principio, las empresas también deben comprometerse con la comunidad fuera de la burbuja de las redes sociales y esforzarse por promover la concienciación sobre la sostenibilidad y la protección del medio ambiente. Esta es la única forma de hacer que la sostenibilidad sea auténtica y creíble dentro de sus propios canales de redes sociales.

Autenticidad: Las empresas deben asegurarse de que sus esfuerzos de sostenibilidad son auténticos y de que no se están vendiendo únicamente como una táctica de marketing. Las medidas adoptadas deben vivirse en la empresa. Aquí, la dirección y los ejecutivos desempeñan un papel fundamental en su función de modelos a seguir.

Resultados mensurables: Las empresas deben presentar resultados mensurables de sus esfuerzos de sostenibilidad para demostrar sus éxitos. Muchas empresas formulan objetivos de sostenibilidad y los ponen en su página de web para hacer publicidad o hablan de ellos en sus canales de redes sociales. Sin embargo, un objetivo sin una acción cuantificable inmediata no es más que un deseo. No desees ser... ¡se!

Credibilidad: Las empresas pueden esforzarse por ser certificadas por institutos independientes. De este modo, se verifica el compromiso de la empresa y esto aumenta la credibilidad de la empresa y la marca.

Consideración de las necesidades de los clientes: Las empresas deben centrarse en las necesidades de sus clientes y desarrollar productos y servicios sostenibles que satisfagan sus necesidades.

Responsabilidad ética y social: Las empresas deben esforzarse por actuar de forma ética y socialmente responsable y cumplir sus responsabilidades con la sociedad y el medio ambiente.

Es sumamente importante que las empresas examinen de antemano estas cuestiones y retos. Hoy en día todos estamos muy sensibilizados cuando se trata de que las empresas nos engañen en cuanto a la sostenibilidad. Cada uno de nosotros conoce al menos una campaña publicitaria que predicaba la sostenibilidad y en la que caímos. ¿Comprar cerveza para salvar la selva tropical? ¿Escándalo del motor a gasóleo en

Alemania? ¿Moda desechable con etiqueta de sostenibilidad? ¿Orgánico? ¿100% natural? ¿Regional? ¿Y luego no lo era? La mayoría de estos escaparates son legales y no justiciables, pero la confianza no es una moneda que se construya o se pierda a través de la ley.

La confianza tiene que ver con la ética, la moral y el amor. Suena extraño, pero es así. La confianza es un sentimiento que las empresas y marcas pueden tardar años o décadas en construir. Pero puede perderse en un mero instante, por una simple frase que no sea verdad. Para evitarlo, las empresas deben afrontar las tareas anteriores antes de asomar la bandera de la sostenibilidad por la ventana.

¿Qué es la sostenibilidad?

La sostenibilidad es uno de esos términos que todo el mundo utiliza, pero en los que cada cual entiende algo distinto. Además, la sostenibilidad es una palabra que no evoca ninguna imagen en la mente de la mayoría de nosotros. Coraje, entusiasmo, tolerancia, responsabilidad, innovación o confianza son características igualmente populares que las empresas se dan a sí mismas. Sin embargo, cuando oímos estos términos, inmediatamente surgen imágenes en nuestra mente. Hemos tenido experiencias con todos estos valores de una forma u otra desde que éramos pequeños, y los almacenamos pictóricamente en nuestro cerebro. La sostenibilidad es diferente. El término no provoca... nada. Ninguna imagen, ninguna emoción y, por tanto, ninguna posibilidad de que nos identifiquemos con ella.

Personalmente, recomiendo utilizar este término lo menos posible en un contexto empresarial. Sin embargo, hay que centrarse sobre todo en lo que este término puede significar para la otra persona. Cuando hables de sostenibilidad con clientes, o con tus socios, proveedores de servicios y empleados, pregúntales primero qué entienden ellos por sostenibilidad. Te sorprenderá la cantidad de enfoques diferentes que existen para tratar el término "sostenibilidad".

¿Qué términos diferentes asocia mucha gente con "sostenibilidad"?

GPT4: ¡Con mucho gusto! He aquí diferentes términos que muchos asocian con la palabra "sostenibilidad":

- *Protección del medio ambiente*
- *Protección del clima*
- *Conservación de los recursos*
- *Prevención de residuos*
- *Reciclado*
- *Eficiencia energética*
- *Energías renovables*
- *Conservación de la naturaleza*
- *Biodiversidad*
- *Ecología*
- *Economía circular*
- *Residuos cero*
- *Upcycling*
- *Consumo sostenible*
- *Comercio justo*
- *Justicia social*
- *Derechos humanos*
- *Condiciones de trabajo*
- *Satisfacción de los empleados*
- *Salud y seguridad en el trabajo*
- *Economía del bien común*
- *Gestión sostenible*
- *Tecnología verde*
- *Productos respetuosos con el medio ambiente*
- *Agricultura ecológica*
- *Biodiversidad*
- *Movilidad respetuosa con el clima*
- *Turismo sostenible*
- *Protección del agua*
- *Consumo de agua*
- *Eficacia del agua*
- *Eficacia de los recursos*
- *Envases sostenibles*
- *Gestión de residuos*
- *Uso regenerativo del suelo*
- *Cambio energético*
- *Tecnologías verdes*
- *Sostenibilidad digital*
- *Reducción de CO2*

- *Compensación de CO2*
- *Evaluación del ciclo de vida*
- *Arquitectura sostenible*
- *Inversión ética*
- *Desarrollo sostenible*
- *Conciencia ecológica*
- *Estrategia de sostenibilidad*
- *Informes de sostenibilidad*
- *Comunicación sobre sostenibilidad*
- *Brecha salarial*
- *Diversidad*
- *Discriminación racial*
- *Discriminación por edad*
- *Discriminación por discapacidad*
- *Discriminación religiosa*
- *Discriminación sexual*
- *Nacionalismo*
- *Discriminación por motivos políticos*
- *Inclusión*
- *Energías renovables*
- *Economía circular*
- *Huella ecológica*
- *Cambio climático*
- *Compatibilidad medioambiental*
- *Eficacia de los recursos*
- *Conservación*
- *Servicios ecosistémicos*

Esta lista no pretende ser exhaustiva y sólo pretende dar una idea aproximada de los diversos aspectos de la sostenibilidad. Se podría escribir fácilmente un libro entero sobre cada uno de los términos aquí presentados. Esto demuestra lo amplio, diverso y diferente que puede entenderse, interpretarse y vivirse el concepto de sostenibilidad. Por eso es mejor preguntar desde un principio, que es lo que cada miembro del proyecto entiende bajo sostenibilidad.

Como buen ejemplo de que el termino sostenibilidad no siempre se entiende de igual manera, encuentro la evaluación de NetFederation sobre el ranking de empresas con las mejores actividades digitales de RSE en

Alemania en 2021. Las siglas RSE corresponden al término responsabilidad social corporativa y describen la contribución voluntaria de las empresas al desarrollo sostenible.

Benchmark de RSE: Clasificación de las empresas con las mejores actividades de RSE digital en Alemania en 2021

1. Deutsche Telekom AG (765)
2. REWE Group (766)
3. Merck KGaA (737)
4. Vonovia SE (679)
5. Mercedes-Benz Group (672)
6. Deutsche Bahn AG (636)
7. BASF SE (635)
8. Robert Bosch GmbH (622)
9. Schaeffler AG (614)
10. BMW AG (608)

Fuente: NetFederation GmbH - CR Benchmark 2024 (https://www.netfed.de/cr-benchmark/2024/startseite/, Acceso: 18.6.2024)

Con algunas de las empresas mencionadas aquí, podría surgir la pregunta legítima de por qué estas empresas se consideran especialmente sostenibles. Algunas son conocidas más bien en un contexto opuesto al de la sostenibilidad, como causantes de escándalos por condiciones laborales indignas o procesos perjudiciales para el medio ambiente. Para mí, esta estadística muestra muy bien por qué es importante que cuando las empresas quieran hablar y comunicar sobre sostenibilidad definan de manera clara para el cliente qué quieren decir exactamente con la palabra sostenibilidad. Si las empresas no prestan aquí atención a una comunicación auténtica y comprensible, pueden perderse algunas de las ventajas que pueden aportar las estrategias sostenibles en las redes sociales.

Empresas percibidas como especialmente sostenibles

El marketing sostenible en redes sociales es algo más que una tendencia: es un cambio fundamental en la forma en que las empresas presentan su marca en Internet. Ya sean pequeñas empresas emergentes o grandes corporaciones, muchas han aprovechado la oportunidad para situar la sostenibilidad en el centro de sus esfuerzos de marketing. Entienden que ser responsable y utilizar prácticas que respetan el medio ambiente no sólo es bueno para el planeta, sino también para el negocio. Con contenidos creativos y auténticos en torno a la sostenibilidad, estas empresas no sólo crean conciencia, sino que dan forma a una cultura sostenible de marketing digital: Los siguientes ejemplos son sólo inspiración y no están clasificados ni mencionados en ningún orden en particular:

Fairphone: Fairphone es una empresa holandesa especializada en smartphones justos y sostenibles. Esta organización aspira a transformar la industria electrónica con la sostenibilidad y las prácticas laborales justas en primer plano. Hace hincapié en que hay que tener en cuenta el impacto en el ecosistema global y garantizar los derechos humanos y la satisfacción de los trabajadores. Si no se dispone de materiales adecuados o fabricantes responsables, trabaja activamente para crearlos. La organización trabaja para superar las mentalidades a corto plazo que ya no son sostenibles ante los retos mundiales. Han lanzado una campaña en Instagram con el hashtag #ChangeIsInYourHands que hace hincapié en la importancia de la sostenibilidad y la protección del medio ambiente. (https://www.fairphone.com/de/impact/?ref=header consultado el 7/9/2023)

UmweltBank: UmweltBank es un banco alemán que destaca por su orientación sostenible. Sus actividades empresariales se basan en principios y valores firmes, especialmente en lo que respecta a los productos que ofrece. La aplicación de criterios positivos y de exclusión garantiza que todos los fondos se inviertan en consonancia con los valores propios de la empresa. En este contexto, los depósitos de ahorro y el capital se destinan exclusivamente a préstamos para apoyar proyectos medioambientales, por ejemplo, en los ámbitos de las energías renovables y la construcción ecológica. En 2021, UmweltBank fue capaz de ahorrar más de 1,2 millones de toneladas de CO_2. Esto equivale aproximadamente a las emisiones anuales de CO_2 de unos 100.000 hogares alemanes. Una calificación medioambiental desarrollada internamente para las inversiones financieras también permite comparar los productos ofrecidos y promueve así decisiones de inversión transparentes. UmweltBank es un buen ejemplo de cómo los contenidos y las historias relevantes para las redes sociales existen, pero aún no se reproducen con suficiente fuerza en los canales de redes sociales relevantes para el grupo objetivo. *"UmweltBank contribuye a dar forma al cambio ecológico en Alemania. Para ello, aplicamos normas estrictas a nuestra empresa. Por tanto, el término sostenibilidad da forma a nuestra historia, a nuestras acciones cotidianas de hoy y a nuestro futuro empresarial."* Erik Mundinger - Responsable de Sostenibilidad.

(https://www.umweltbank.de/ueber-uns/nachhaltigkeit Consultado el 9.7.2023)

Vaude: Vaude es una empresa alemana que fabrica equipos y ropa para actividades al aire libre y se centra en la sostenibilidad. Han lanzado una campaña en Instagram con el hashtag #WeDoItRight, pidiendo a sus clientes que sean activos en la protección del medio ambiente. Otro proyecto de sostenibilidad de Vaude es Green Shape. Green Shape representa una iniciativa que pretende que los productos de outdoor sean lo más respetuosos posible con el medio ambiente, justos y funcionales. A falta de normas comparables, VAUDE introdujo el sello Green Shape. Identifica los productos que están bien pensados en términos de estética, funcionalidad y durabilidad, que pueden repararse fácilmente y que son fáciles de reciclar al final de su ciclo de vida. Para obtener la etiqueta Green Shape, un producto debe estar fabricado con al menos un 50% de materiales biológicos o reciclados. Estos materiales incluyen una variedad de alternativas a los materiales vírgenes derivados del petróleo, incluidos materiales naturales y materiales reciclados. No sólo los tejidos, sino también los proveedores de accesorios como hilo, cremalleras y botones tienen certificación ecológica. Los productos se procesan mediante el sistema Bluesign®, que ahorra energía y recursos. VAUDE presta atención a los salarios justos y a las buenas condiciones de trabajo en la producción, independientemente del lugar. El estatus de líder de la Fair Wear Foundation subraya este compromiso. (https://www.vaude.com/de/de/nachhaltigkeit.html consultado el 7/9/2023)

Patagonia: Patagonia es una empresa estadounidense que fabrica ropa para actividades al aire libre y está comprometida con la protección del medio ambiente y la sostenibilidad. Han iniciado una campaña en Instagram con el hashtag #AnswerWithAction, en la que piden a sus clientes que apoyen activamente la protección del medio ambiente. Patagonia ha asumido lo que ellos llaman el "Impuesto de la Tierra", el 1% para el Planeta, apoyando a grupos ecologistas sin ánimo de lucro que trabajan para proteger nuestro aire, tierra y agua en todo el planeta. Patagonia aboga por diversos proyectos de sostenibilidad y los apoya no sólo financieramente, sino también a través de su propia divulgación en las redes sociales. (https://eu.patagonia.com/de/de/activism/) consultado el 7/9/2023)

Reciclage - de la pancarta a la bolsa: Como en muchos mercados emergentes, las ciudades brasileñas crecen tan rápido que las infraestructuras y los sistemas de eliminación de residuos no dan abasto.

Esto se nota especialmente en Sao Paulo. Desde que la fundadora Claudia Dürr-Tatschl creció allí, estas condiciones de vida le han impactado mucho. El tratamiento desconsiderado de los residuos ya sea en Brasil o en Alemania, siempre le ha causado una gran preocupación. Esta preocupación, combinada con su fascinación por el reciclaje, la llevó a fundar Reciclage. La intención es, por un lado, reducir activamente la producción de residuos y, por otro, concienciar a los demás seres humanos para un uso sostenible de nuestros recursos naturales. Claudia se puso entonces en contacto con ONG brasileñas, artistas y eco diseñadores y abrió inicialmente la tienda mundial Reciclage en Aschaffenburg. Con el comercio justo de productos procedentes de proyectos sociales, se consiguió un ingreso digno para familias mediocres de todo el mundo. La diseñadora industrial licenciada se siente responsable de hacer atractivos los diseños sostenibles para una amplia masa. Para concienciar aún más a la gente sobre este tema, Reciclage produce ahora exclusivamente para clientes B2B, piezas únicas en grandes cantidades y por un precio justo. Sus canales de redes sociales en Instagram, Facebook, LinkedIn y Pinterest proporcionan el alcance necesario. (https://reciclage.de/ueber-uns/#unsere-mission . Consultado el 7/9/2023)

Toms: Toms es una empresa de calzado centrada en la responsabilidad social. Han lanzado una campaña en Instagram con el pegadizo hashtag #StandForTomorrow que llama la atención sobre la importancia de la sostenibilidad y la protección del medio ambiente. (https://www.toms.com/de/impact-emea.html)

Lush: Lush es una empresa de cosméticos especializada en productos naturales y sostenibles. Su hashtag en Insta es #LushMoods y hace hincapié en la importancia del autocuidado y la protección del medio ambiente. (https://www.lush.com/de/de/c/bring-it-back consultado el 7/9/2023)

Pura Clothing: Pura Clothing es una empresa suiza especializada en moda sostenible. Su campaña con el hashtag #PuraMindset impulsa sus propios valores en materia de sostenibilidad y protección del medio ambiente. (https://puraclothing.com/en-de/pages/the-brand)

Memo Bottle: Memo Bottle es una empresa australiana especializada en botellas de agua reutilizables. Merece la pena echar un vistazo a su campaña #OneBottleOneDay aquí. (https://www.memobottle.eu.com/pages/the-memobottle-story)

Econeers: La visión de Econeers es promover una sociedad en la que la transformación ecológica sea ampliamente aceptada y activamente modelada. Fundado en 2013 en Dresden, el canal de redes sociales homónimo de la empresa ofrece a los usuarios la oportunidad de invertir de forma responsable, apoyar las energías renovables y la economía verde y, al mismo tiempo, beneficiarse de la evolución positiva de sus inversiones. Para ello, Econeers sigue estrictos criterios de sostenibilidad en cuanto a aspectos medioambientales, económicos y sociales. Con más de 17.500 usuarios que ya han invertido 32 millones de euros en diversos proyectos, Econeers ya ha contribuido al ahorro de 86.500 toneladas de CO2.
(https://www.econeers.de/ueber-uns consultado el 7/9/2023)

Por supuesto, se trata sólo de unas pocas empresas, seleccionadas de forma puramente subjetiva, que han establecido diferentes puntos centrales para el tema de la sostenibilidad y los aplican en la empresa. Para los interesados, existen actualmente muchos portales y sitios web que ofrecen asesoramiento, información e inspiración sobre el tema de la sostenibilidad. Uno de ellos es www.lifeverde.de, donde también se puede encontrar una lista de empresas sostenibles y las mejores listas. No son sólo los innumerables términos diferentes los que dificultan al consumidor corriente de las redes sociales o al cliente medio encontrar una marca que sea realmente sostenible. Los innumerables premios que reciben empresas y marcas por ser sostenibles también dificultan cada vez más entender, que empresa realmente es sostenible. El bloguero y consultor de comunicación Sebastian Backhaus recopiló hace algún tiempo una lista de premios alemanes que pueden recibir empresas o marcas por ser de alguna manera sostenibles. Claro que esta lista ha cambiado desde que se ha publicado. Pero como idea para usted el lector, es absolutamente suficiente.

Lista de premios y galardones a la sostenibilidad en Alemania

- **Premio B.A.U.M. de Medio Ambiente**
  Destinatarios: empresas, periodistas, científicos, personalidades
- **Premio Federal de Ecodiseño**
  Grupo destinatario: empresas, nuevas empresas, estudiantes, licenciados
- **Premio RSE del Gobierno Federal**
  Grupo destinatario: Empresas
- **Premio Alemán de Movilidad**
  Grupo destinatario: Todos, sin restricciones

- **Premio Alemán a la Sostenibilidad**
Grupo destinatario: empresas, municipios, científicos, organizaciones
- **Premio al rendimiento ecológico**
Grupo destinatario: empresas (industria del transporte y la logística), nuevas empresas
- **Premios alemanes a la excelencia**
Grupo destinatario: Empresas
- **Premio al Producto Ecológico**
Grupo destinatario: empresas, nuevas empresas, estudiantes, licenciados
- **Premios Greentech**
Grupo destinatario: Todos, sin restricciones
- **Premio Talentos Verdes**
Grupo destinatario: Científicos
- **Premio Hans-Carl-von-Carlowitz a la sostenibilidad**
Grupo destinatario: Personalidades de la política y la sociedad
- **Premio INa de Sostenibilidad**
Grupo destinatario: Licenciados y diplomados
- **Premios Internacionales de Comercio Justo**
Grupo destinatario: Empresas y representantes de la sociedad civil
- **Mi buen ejemplo**
Grupo destinatario: Empresa
- **Premio Neumarkter Lammsbräu a la sostenibilidad**
Grupo destinatario: Empresas, profesionales de los medios de comunicación, ONG y OSAL
- **Premio a la sostenibilidad ZeitzeicheN**
Grupo destinatario: Todos, sin restricciones
- **Premio Next Economy**
Grupo destinatario: empresas, organizaciones, start ups
- **Premios ISP a la sostenibilidad**
Grupo destinatario: Empresas (industria de productos promocionales)
- **Sostenibilidad del proyecto**
Grupo destinatario: Todos, sin restricciones
- **Premio StartGreen**
Grupo destinatario: Startups
- **Premio WIWIN**
Grupo destinatario: Startups
- **Demasiado bueno para el cubo de la basura - Premio federal al compromiso contra el despilfarro de alimentos**
Grupo destinatario: Todos, sin restricciones

- **Premio ZEIT WISSEN Coraje para la Sostenibilidad**
  Grupo destinatario: Todos, sin restricciones

Por un lado, esta diversidad de honores y premios debe considerarse positiva, ya que esta evolución demuestra que el tema de la sostenibilidad ya no es un tema de moda que pueda encontrarse en un nicho. Se ha convertido en un tema central y muy importante para las empresas, los clientes, el mercado y la sociedad. Sin embargo, es importante que el consumidor aun así preste mucha atención. ¿Es la empresa realmente sostenible o sólo pretende serlo? ¿Apoyo mis objetivos personales de sostenibilidad a través de mi relación con esta empresa o marca, o sólo estoy siendo víctima del green washing bien elaborado? En la mayoría de los casos, las respuestas a estas preguntas pueden encontrarse en pocos minutos y con unos pocos clics en la web. Así que no es que los consumidores estemos indefensos a merced de las empresas. Gran parte de la responsabilidad y el poder para hacer que las empresas cambien su forma de actuar recae en nosotros. Sin embargo, por supuesto debemos examinar y cuestionar honestamente nuestros propios hábitos, patrones de pensamiento y comportamiento de antemano.

No al lavado verde

El "green washing" es el lado oscuro de la medalla y lamentablemente una tendencia creciente en la que las empresas hacen hincapié en su respeto por el medio ambiente, a menudo a través de mensajes publicitarios dirigidos o etiquetas de productos. Desde el sector textil hasta el alimentario, las empresas afirman operar "en verde" con el objetivo de proteger nuestro mundo. Se centran en prácticas de producción sostenibles, evitan sustancias nocivas y promueven el uso de materiales respetuosos con el medio ambiente. Estos esfuerzos podrían hacernos creer que el impacto medioambiental de nuestro consumo está disminuyendo. Esto sugiere la afirmación de que comprar, aunque no sea necesario, puede ser bueno. Sin embargo, estos mensajes no convencen a todo el mundo. Los escépticos acusan a las empresas de presentar a los consumidores una ilusión de equidad y transparencia, lo que se conoce como "green washing".

El término "green washing" se compone de "green" o verde y "washing" o lavado y es similar al concepto de blanqueo de dinero. Describe el intento de las empresas de presentarse como concienciadas con el medio ambiente y centradas en la sostenibilidad. Sin embargo, los críticos sostienen que esta imagen es a menudo superficial y carece de un cambio real y sostenible.

¿Qué puede llevar a ser acusado de hacer "green washing"?

GPT4:

- *La principal actividad de la empresa es intrínsecamente perjudicial para el medio ambiente.*
- *La empresa invierte más recursos en medidas de marketing que en iniciativas reales de protección del medio ambiente.*
- *Se recurre a los grupos de presión para eludir los requisitos de protección del medio ambiente.*
- *Las leyes o normativas medioambientales que son realmente evidentes se anuncian como cumplidas.*
- *Se hace hincapié en un beneficio medioambiental, pero se utilizan prácticas perjudiciales para el medio ambiente en otros lugares para lograr ese beneficio.*
- *Se hace hincapié en la sostenibilidad, pero sólo un producto se produce realmente de forma sostenible.*
- *Se anuncian "ecológicos" u otras etiquetas respetuosas con el medio ambiente, aunque los productos no cumplan las normas.*
- *El uso de colores verdes, imágenes de la naturaleza o similares en la publicidad crea una falsa imagen de respeto por el medio ambiente.*
- *Se hace referencia a certificaciones y sellos que, o bien no existen, o son de invención propia, o no cumplen los requisitos.*
- *Se hacen promesas sobre futuras mejoras sin planes ni plazos concretos para ponerlas en práctica.*

Oliver Schrage, que dirige el portal en línea Nachhaltige-Deals.de, muestra en su web algunos ejemplos de empresas a las que les gusta dictar sostenibilidad en sus medidas publicitarias, pero que al mismo tiempo son percibidas de forma diferente. En su página web explica muy claramente qué es el "greenwashing" y qué ejemplos hay en la actualidad.

10 ejemplos de green washing

"En tiempos de Viernes por el Futuro, merece la pena que las empresas se den a sí mismas una imagen verde. Sin embargo, en lugar de replantearse en serio y por completo su enfoque, a algunas empresas les gusta coger un

- McDonalds
- LIDL
- DM
- SHELL
- Aldi
- RSPO
- Primark
- H&M
- BCI: Trabajo esclavo ecológico
- Pesca de atún respetuosa con los delfines
- Etiqueta MSC de pesca sostenible (Unilever)
- Cruceros ecológicos
- Krombacher salva la selva tropical

(Fuente: https://nachhaltige-deals.de/nachhaltiger-leben/greenwashing-beispiele/, consultado el 18 de junio de 2024)

El green washing debería ser tabú para cualquier empresa que se nutra de una buena relación con sus clientes. En realidad, el green washing debería ser tabú para todas las empresas, pero para las que dependen de buenas relaciones con sus clientes puede ser vital evitarlo. El hecho de que la sostenibilidad vaya a ser cada vez más importante para las empresas en los próximos años se debe sin duda, por un lado, a que a los consumidores les resultará cada vez más fácil cuestionar y comprobar los reclamos publicitarios y las publicaciones en redes sociales pulidas sin problemas. Por otro lado, también tiene que ver con la situación legal, que en los próximos años exigirá a las empresas algo más que solo hablar de sostenibilidad o fijarse algún objetivo.

Informe de sostenibilidad como trend booster

A partir de 2025 será obligatorio para muchas empresas elaborar un informe de sostenibilidad. La obligación de informar sobre la responsabilidad social de las empresas (RSE) en virtud de la Ley de Aplicación de la Directiva RSE (CSR-RUG) tiene un impacto significativo en un gran número de empresas en Europa. En primer lugar, esta obligación de informar afecta a las empresas que emplean a más de 500 personas y están orientadas al mercado de capitales. Además, los bancos, las compañías de seguros y las sociedades de fondos de inversión, independientemente de su cotización en bolsa, también deben cumplir estos requisitos si sus ventas superan los 40 millones de euros o sus activos totales superan los 20 millones de euros. Esta obligación de información ampliada se aplica no sólo a las empresas orientadas al mercado de capitales, sino a todas las grandes empresas que cumplan dos de los tres criterios de tamaño siguientes:

- Balance total de al menos 20 millones de euros
- Ventas netas de al menos 40 millones de euros
- Al menos 250 empleados

Además, las pequeñas y medianas empresas con diez o más empleados ahora también están obligadas a informar sobre sostenibilidad si están orientadas al mercado de capitales. Los expertos calculan que esta ampliación multiplicará por treinta el número de empresas declarantes en Alemania. Todas las empresas cubiertas por estas disposiciones están obligadas a divulgar diversa información no financiera en su informe de gestión o en una ficha de sostenibilidad separada. Esto incluye aspectos como:

- Cuestiones medioambientales, sociales y laborales
- Respeto de los derechos humanos
- Lucha contra la corrupción y el soborno
- Concepto de diversidad para la composición de la dirección de la empresa, los órganos de control y el Consejo de Supervisión

Las empresas declarantes también deben cumplir las ratios financieras ecológicos del Reglamento sobre Taxonomía (UE 2020/852) y demostrar cómo y en qué medida las actividades de la empresa están vinculadas a actividades económicas sostenibles desde el punto de vista medioambiental, tanto en términos de ventas como de gastos de capital y de explotación.

El RUG RSE no prescribe un formato rígido para la elaboración de informes. Al elaborarlo, las empresas pueden utilizar normas nacionales, europeas o específicas de elaboración de informes de sostenibilidad. En Alemania se utilizan con especial frecuencia las normas de elaboración de informes de la Global Reporting Initiative (GRI) y el Código Alemán de

Sostenibilidad (DNK). La introducción de las Normas Europeas para la Elaboración de Informes de Sostenibilidad (ESRS) trae consigo nuevos cambios para las empresas sujetas a la obligación de informar:

Formato: Las empresas están ahora obligadas a publicar la información sobre sostenibilidad correspondiente al ejercicio fiscal en curso en el informe de gestión y a proporcionarla con etiquetado digital. Se elimina así la opción de publicar el informe de sostenibilidad por separado.

Auditoría: En el futuro, la información sobre sostenibilidad deberá someterse a un auditor o a un proveedor de servicios independiente para "obtener una garantía limitada". Esto asegura una instancia de control adicional y garantiza la fiabilidad y exactitud de la información facilitada.

Responsabilidad: La dirección asume una responsabilidad activa y demostrable en la elaboración de informes de sostenibilidad. El juramento del balance, que antes sólo se refería a los informes financieros, se amplía también al informe de sostenibilidad. Además, el Consejo de Supervisión sigue siendo responsable de supervisar la presentación de informes.

La ampliación y normalización de los informes de sostenibilidad es una clara señal de que la importancia de los negocios sostenibles está aumentando en el mundo empresarial. Las empresas que entran en el ámbito de estos requisitos ampliados de información deben familiarizarse con los nuevos requisitos y tomar las medidas adecuadas para garantizar su cumplimiento. Al mismo tiempo, esta evolución también ofrece la oportunidad de destacar los esfuerzos de sostenibilidad de la empresa y demostrar transparencia a las partes interesadas. (Fuente: https://www.ihk-muenchen.de/de/Service/Nachhaltigkeit-CSR/Nachhaltigkeitsberichterstattung/)

¿Qué debe aparecer en el informe de RSE?

Un informe de sostenibilidad, o informe de RSC, debe proporcionar información transparente y exhaustiva sobre las actividades sostenibles de una empresa. En general, un informe de sostenibilidad debe abarcar los siguientes aspectos:

Visión general de la empresa: Descripción de la actividad empresarial, mercados y número de empleados.

Estrategia de sostenibilidad: Descripción de la estrategia de sostenibilidad de la empresa, incluidos objetivos, medidas e iniciativas.

Gobernanza: Presentación de la gestión y la estructura corporativas en materia de sostenibilidad, incluidas las responsabilidades y la rendición de cuentas.

Compromiso con las partes interesadas: descripción del compromiso con las partes interesadas de la empresa, incluidos clientes, proveedores, empleados y la comunidad.

Medio ambiente: descripción del comportamiento medioambiental de la empresa, incluidas las medidas para reducir las emisiones de gases de efecto invernadero, el consumo de energía y agua, los residuos y la reducción de emisiones.

Compromiso social: descripción de la actuación social de la empresa, incluidas las condiciones laborales, los derechos humanos, la salud y seguridad en el trabajo, la igualdad de oportunidades y la diversidad.

Cadena de producción: Descripción del proceso de adquisición y producción sostenible de la empresa, así como de la cooperación con proveedores y socios.

Clientes: Descripción de las acciones de la empresa para promover productos y servicios sostenibles, incluido el suministro de información y la atención al cliente.

Resultados financieros: Descripción de los resultados financieros de la empresa y cómo se tiene en cuenta la sostenibilidad.

Orientación futura: descripción de los futuros objetivos y estrategias de sostenibilidad de la empresa.

Es importante destacar que en este momento no existe un formato único para un informe de sostenibilidad. Las empresas deben adaptar su informe a sus necesidades específicas y a las de sus grupos de interés. Aunque parezca que el tema de los informes de RSE sólo afecta a las grandes empresas, es muy probable que esto sólo sea el principio y que pronto también se pida cuentas a las pequeñas y medianas empresas. Además, el mercado y la sociedad son cada vez más conscientes de la cuestión. Así pues, ha llegado el momento de abordar el tema de sostenibilidad ahora y de aplicarlo también a la estrategia de las redes sociales.

Empresas ejemplares

El Institute for Ecological Business Development and future e.V. afirma que lleva desde 1994 supervisando la evolución de los informes de sostenibilidad. Financiado por el Ministerio Federal alemán de Trabajo y Asuntos Sociales, publica periódicamente una clasificación de informes positivos de RSE. Puede consultar la última aquí: https://www.ranking-nachhaltigkeitsberichte.de/die-besten-berichte

Merece la pena echar un vistazo a uno u otro informe para darse cuenta de que un informe de RSE de este tipo no puede elaborarse simplemente en una tarde. Los ejemplos que aquí se ofrecen son sólo muestras seleccionadas subjetivamente de empresas de distintos sectores y tamaños:

ASSMANN GmbH & Co KG, Muebles de oficina | Más de 400 empleados
"Este informe documenta las actividades de sostenibilidad de ASSMANN e incluye un completo libro de datos digital en la versión en línea con cifras clave para el periodo de información comprendido entre el 1 de enero de 2021 y el 31 de diciembre de 2021. En seis capítulos temáticos, mostramos con palabras, imágenes y sonido cómo la empresa, como fabricante de soluciones de oficina y mobiliario para entornos de trabajo modernos, promueve constantemente la protección del medio ambiente y el clima junto con sus socios y también implementa numerosos proyectos e iniciativas sociales. Juntos nos aseguramos de que la formulación de objetivos económicos, ecológicos y sociales se convierta también en una acción sostenible, por el bien del medio ambiente y de la sociedad."
Enlace: https://www.assmann.de/nachhaltigkeit/ sustainability-report-2020/

Pure Taste Group GmbH & Co KG, Empresa de té | aprox. 100 empleados
"Esta política de sostenibilidad forma parte de la política corporativa y se aplica a Pure Taste Group GmbH & Co. KG, incluidas sus filiales. Nuestra política de sostenibilidad se aplica a la cadena de valor de nuestros productos y servicios dentro de nuestro ámbito de influencia. Asumimos nuestra responsabilidad como empresa actuando económica, ecológica y socialmente. Estamos convencidos de que sólo así podremos tener éxito

como empresa a largo plazo. La base para ello es nuestro sistema de gestión de la sostenibilidad, certificado de forma independiente, para el que la dirección establece el marco y los objetivos, además de proporcionar recursos."
Enlace: https://nachhaltigkeit.lebensbaum.com/nachhaltigkeitspolitik

Neumarkter Lammsbräu Gebr. Ehrnsperger KG,
Cervecería | aprox. 120 empleados
"Nuestro informe de RSC existe desde hace más de 30 años. Ha evolucionado junto con nuestra empresa. Hemos decidido tener en cuenta distintos aspectos para que nuestra diversa labor sea lo más tangible posible. Por un lado, informamos anualmente de acuerdo con el sistema de gestión medioambiental EMAS. Por otro lado, cada tres años elaboramos un informe exhaustivo siguiendo las exigentes normas de la Global Reporting Initiative (GRI). En 2022, también publicaremos por primera vez un balance público de bienestar. Esperamos que nuestros informes no solo sirvan para la transparencia, sino que también sean inspiración e incentivo para otros."
Enlace: https://www.lammsbraeu.de/verantwortung/
sustainabilityreporting

Deutsche Telekom AG, Telecomunicaciones | aprox. 32.000 empleados
"Nosotros, Deutsche Telekom, somos algo más que otra empresa que proporciona infraestructuras a la sociedad. Somos un compañero de confianza en todas las situaciones. Siempre y en todas partes. Nos tomamos muy en serio nuestra responsabilidad con la sociedad y el medio ambiente. Vivimos la responsabilidad corporativa. Todos los días. Queremos ser líderes en la protección del clima, en la gestión sostenible de los proveedores y en garantizar la igualdad de oportunidades para participar en la sociedad de la información y el conocimiento. Simplificar y enriquecer la vida de las personas de forma sostenible: esa es nuestra misión". Timotheus Höttges, consejero delegado
Enlace: https://www.telekom.com/de/investor-relations/esg

Un informe de sostenibilidad o RSC es importante para tus actividades en las redes sociales porque crea transparencia y credibilidad. En la sociedad actual, es esencial que tú y tu empresa o marca, demuestres tu responsabilidad hacia la sociedad. Un informe de RSC demuestra que eres consciente de tus papel y que estás tomando medidas para mejorarlo. Las plataformas de redes sociales son canales ideales para difundir este mensaje y te permiten comunicarte con tu público a un nivel más profundo y basado en valores.

Al incorporar a tu estrategia de redes sociales partes e historias seleccionadas y porciones de tu informe de RSC, puedes contar historias en torno a tus iniciativas de sostenibilidad, destacando los antecedentes, los avances y los retos. Las redes sociales te permiten salirse de los límites del formato a veces rígido de los informes y seguir contando historias a través de los medios. Esto permite un diálogo auténtico y emocional con tu grupo objetivo y refuerza la confianza y lealtad de tus clientes. También demuestra a posibles inversores y socios que diriges una empresa sostenible y responsable.

Marketing sostenible en las redes sociales: algunas ideas

GPT4: He aquí algunas ideas para una campaña sostenible en las redes sociales...

Comparte trucos y consejos: *Crea vídeos cortos o posts en los que compartas consejos y trucos sobre sostenibilidad. Pueden ir desde reducir los residuos plásticos hasta utilizar productos de limpieza ecológicos.*

Utiliza materiales ecológicos: *Cuando fabriques productos, utiliza siempre que sea posible materiales ecológicos para promover la sostenibilidad de tus productos. Compártelo en las redes sociales con fotos e información sobre los materiales utilizados.*

Vender productos de segunda mano: *Inicia una campaña de venta de productos de segunda mano para reducir los residuos y alargar la vida de los productos.*

Elimina el plástico: *Si tienes un restaurante o una cafetería, utiliza envases ecológicos y elimina las pajitas de plástico. Compártelo en las redes sociales para mostrar tu compromiso con un futuro sostenible.*

Programa de reciclaje: *Pon en marcha un programa de reciclaje para que los clientes reduzcan los residuos y promueva sus esfuerzos de sostenibilidad. Compártelo en las redes sociales y pide a los clientes que compartan fotos de su proceso de reciclaje.*

Utiliza energías renovables: *Utiliza fuentes de energía renovables, como la energía solar o la eólica, para mejorar tu huella de carbono. Comparte fotos e información sobre estas tecnologías en las redes sociales.*

Colabora con otras empresas: *Colabora con otras empresas para poner en marcha iniciativas de sostenibilidad y trabajar juntos para promocionar los esfuerzos. Comparte esta colaboración en las redes sociales para aumentar el alcance.*

Recaudación de fondos: *Empieza a recaudar fondos para organizaciones ecologistas y compártelos en las redes sociales para que tus clientes sepan tu compromiso hacia la sostenibilidad.*

Utilizar los recursos naturales: *Utiliza recursos naturales como el agua de lluvia o la luz solar para ahorrar agua y energía. Comparte estas tecnologías en las redes sociales y haz que sus clientes conozcan sus esfuerzos.*

Actos comunitarios: *Organiza eventos comunitarios centrados en la sostenibilidad, como una campaña de recogida de basura o un taller de reciclaje. Comparte estos eventos en las redes sociales para mostrar tu compromiso con un futuro sostenible y animar a los clientes a participar también.*

¿Por qué ahora y no después?

La preocupación con el medio ambiente está aumentando cada día: muchas personas creen que no seremos capaces de combatir eficazmente el cambio climático en las próximas décadas. Una gran proporción de alemanes considera que el cambio climático es un problema urgente. Y la gran mayoría está de acuerdo en que cada individuo tiene una importante responsabilidad para contrarrestar el cambio climático. Sin embargo, se desconfía de las declaraciones de las empresas sobre sus propias medidas contra el cambio climático. Esto pone de manifiesto la coyuntura crítica en la que nos encontramos: Es hora de que todos adoptemos medidas sostenibles y las comuniquemos a través de las redes sociales y otras plataformas para generar transparencia y confianza.

Además, ciertos grupos de nuestra sociedad siguen recibiendo un trato injusto, lo que también tiene que ver con falta de sostenibilidad. En Alemania, las mujeres siguen ganando de media un 18% menos que los hombres. Sólo algo menos del 5% de las personas con discapacidades graves están plenamente integradas en el mercado laboral. No sólo es nuestra responsabilidad hacer frente al cambio climático, sino también combatir activamente las desigualdades. Estos problemas no pueden seguir ignorándose, sino que deben ocupar un lugar prioritario en nuestra agenda.

Resulta especialmente preocupante que los miembros de los partidos conservadores y derechas tiendan a preocuparse menos por el cambio climático. Sin embargo, esta actitud no debe ser un obstáculo para el cambio necesario. Cada uno de nosotros, independientemente de su ideología política, género o condición de discapacidad, debe implicarse y tenemos que poner de nuestra parte para resolver estos urgentes retos mundiales. Utilicemos el poder de los canales de las redes sociales para concienciar, movilizar a la gente y dar forma a un futuro sostenible y justo. Porque el cambio empieza con cada uno de nosotros.

Diversas encuestas muestran cuál es el nivel actual de información y percepción sobre los distintos ámbitos de la sostenibilidad en Alemania. Las estadísticas que aquí se muestran sólo pretenden servir de impulso. Son una instantánea de la situación actual, pero deberíamos hablar de ellas en conjunto, como individuos, pero también como empresas. A continuación, se presentan algunas estadísticas, cuyo contenido se ofrece en alemán por motivos relacionados con la fuente. No dude en utilizar sus conocimientos de redes sociales o internet para traducir el texto que más le interese.

¿Conseguirá el mundo combatir eficazmente el cambio climático en las próximas décadas?

Fuente: Barómetro político ZDF del 3 de marzo de 2023; Grupo de Investigación Elecciones. https://www.zdf.de/nachrichten/politik/politbarometer-klimaschutz-bundeswehr-ukraine-russland-bundesregierung-100.html (consultado el 18.6.2024)

¿Hasta qué punto confía en lo que le dicen las empresas sobre lo que están haciendo para hacer frente al cambio climático?

Fuente: Instinctif Partners Deutschland - Nachhaltigkeitskompass 2023; 01/2023. https://instinctif.com/de/studien/nachhaltigkeitskompass/ (consultado el 18.6.2024)

¿Quién tiene la responsabilidad de contrarrestar el cambio climático en Alemania?

Fuente: Instinctif Partners Deutschland - Nachhaltigkeitskompass 2023; 01/2023.
https://instinctif.com/de/studien/nachhaltigkeitskompass/ (consultado el 18.6.2024)

¿Hasta qué punto está de acuerdo con las siguientes afirmaciones que otros han hecho sobre el cambio climático?

I believe that climate change is an urgent problem.

75%

I believe that climate change is the crucial issue of our time.

66%

I am concerned that we are not moving fast enough in reducing CO2 emissions in this country.

60%

I believe that climate change could also bring opportunities.

47%

Addressing climate change is important, but there are more pressing issues in the world.

44%

I believe that we still have time to tackle climate change

28%

Fuente: Instinctif Partners Deutschland - Nachhaltigkeitskompass 2023; 01/2023.
https://instinctif.com/de/studien/nachhaltigkeitskompass/ (consultado el 18.6.2024)

¿Dónde es más importante la diversidad y la inclusión para los alemanes?

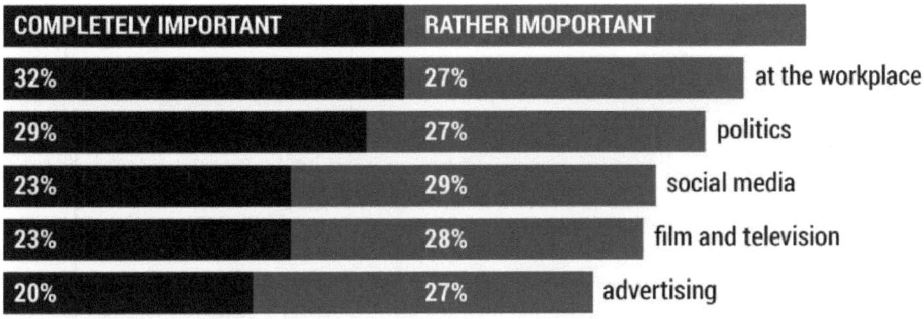

Fuente: YouGov, Zandt, F., 15.6.2023. Licencia CC.
https://yougov.de/entertainment/articles/45813-sieben-von-zehn-frauen-deutschland-finden-diversit (consultado el 18.6.2024)

Por razones de sostenibilidad, ¿se abstendría de comprar productos nuevos o utilizaría productos usados el año que viene? (Porcentaje de los que están de acuerdo)

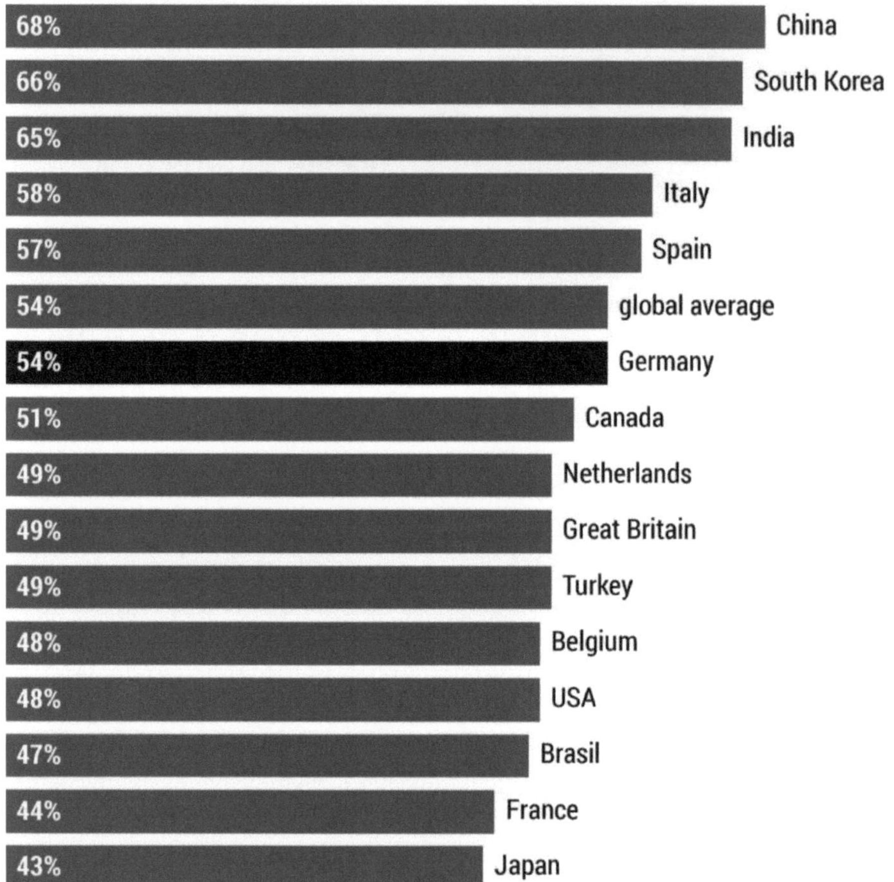

Fuente: IPSOS 2022 Weltweit - Earth Day 2022 - Public Opinion on Climate Change - https://www.ipsos.com/sites/default/files/ct/news/documents/2022-04/ipsos-earth-day-2022-wave-2-global-advisor-survey-report.pdf (consultado en 18.6.2024)

¿Le preocupa el cambio climático? (por preferencia de partido político (Alemania); porcentaje de los que están de acuerdo)

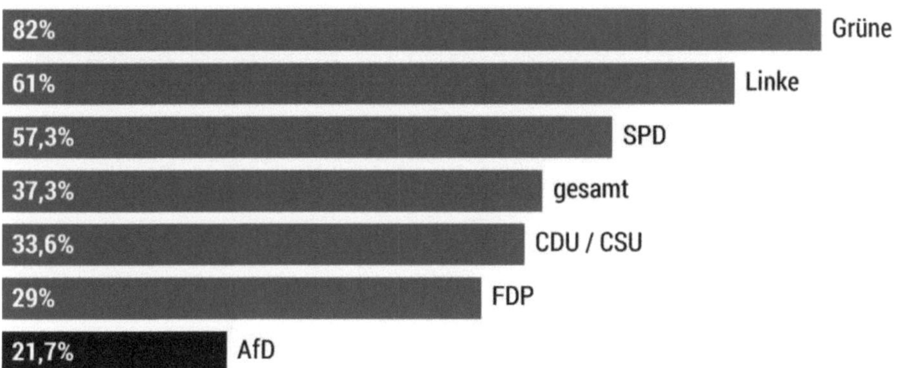

Fuente: Barómetro político ZDF del 3 de marzo de 2023; Grupo de Investigación Elecciones. https://www.zdf.de/nachrichten/politik/politbarometer-klimaschutz-bundeswehr-ukraine-russland-bundesregierung-100.html (consultado el 18.6.2024)

Inclusión de personas con discapacidad en el mercado laboral en Alemania por subindicador en 2022

- Tasa de empleo de las personas con discapacidad grave (en %): **4,61**
- Número de desempleados con discapacidad grave: **172.484**
- Proporción de parados de larga duración entre todas las personas con discapacidad grave (en %): **46,52**
- Tasa de desempleo de las personas con discapacidad grave (en %): **11,5**
- Duración del desempleo de las personas con discapacidad grave en % de la duración general: **131,5 %**
- Tasa de empleo de las personas con discapacidad grave (en %): **44,4**
- Solicitudes de extinción de la relación laboral de personas con discapacidad grave: **19.746**
- Proporción de empresarios que ocupan al menos un puesto de trabajo obligatorio (en %): **74,2**

Fuente: Agencia Federal de Empleo; BIH; 2022

En su opinión, ¿cuáles son los mayores problemas a los que se enfrentan las mujeres y las niñas en Alemania?

equal salary
32%

sexual harassment
17%

sexual violence
15%

lack of women in leadership positions in business and public life
12%

amount of unpaid work that women do (e.g. cooking, cleaning, childcare)
11%

sexualisation of women and girls in the media
11%

balance between work and caring responsibilities
11%

domestic violence
10%

physical violence
9%

discrimination in the workplace
9%

access to employment
8%

harrassment on social media
8%

lack of financial or economic independence
8%

gender stereotyping
6%

support for pregnant women and mothers
5%

Fuente: IPSOS, The Global Institute for Women's Leadership, Kings College London - Día Internacional de la Mujer 2019, Actitudes globales hacia la igualdad de género. https://www.ipsos.com/sites/default/files/ct/news/documents/2019-03/iwd_global_attitudes_towards_gender_equality_mar2019.pdf (consultado el 18 de junio de 2024)

Los empresarios, en particular, impiden la igualdad: encuesta sobre los factores que impiden a las mujeres alcanzar la igualdad

Employers are not eliminating the gender pay gap

28%

Employers are not doing enough to help women
balance work and caring responsibilities

26%

Employers are not promoting enough women to management positions

20%

Government not doing enough to promote gender equality

15%

Men don't want to help women achieve equality

10%

A lack of women in positions of political power

10%

Women do not have enough financial independence

10%

Lack of knowledge about issues women face

8%

Fuente: IPSOS, The Global Institute for Women's Leadership, Kings College London - Día Internacional de la Mujer 2019, Actitudes globales hacia la igualdad de género. https://www.ipsos.com/sites/default/files/ct/news/documents/2019-03/iwd_global_attitudes_towards_gender_equality_mar2019.pdf (consultado el 18 de junio de 2024)

Opiniones, citas y comentarios

"La sostenibilidad debe ser ahora una prioridad absoluta para cualquier empresa que busque el éxito a largo plazo."

"Tenemos la responsabilidad ante las generaciones futuras de dejar nuestro planeta en mejor estado del que lo encontramos. Las empresas pueden y deben desempeñar un papel importante en este sentido."

Estas declaraciones atribuidas a Paul Polman, exconsejero delegado de Unilever, y Richard Branson, fundador de Virgin Group, sobre la necesidad de la sostenibilidad corporativa pueden parecer inverosímiles a los clientes dadas sus prácticas empresariales. Tanto Unilever como Virgin son enormes empresas multinacionales que operan en sectores que pueden tener importantes repercusiones negativas sobre el medio ambiente.

Polman afirma que la sostenibilidad debe ser fundamental para cualquier empresa de éxito a largo plazo, pero Unilever produce una serie de productos cuya fabricación y uso pueden ser problemáticos desde el punto de vista medioambiental. Por ejemplo, la producción de envases desechables puede generar importantes cantidades de residuos, lo que contradice las pretensiones de sostenibilidad de la empresa.

Asimismo, Branson hace hincapié en la responsabilidad de las empresas de mejorar el planeta para las generaciones futuras. Sin embargo, Virgin Group opera en industrias como la aeroespacial, que contribuyen significativamente a las emisiones de CO_2. Tales prácticas empresariales contradicen directamente las declaraciones de Branson sobre sostenibilidad y pueden socavar la credibilidad de sus afirmaciones ante los clientes.

"La sostenibilidad no es un objetivo que pueda alcanzarse una vez y luego tacharse. Es un proceso continuo en el que las empresas deben cuestionar y mejorar constantemente sus actividades."

Esta cita que se atribuye a Feike Sijbesma, Director General de DSM, subraya que la sostenibilidad es un proceso continuo que requiere una revisión y mejora constantes de las prácticas empresariales. Integrar constantemente la sostenibilidad en todas las áreas de la empresa ayuda a reducir la huella medioambiental y a mejorar la responsabilidad social, al tiempo que aumenta el valor para el accionista. Se trata de crear un cambio sostenible que vaya más allá de la palabrería y ofrezca resultados reales y cuantificables.

Sugerencias de libros y recomendaciones de lectura sobre sostenibilidad

A Future We Can Love: How We Can Reverse the Climate Crisis with the Power of Our Hearts and Minds por Susan Bauer-Wu y Stephanie Higgs, 2023.

Making Sustainability Work: Best Practices in Managing and Measuring Corporate Social, Environmental and Economic Impacts por Marc J. Epstein , Adriana Rejc Buhovac , et al., 2017.

Valoración y sostenibilidad: A Guide to Include Environmental, Social, and Governance Data in Business Valuation por Dejan Glavas, 2023.

Saving the Planet One School at a Time por David Dixon, 2022.

Your Organization's Guide to Rethinking Climate, Resilience, and Sustainability por Tom Lewis y Alastair MacGregor, 2023.

Building Your Corporate Climate Strategy por Adriel Lubarsky, 2023.

SOCIAL MEDIA TREND 2024/4
La venta social: la venta directa en las redes sociales

Los días en que sólo usábamos las redes sociales para espiar la vida de nuestros amigos y conocidos han pasado. Ahora también podemos informarnos sobre productos y servicios directamente en Facebook, Instagram y otros, y comprarlos directamente. Se acabaron los días de "scroll", ¡es hora de ir directamente a "comprar"! Pero ¿cómo es posible? Social selling es la palabra mágica. Para quienes nunca hayan oído hablar de ella, he aquí una breve explicación:

¿Qué significa venta social? La venta social se refiere al uso de las redes sociales para encontrar potenciales clientes, conectarse con ellos, añadir valor a su marca y alimentar las relaciones con clientes. Es la forma moderna que tienen los vendedores de interactuar y entablar relaciones duraderas.

¿Cómo funciona la venta social? La venta social consiste en utilizar las redes sociales para crear una comunidad de clientes potenciales, entablar relaciones con ellos y, en última instancia, convertirlos en clientes que paguen por un producto o un servicio directamente en el canal. Las redes sociales ofrecen un entorno más relajado y cómodo para crear y mantener esta clase de relaciones.

¿Por qué tiene tanto éxito la venta social? La venta social no solo es un enfoque informal, sino que ha demostrado tener cada vez más éxito. Si eres activo en LinkedIn o tienes una cuenta profesional de Twitter (X) o Instagram, ya estás inmerso en los fundamentos de la venta social. Las ventajas son obvias: es cómodo, es fácil y ahorra tiempo. ¿Por qué seguir visitando una tienda online cuando podemos comprar unos vaqueros chulos directamente en Instagram? ¿Por qué navegar por Amazon cuando podemos comprar un zapato nuevo en Facebook? ¿Por qué cambiar a iTunes cuando puedo comprar la canción directamente en TikTok? Este es el futuro del comercio en línea, y en gran parte ya es una realidad.

La venta social se ha convertido en una tendencia importante en los últimos años. Según un estudio de Shopify, en 2020 casi el 60 % de los consumidores estadounidenses habrán comprado productos directamente en plataformas de redes sociales. Esto significa que la venta social no solo es importante para las empresas, sino también para los consumidores. En Alemania, el valor no es tan alto. Pero está aumentando constantemente. Es una forma rápida y cómoda de encontrar y comprar.

Estoy de acuerdo con la afirmación: "La venta social ganará importancia en el sector B2B en los próximos años".

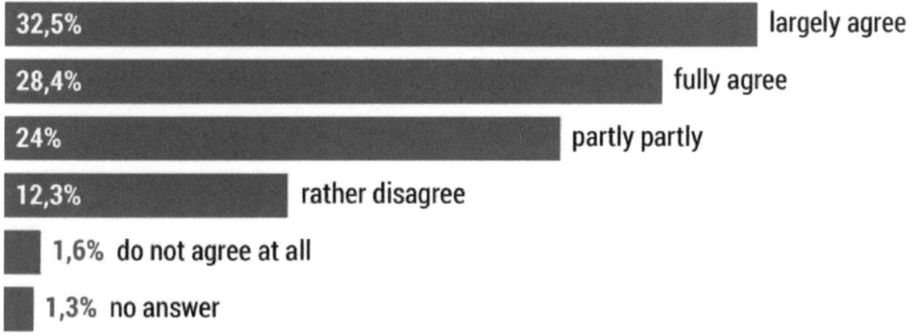

Fuente: bvik Trendbarometer Industrial Communication 2023 (Bundesverband Industrie Kommunikation e.V.). https://bvik.org/bvik-trendbarometer-industriekommunikation-ergebnisse-2023/ (consultado el 18 de junio de 2024)

Lo que hace falta para tener éxito

¿Qué se necesita para tener éxito en la venta social? En primer lugar, las empresas deben tener una presencia sólida en las redes sociales. Deben conocer a su público objetivo y saber qué plataformas prefiere. Por ejemplo, los grupos objetivo más jóvenes son más activos en TikTok e Instagram, mientras que los grupos objetivo de más edad suelen estar más presentes en Facebook y LinkedIn.

Las empresas deben asegurarse de que sus productos y servicios se presentan de forma atractiva. Esto implica fotos, descripciones y reseñas atractivas para ganarse la confianza de los clientes. Por último, las empresas deben ofrecer una experiencia de compra fluida. Los clientes deben poder comprar productos rápida y fácilmente a través de la plataforma, y las consultas o problemas deben tratarse con rapidez y amabilidad.

El objetivo de la venta social es crear una experiencia de compra que entusiasme a los clientes y los anime a volver. Se trata de crear confianza y relaciones en lugar de limitarse a vender productos. Las empresas deben centrarse en crear conexiones reales con sus clientes y pensar a largo plazo.

Pero cuidado: es importante que las empresas no sean demasiado insistentes o intrusivas. Las redes sociales son un lugar donde la gente quiere conectar con amigos y familiares y relajarse. Nadie quiere que las empresas le bombardeen constantemente con sus productos. La venta social debe ser sutil y ajustarse al contexto.

Primero: hacer los deberes

GPT, antes de que las empresas se lancen a la venta social, ¿qué deben tener en cuenta para minimizar los riesgos potenciales?

GPT4: Diez cosas que las empresas deben tener en cuenta:

Análisis del grupo objetivo: *Las empresas deben conocer con precisión su grupo objetivo y comprender sus necesidades, intereses y comportamiento de compra para crear productos y ofertas adecuados.*

Seleccionar plataformas adecuadas: *Las empresas deben seleccionar las plataformas que mejor se adapten a su grupo objetivo. Para ello, también deben tener en cuenta las distintas funciones y posibilidades de las plataformas.*

Estrategia de redes sociales: *Las empresas deben desarrollar una estrategia de redes sociales y revisarla y ajustarla periódicamente para alcanzar sus objetivos.*

Marco jurídico: *Antes de que las empresas comiencen con la venta social, deben informarse sobre el marco jurídico para evitar problemas legales.*

Comunicación transparente: *Las empresas deben informar a sus clientes con transparencia sobre sus productos y ofertas y esforzarse por mantener una comunicación abierta.*

Presentación profesional: *Las empresas deben asegurarse de que sus productos y ofertas tienen una presentación profesional y un diseño atractivo para atraer la atención de los clientes potenciales.*

Opiniones de los clientes: *Las empresas deben recopilar y responder a las opiniones de los clientes en sus canales de redes sociales para ganar y mantener la confianza de los clientes. La gestión de la comunidad es crucial.*

Seguridad: *Las empresas deben garantizar que sus clientes puedan pagar de forma segura y que sus datos estén a salvo.*

Inventario: *Las empresas deben asegurarse de que disponen de existencias suficientes para sus productos y de que pueden responder rápidamente a la demanda.*

Atención al cliente: las *empresas deben asegurarse de que disponen de un buen servicio de atención al cliente y de que pueden responder rápidamente a preguntas y problemas para aumentar la confianza y satisfacción del cliente.*

GPT, ¿cuáles son los 10 errores que hay que evitar al hacer social selling?

GPT4:

Sin una estrategia clara: *Las empresas deben tener una estrategia clara para su programa de venta social antes de empezar. Sin una estrategia clara, puede ser difícil aprovechar todo el potencial de la venta en redes sociales.*

No hay un público objetivo claro: *Las empresas deben asegurarse de definir claramente su público objetivo antes de comenzar la venta social. Sin un público objetivo claro, las empresas pueden tener dificultades para crear contenidos relevantes y dirigirse a clientes potenciales.*

Elección incorrecta de la plataforma: *Cada plataforma de redes sociales tiene sus propios puntos fuertes y débiles. Las empresas deben asegurarse de seleccionar las plataformas que mejor se adapten a sus productos y grupos objetivo.*

No se presta atención a la fidelización de los clientes: *La venta social no es sólo una herramienta de ventas, sino también de fidelización de clientes. Las empresas deben asegurarse de retener a sus clientes a largo plazo ofreciéndoles contenidos útiles y un servicio de atención al cliente.*

No hay personalización: *Las redes sociales ofrecen a las empresas la oportunidad de crear experiencias personalizadas para los clientes. Las* *empresas deben asegurarse de que utilizan los datos de sus clientes para crear ofertas y contenidos personalizados.*

No hay un Call To Action claro: *Las empresas deben asegurarse de que sus mensajes y contenidos tengan Call To Action claro. Sin una meta a la que acceder después de leer el mensaje o su publicidad, los clientes potenciales pueden perderse el siguiente paso y no continuar el proceso de compra.*

No hay una descripción clara del producto: *Las empresas deben asegurarse de que describen sus productos y servicios de forma clara y concisa. Una descripción clara del producto ayuda a los clientes a comprender sus ventajas y a tomar una decisión de compra informada.*

No se revisan los resultados: *Las empresas deben asegurarse de revisar y analizar periódicamente sus campañas de venta social. Sin revisar los resultados, las empresas pueden tener dificultades para ajustar su estrategia y alcanzar sus objetivos.*

Falta de transparencia: *Las empresas deben ser transparentes cuando venden productos en las redes sociales. Los clientes siempre deben saber lo que compran y cuánto cuesta antes de finalizar la compra.*

No se integra con otras actividades de marketing: *La venta social debe formar parte de un plan de marketing integral. Las empresas deben asegurarse de que sus actividades de venta social se integran a la perfección con otras actividades de marketing, como el marketing por correo electrónico, el marketing de contenidos y el marketing en buscadores.*

Por tanto, está claro que hay que algunas preguntas antes de lanzar una campaña de venta social. También es importante no perder de vista otras campañas de marketing internas en curso y coordinarse con ellas. La venta social puede integrar varios esfuerzos de marketing para maximizar el éxito de la estrategia de ventas. He aquí algunas formas de combinar la venta social con otras iniciativas de marketing:

Marketing por correo electrónico: El marketing por correo electrónico es una forma eficaz de informar y activar a los clientes. Mediante la integración de enlaces de venta social en los correos electrónicos, los clientes pueden ser dirigidos directamente a los productos en las plataformas de redes sociales.

Marketing de influidores: Trabajar con personas influyentes puede ayudar a aumentar la participación y la visibilidad de las campañas de venta social. Los influidores pueden etiquetar productos en sus publicaciones y conectarse a sitios de venta social.

Marketing de contenidos: Crear contenidos relevantes y atractivos puede generar interés en los productos de venta social y motivar a los clientes a hacer clic en la página de ventas. Presta especial atención a los términos "relevante" y "atractivo".

Publicidad en redes sociales: Mediante la colocación de anuncios dirigidos en plataformas de redes sociales, los clientes pueden ser dirigidos al sitio de venta social. Los anuncios pueden dirigirse específicamente a grupos objetivo e intereses.

Optimización para motores de búsqueda (SEO): Una página de venta social optimizada puede ayudar a posicionarla mejor en los resultados de búsqueda. El uso de palabras clave y metaetiquetas relevantes puede facilitar la atracción de clientes a la página.

Retargeting: Los anuncios de reorientación pueden utilizarse para volver a atraer a clientes que ya han mostrado interés por un producto. Al colocar anuncios dirigidos, se puede recordar a estos clientes el sitio de venta social.

Optimización móvil: Con cada vez más clientes que acceden a las plataformas de redes sociales a través de dispositivos móviles, es esencial una experiencia móvil optimizada. El sitio de venta social debe ser fácil de navegar y utilizar en todos los dispositivos. Piense siempre "solo para móviles" al crear sus contenidos.

Gestión de las relaciones con los clientes (CRM): Un buen sistema CRM puede ayudar a mantener y fortalecer las relaciones con los clientes. El uso de herramientas de CRM permite seguir y gestionar mejor las interacciones y opiniones de los clientes.

Venta cruzada: Al colocar productos similares o complementarios en la página de venta social, se puede explotar el potencial de venta cruzada. Así, los clientes pueden animarse a comprar productos adicionales.

Opiniones y recomendaciones de los clientes: Las opiniones y recomendaciones de los clientes pueden aumentar la confianza en los productos de venta social. Integrar reseñas y recomendaciones en la página de venta social puede motivar a los clientes a realizar una compra.

La venta social se basa en una estrecha relación entre la marca y el cliente. Confianza que se construye en las redes sociales a lo largo de cierto tiempo y con continuos contenidos relevantes para el grupo objetivo. Lo que parece mucho trabajo es también una oportunidad real para las empresas más pequeñas.

Ejemplos de pequeñas empresas de venta social

ANNA empezó como un sueño en una pequeña tienda vienesa en 2009 y creció hasta convertirse en una marca de joyería de renombre. Su fundadora, Anna, una diseñadora apasionada y visionaria, crea joyas y productos de estilo de vida con atención al detalle y altos estándares de calidad. Sus productos se venden en ocho tiendas europeas y una estadounidense. La energía y los pensamientos positivos son las piedras angulares de su trabajo y dan forma a la marca ANNA. 70.700 seguidores en Instagram: @anna_i_j

La marca **Kaffeeform**, fundada en 2015 en Berlín, utiliza posos de café reciclados y materias primas de origen vegetal para fabricar productos robustos, duraderos y veganos. Esta composición única de materiales da como resultado las "tazas Kaffeeform". Su fundador, Julian Nachtigall-Lechner, lleva experimentando con posos de café desde 2009 para crear algo nuevo a partir de residuos. Las últimas innovaciones también utilizan virutas de madera. Toda la producción es local y justa, incluido el transporte mediante mensajeros en bicicleta y talleres sociales para el embalaje y el envío. 26.700 seguidores en Instagram: @KAFFEEFORM

Luicella's Ice Cream, fundada en Hamburgo en 2013, se dedica a elaborar helados 100% naturales y únicos a partir de ingredientes cuidadosamente seleccionados. El nombre Luicella refleja la conexión italiana de uno de los fundadores y el "Ice Cream" refleja el espíritu americano de innovación. Se les ocurrió la idea después de pasar un semestre en el extranjero en Italia y tomar una clase de helado en Bolonia. En 2016 abrieron su segunda tienda y empezaron a vender sus helados también al por menor. Su objetivo: hacer feliz a la gente con sus creaciones heladas. 15.200 seguidores en Instagram: @lucielasicecream

"Realtainment" es sinónimo de experiencias creativas accesibles que cambian la vida y están revolucionando el mundo del entretenimiento. La marca ArtNight, lanzada en 2016, es una de esas experiencias en las que los participantes crean sus propias obras de arte bajo la dirección de artistas. Tras su éxito en "The Lion's Den" en 2017, ArtNight se amplió y lanzó PlantNight y BakeNight. A pesar de los retos de la pandemia, encontraron soluciones digitales y organizaron su mayor evento hasta la fecha, "Mal die Merkel." En 2022, se asociaron con cuatro nuevos inversores para promover la experiencia de eventos offline. 84.400 seguidores en Instagram: @artnightevents

Happy Po - Con el objetivo de crear una higiene higiénica sencilla, sostenible y asequible, nació una empresa para llevar a casa la sensación de purificación del agua que tanto les gusta cuando viajan. El impulso surgió de amigos y probadores que no querían desprenderse de sus productos de ducha. 9.817 seguidores en Instagram: @HappyPo

Feine Billetterie - Andrea y Christian fundaron una empresa para imprimir entradas con mensajes positivos y lanzaron por primera vez el concepto en un evento artístico cerca de Fráncfort. Animados por la respuesta positiva y el entusiasmo de los compradores, crearon un sitio web y produjeron más "fichas". Una recomendación en un blog popular y menciones en revistas provocaron una gran demanda. Con la ayuda de amigos y de un taller para discapacitados, el equipo siguió ampliando su negocio, pero rechazó ofertas de grandes distribuidores para seguir siendo independiente. Ampliaron su oferta a 80 diseños diferentes y varios idiomas, y siguen teniendo éxito a pesar de los intentos de otras empresas por copiarles. 848 seguidores en Instagram: @feinebilletterie

Palais des Thés fue fundada en París en 1986 por un grupo de amigos en torno a François-Xavier Delmas, con el objetivo de abrir una boutique de té. Se abastecen directamente de los productores y se esfuerzan por traer los mejores tés a Francia. Palais des Thés viaja por todo el mundo a las plantaciones de té para encontrar excelentes cosechas, y crea en París sus propias composiciones de sabores que resaltan la diversidad del té. 103.000 seguidores en Instagram: @palaisdesthes

La Erziehungsbox de Claudia von Stromberg, educadora experimentada y pedagoga evolutiva formada, ofrece ayuda personalizada para problemas de crianza, rabietas, problemas con los deberes, bloqueos del aprendizaje y mucho más. No sólo trabaja con niños, sino que también asesora a adolescentes y adultos con problemas. A través del enfoque de la pedagogía evolutiva, ayuda a eliminar bloqueos y a descubrir nuevas perspectivas y posibilidades de acción. 338 seguidores en Instagram: @erziehungsbox

Ventajas e inconvenientes de la venta social

Ventajas

- **Asesoramiento personalizado:** A través del contacto directo con el vendedor, los clientes pueden recibir consejos y recomendaciones individuales adaptados a sus necesidades y deseos.
- **Autenticidad:** En la venta social, los clientes pueden ver los productos en acción, por ejemplo, en forma de demostraciones en directo o testimonios de otros clientes. Esto genera confianza y parece más auténtico que las meras descripciones de productos en una tienda online.
- **Interacción social:** En la venta social, los clientes pueden entrar en contacto directo con otros clientes y con el personal de ventas. Esto fomenta la interacción social y permite un intercambio sobre los productos y su uso.
- **Exclusividad:** La venta social también puede incluir productos exclusivos u ofertas que no estén disponibles en una tienda online.

Desventajas

- **Disponibilidad limitada:** dado que la venta social suele limitarse a eventos o plataformas específicos, la disponibilidad de los productos puede ser limitada y repercutir en la experiencia de compra.
- **Selección limitada de productos:** La venta social suele limitarse a una selección limitada de productos presentados en un evento o en una plataforma. En una tienda online, la gama suele ser mayor y más amplia.
- **Alcance limitado:** La venta social está restringida a un número limitado de clientes que participan en un evento o plataforma. En comparación, las tiendas online pueden llegar potencialmente a un público más amplio.
- **Requiere mucho tiempo:** Los eventos o campañas de venta social requieren tiempo de preparación y una inversión de recursos que puede no ser necesaria para una tienda online.

En general, la venta social ofrece una experiencia más personalizada y puede proporcionar a los clientes un mayor nivel de confianza y satisfacción.

Sin embargo, la limitada disponibilidad y selección de productos, así como la inversión de tiempo y recursos, también pueden plantear limitaciones.

Ventajas de la venta social frente a la compra en tiendas:

- **Comodidad:** La venta social ofrece la ventaja de que los productos pueden adquirirse directamente a través de los canales de las redes sociales sin tener que salir de casa.
- **Personalización:** La venta social permite personalizar los productos y las comunicaciones con los clientes, lo que hace que estos sientan que la empresa escucha sus necesidades y preferencias.
- **Accesibilidad:** la venta social puede llegar a clientes que no tienen acceso a tiendas o centros comerciales debido a limitaciones geográficas o de tiempo u otras razones.
- **Interactividad:** La venta social ofrece la ventaja de que los clientes pueden interactuar directamente con la empresa, lo que refuerza la relación con el cliente.

Desventajas de la venta social frente a la compra en tiendas:

- **No hay posibilidad de inspección física:** En la venta social, los clientes no pueden inspeccionar físicamente el producto, lo que puede generar incertidumbre en la decisión de compra.
- **Plazos de entrega:** Los productos de venta social suelen tener que enviarse primero, lo que puede conllevar plazos de entrega más largos que si compraras el producto directamente a un minorista físico.
- **Fiabilidad:** Los clientes deben confiar en que la empresa ha fabricado sus productos de forma correcta y ética, lo que no siempre es el caso, aunque se lo digan.
- **Devoluciones y garantías:** Puede ser más difícil hacer devoluciones o reclamaciones de garantía en productos de venta social porque no estás tratando directamente con la empresa.

Como presentar tu marca cuando estas buscando empleados

Mientras tanto, incluso los escépticos de las redes sociales entre las empresas se han dado cuenta de que tienen que dirigirse a sus futuros empleados a través de los redes sociales, y no al revés. Al igual que ocurre con un producto, una marca o un servicio, en la contratación a través de las redes sociales es cada vez más importante presentarse de forma relevante para el grupo objetivo en las distintas fases de concienciación y garantizar puntos de contacto positivos.

¿Cómo puede utilizarse la venta social también para la marca de empleador y la contratación social? He aquí algunas posibilidades:

Presentación del entorno de trabajo: Las empresas pueden compartir vídeos o fotos de su entorno de trabajo y sus empleados en las plataformas de las redes sociales. De este modo, los posibles candidatos pueden hacerse una idea de la empresa y su cultura diaria.

Compartir historias de éxito: Las empresas también pueden compartir historias de éxito de empleados que muestren cómo la empresa ofrece oportunidades de carrera y desarrollo a sus empleados.

Publicar ofertas de empleo: Las empresas pueden compartir sus ofertas de empleo directamente en plataformas de redes sociales como LinkedIn y Facebook para dirigirse directamente a los posibles candidatos.

Interacción con los solicitantes: Las empresas también pueden interactuar con los candidatos potenciales en las redes sociales y responder a sus preguntas. Esto puede ayudar a despertar el interés de los candidatos y animarlos a participar en el proceso de solicitud.

Colaborar con influenciadores: Las empresas también pueden colaborar con personas influyentes en las redes sociales para promocionar su marca de empleador y llegar a posibles candidatos. Estos influidores pueden ser empleados de la empresa o personas externas muy conocidas en el sector.

Enfoque personalizado: Las empresas también pueden utilizar interacciones controladas por voz para dirigirse a los posibles candidatos de forma personalizada. Mediante el uso de chatbots u otras herramientas, es posible dirigirse directamente a los solicitantes y proporcionarles información sobre los puestos vacantes o la empresa.

Eventos en directo: Las empresas también pueden organizar eventos en directo en plataformas de redes sociales para promocionar su marca de empleador y llegar a posibles candidatos. Estos eventos pueden incluir entrevistas con empleados o directivos de la empresa, visitas virtuales a la empresa o actividades similares.

Al utilizar la venta social para la marca de empleador y la contratación social, las empresas pueden dirigirse directamente a su público objetivo y establecer una relación sólida con los posibles candidatos. Esto puede ayudar a la empresa a atraer a candidatos cualificados en el futuro y a construir una marca de empleador sólida.

La tendencia venta social sigue ganando importancia

La venta social es más que una moda pasajera: es una tendencia en auge con un gran potencial para permitir a las empresas vender de una forma más humana y accesible. En el mundo digitalizado de hoy, el contacto directo con el cliente es más valioso que nunca. Manteniendo una presencia activa en plataformas como LinkedIn, Facebook o TikTok, puedes construir y mantener relaciones directas con tus clientes.

En los mercados B2B y B2C, donde la confianza en la marca puede marcar una gran diferencia, la venta social permite un acercamiento más personalizado a los clientes. Si inviertes de forma proactiva en la venta social, podrás comprender mejor a tus clientes, satisfacer sus necesidades y aumentar tus ventas. Está claro que la tendencia de la venta social está ganando impulso. Merece la pena invertir en ella ahora y estar presente cuando siga creciendo.

¿Qué te animó o te animaría a comprar un producto a través de una red social (por ejemplo, Facebook, Instagram)?

A special discount campaign
35%

I need the product
35%

The product is not available for purchase in any other way
31%

A practical / fast checkout process
26%

Attractive advertsing
23%

The product belongs to my favourite brand
16%

The product is sustainable
17%

The product was / is recommended / advertised by an influencer
8%

The product was / is recommended / advertised by a celebrity
7%

Other
3%

There is no specific occasion for me
9%

Don't know / no answer
2%

Fuente: YouGov Report Social Shopping, octubre de 2022.
https://business.yougov.com/de/sektoren/agenturen/social-shopping (consultado y descargado el 18 de junio de 2024)

Número de usuarios de comercio social a través de Facebook en Estados Unidos de 2019 a 2021, y previsión hasta 2025 (en millones)

Fuente: EMARKETER - Social Commerce Forecast 2022 (12.9.2022). https://www.emarketer.com/content/social-commerce-forecast-2022 (Consultado el 18.6.2024)

Opiniones, citas y comentarios

"La venta social puede revolucionar su enfoque de ventas, ahorrar mucho tiempo en la generación de clientes potenciales e incluso eliminar las llamadas en frío."

Julie Thompson, How Social Selling Can Improve Your Sales Process, de la que se dice que ha dicho las palabras aquí citadas, tiene toda la razón. La venta social puede revolucionar su enfoque de ventas. En lugar de utilizar los métodos tradicionales de generación de contactos, que suelen llevar mucho tiempo, la venta social te permite dirigirte a clientes potenciales a través de las redes sociales. Esto te ahorra un tiempo considerable que, de otro modo, habrías dedicado a generar clientes potenciales. Mejor aún, las llamadas en frío, a menudo poco apreciadas, pueden eliminarse casi por completo. Porque a través de la venta social, se llega directamente a los clientes potenciales, se construye una relación y se comprenden y atienden mejor sus necesidades. Así que todos ganamos.

"En los últimos años, las redes sociales han cambiado radicalmente la forma en que las empresas conectan con sus clientes. Un ámbito en el que este cambio es especialmente evidente es el de las ventas. Mientras que los métodos de venta tradicionales, como las llamadas en frío y las ventas puerta a puerta, han sido la norma durante décadas, la venta social ha

surgido como un nuevo y poderoso enfoque." Forbes, 19 de mayo de 2023 (https://www.forbes.com/sites/forbesbusinessdevelopmentcouncil/2023/0 5/19/social-selling-vs-traditional-sales-which-approach-is-winning-in-todays-market/?sh=3a01670d7799).

Los últimos años han supuesto un cambio profundo en la forma en que las empresas conectan con sus clientes. Esta cita de Forbes lo resume todo: las redes sociales han dado la vuelta al escenario tradicional de las ventas. En lugar de depender de las llamadas en frío o de las ventas puerta a puerta, la venta social permite a las empresas llegar a sus clientes potenciales allí donde es más probable que estén: en las redes sociales. Este cambio de paradigma ha asegurado un impacto significativo en el éxito de ventas en el pasado. La venta social permite un acercamiento personalizado al cliente, refuerza la confianza y fomenta su fidelidad. A través de la interacción en plataformas como Facebook, LinkedIn y Twitter (X), las empresas pueden comprender mejor las necesidades de sus clientes y hacer ofertas específicas. En cuanto al futuro, se espera que esta tendencia vaya en aumento. Las empresas que reconozcan el valor de la venta social y se adapten a este cambio tendrán una ventaja competitiva sobre las que se aferren a métodos de venta anticuados. En un mundo cada vez más digitalizado, la adaptabilidad a las nuevas estrategias de venta no solo es deseable, sino esencial.

Venta social para pequeñas empresas

La venta social ofrece enormes oportunidades, especialmente para las pequeñas empresas y las microempresas. Quizás eres un todoterreno en tu pequeña empresa y tienes que operar en muchas áreas al mismo tiempo. Esto hace que el trabajo eficaz y eficiente sea especialmente importante. Aquí es exactamente donde el social selling ofrece su gran ventaja: te ahorra tiempo valioso a la hora de generar clientes potenciales y, al mismo tiempo, te permite interactuar directa y personalmente con los clientes potenciales.

Otra ventaja es, que por medio del social selling, tu y tus productos ya no son accesibles solo a nivel local y a un mercado limitado, sino ahora puedes acceder sin problemas al mercado global. A través de las redes sociales puedes llegar a clientes potenciales a los que nunca habrías llegado por medios tradicionales. Te permite ampliar tu público objetivo y aumentar la fuerza de tu marca. Todo ello sin costosas campañas de marketing, sino simplemente mediante una presencia activa en las plataformas pertinentes.

Ten en cuenta que la venta social no es un privilegio exclusivo de las grandes empresas. De hecho, puede ser una forma de que las pequeñas empresas en particular destaquen frente a competidores más grandes. Puedes tener una presencia más auténtica y personal que hable directamente a sus clientes y genere confianza. Así que no te desanimes y atrévete a invertir en la venta social. Es una herramienta poderosa que te ayudará a hacer crecer tu negocio y a destacar frente a la competencia. ¡Puedes hacerlo! Es hora de reconocer las ventajas de la venta social y aprovechar esta oportunidad.

Ejemplo: fábrica de mermelada

GPT, me gustaría apoyar a las pequeñas empresas de la región en el ámbito de la venta social. ¿Qué ideas tendría para un fabricante local de mermelada de la región de Núremberg, por ejemplo?

GPT4: He aquí algunas ideas de campañas de venta social para un pequeño fabricante de mermeladas:

Publica un breve vídeo en el que muestres cómo elaboras tus mermeladas y expliques qué las hace especiales. Usa el hashtag #homemade o #local.

Publica un concurso en las redes sociales en el que los participantes tengan que adivinar qué fruta contiene una determinada mermelada. El ganador recibe un bote de mermelada gratis.

Crea un tablero de "Recetas" en Pinterest con distintas ideas para utilizar tu mermelada. Pide a tus seguidores que contribuyan con sus propias recetas.

Cree un pequeño tutorial en vídeo que muestre la mejor manera de servir su mermelada con tostadas, pan fresco o alimentos salados.

Inicia un concurso en Instagram en el que los usuarios publiquen fotos de sus mesas de desayuno con tu producto. El ganador recibe un paquete de mermelada u otra cosa.

Publica una serie de posts en las redes sociales que cuenten la historia de tu negocio y de cómo empezaste a hacer mermelada.

Crea una historia de Instagram en la que muestres tus últimos sabores de mermelada y expliques cómo se hacen.

Crea un evento en Facebook en el que organices una degustación de tus mermeladas en una tienda local o un centro comercial.

Cree un boletín electrónico con información sobre las últimas creaciones de mermeladas, próximos eventos y ofertas especiales.

Publique una entrada en su blog en la que cuente la historia de las frutas que utilice en sus mermeladas y cómo se cultivan de forma sostenible.

Ejemplo: Erziehungsbox de Claudia von Stromberg

"Consejo de la semana para padres": Comparte un consejo para padres en Instagram y Facebook cada semana, enlazando a productos a juego de erziehungsbox.de.

"Pregúntale a Claudia": Una vez al mes, organiza una sesión de preguntas y respuestas en Instagram o Facebook en la que los padres pueden plantear sus dudas y Claudia von Stromberg las responderá.

"Entre bastidores": Ofrecer información sobre la producción de los productos erziehungsbox y contar la historia que hay detrás para generar confianza en el cliente.

"Opiniones de clientes: Comparte las opiniones de los clientes en Instagram y Facebook, con enlaces a los productos correspondientes.

"Sorteo": organiza un sorteo en Instagram o Facebook en el que puedas ganar productos de erziehungsbox.de.

"Charla de expertos": Una vez al mes, organiza una charla de expertos en Instagram o Facebook, en la que Claudia von Stromberg o un experto invitado hablen sobre un tema específico relacionado con la crianza.

"Quiz": Organiza un concurso en Instagram o Facebook con preguntas sobre paternidad y la posibilidad de ganar productos de erziehungsbox.de.

"Presentación de productos": **Presenta** un producto de erziehungsbox.de cada semana en Instagram o Facebook, señalando sus ventajas y beneficios.

"Lectura de libros ilustrados Organiza una lectura mensual de libros ilustrados en Instagram o Facebook, en la que niños y padres lean juntos un libro ilustrado y presenten productos a juego de erziehungsbox.de.

"Consejo parental del día": Comparte cada día un breve consejo para padres en Instagram y Facebook, con enlaces a los productos correspondientes de erziehungsbox.de.

Por supuesto, estas ideas no siempre pueden trasladarse 1:1 a cualquier otra empresa. Pero las respuestas de GPT pueden ser una buena fuente de ideas a partir de la cual se puede empezar a afinar las ideas y los conceptos. Por supuesto, antes es necesaria una definición clara del grupo objetivo, un análisis del mercado y un análisis del potencial. Pero eso, si hemos llegado hasta aquí en el libro, lo damos por hecho :).

En resumen, la venta social abre a las empresas una vía completamente nueva de contacto con los clientes. A través de una interacción específica en las redes sociales, se pueden construir relaciones y reforzar la autenticidad de la marca. Las empresas que utilizan el social selling aprenden más sobre las necesidades de sus clientes, pueden crear ofertas personalizadas y aumentar así las ventas. En un mundo cada vez más digital, la venta social ofrece la oportunidad de mantenerse cerca del cliente y ser competitivo. La venta social será cada vez más frecuente en los próximos años. Por lo tanto, aprovecha la oportunidad que esta tendencia ofrece también a las grandes empresas, pero sobre todo a las más pequeñas.

Recomendaciones de lectura

Techniques to Influence Buyers and Changemakers por Timothy Hughes, 2022.

Dominio de la venta social: Cómo escalar tu máquina de ventas y marketing para el comprador digital por Jamie Shanks, 2016.

SOCIAL MEDIA TREND 2024/5
Cuidado con lo que dices: Cómo las interacciones basadas en la voz están transformando la experiencia de las redes sociales

Todos lo hemos experimentado alguna vez: Abres la aplicación de redes sociales en la que confías y te encuentras con una avalancha interminable de publicaciones. Puede ser difícil encontrar lo que buscas. Pero ¿y si todo lo que tuvieras que hacer para encontrar lo que buscas fuera pedirlo? Suena fantástico, ¿verdad? Las interacciones por voz lo están haciendo posible, transformando nuestra experiencia en las redes sociales de una forma que no podíamos imaginar hace sólo unos pocos años. Combinando inteligencia artificial y lenguaje natural, ahora podemos hablar cómodamente a nuestros dispositivos para buscar información, compartir publicaciones o incluso hacer compras.

Mas que una simple tendencia

El reconocimiento automático del habla comenzó con la identificación de palabras y voces individuales. Los productores de la serie de televisión de finales de los 60 "Star Trek" se basaron en una técnica que había sido objeto de investigación una década antes. Al principio, el reconocimiento automático del habla sólo podía identificar una voz y apenas una docena de palabras. IBM y el Departamento de Defensa de EE. UU., incluida su división DARPA, impulsaron el desarrollo de modo que en los años 80 se reconocían unas 20.000 palabras. En la década siguiente, se hizo realidad el primer uso comercial del software de reconocimiento del habla.

Con los avances de la tecnología y la IA en los años 80 y 90, cada vez se podían reconocer más palabras, lo que dio lugar al primer uso comercial. Sin embargo, las primeras aplicaciones se limitaban a centros de llamadas con sencillos menús. Hoy en día, el reconocimiento eficaz del habla se basa en cuatro tecnologías fundamentales:

- **Reconocimiento automático del habla (ASR)**
  para la conversión de voz en texto.
- **Procesamiento del Lenguaje Natural (PLN)**
  para asignar significado a fragmentos de texto.
- **Gestor de diálogos (DM)**
  para tomar decisiones y ejecutar la respuesta a la solicitud.
- **Texto a voz (TTS)**
  para la salida de texto o voz de la respuesta.

La capacidad de procesamiento de los procesadores modernos y la disponibilidad de grandes conjuntos de datos estructurados han permitido el desarrollo de análisis avanzados. El mayor número de idiomas compatibles y el uso de metadatos en contexto han incrementado el uso de sistemas de asistencia por voz. Estos avances han propiciado una interacción casi natural con las máquinas y han acelerado exponencialmente la adopción de dispositivos habilitados para la voz.

La posibilidad de utilizar comandos de voz tiene algunas ventajas. Por un lado, puede ser muy cómodo porque no hay que perder tiempo manejando un teclado o mirando pantallas pequeñas. Una de las ventajas de las interacciones por voz es que proporcionan una forma más rápida y eficaz de buscar información. Por ejemplo, al buscar un producto concreto en una tienda online, basta con decir: "Oye Google, busca zapatillas blancas de la talla 42", y obtendrá resultados coincidentes en cuestión de segundos. Esto ahorra tiempo y es más eficaz que buscar manualmente en el sitio web. Otra ventaja es que las interacciones controladas por voz pueden ser muy útiles, especialmente para las personas con limitaciones físicas. Las personas que tienen dificultades para teclear o no pueden usar las manos pueden utilizar comandos de voz para usar sus dispositivos y mantener su independencia y libertad.

Sin embargo, también hay desventajas. Por un lado, es más difícil garantizar la privacidad y la seguridad. Esto se debe a que, en cada interacción, la tecnología tiene que grabar y analizar nuestro discurso para entender la petición y dar la respuesta correcta. Esto significa que se recogen y almacenan nuestros datos. Además, todavía existen algunas limitaciones tecnológicas. Los sistemas controlados por voz pueden tener a veces dificultades para entender consultas complejas o dialectos. Corregir errores también puede ser más difícil, ya que es más complicado corregir las palabras habladas que las escritas.

A pesar de estos inconvenientes, la popularidad de las interacciones controladas por voz sigue creciendo. Por ejemplo, cada vez más personas utilizan sus altavoces inteligentes para escuchar música, controlar sus electrodomésticos o incluso pedir comida. Las herramientas de IA como GPT sólo necesitan tu voz para hacer lo que tú quieres que hagan. Las empresas también recurren cada vez más a los comandos de voz para ofrecer a sus clientes una experiencia de compra más fácil y cómoda.

Situación actual

¿Cómo y para qué se utilicen sistemas de asistencia por voz? ¿Cuál es la evolución y qué voz preferimos seguir, una masculina o una femenina? A estas preguntas responden en parte los siguientes gráficos, aunque también puede ser una información valiosa para las empresas que estén pensando en utilizar asistentes controlados por voz para comunicarse.

¿Qué afirmaciones sobre los asistentes de voz son aceptadas?

I find the voice and pronunciation of digital voice assistants disconcerting.
35%

I find the voice and pronunciation of digital voice assistants pleasant.
35%

I would have a digital voice assistant read a book to me.
31%

I would like to have a conversation with a digital SA as I would with a human being.
26%

Fuente: Bitkom e.V., bitkom - The future of consumer technology 2023. https://www.bitkom-research.de/sites/default/files/2023-08/bitkom-studie-die-zukunft-der-consumer-technology-2023.pdf (consultado y descargado el 18 de junio de 2024)

El lenguaje nos resulta agradable o nos molesta. El lenguaje es algo más que un medio de comunicación: tiene un profundo impacto en nuestro subconsciente. Las palabras conllevan matices emocionales que conforman nuestras percepciones. La forma en que alguien habla puede afectar a nuestro subconsciente y tranquilizarnos o perturbarnos. Esto se basa en la experiencia personal y el contexto cultural. Algunas voces evocan recuerdos agradables, mientras que otras provocan malestar. El tempo, el tono y el ritmo del habla pueden atraernos o repelernos a nivel subconsciente. Por eso algunas voces nos atraen y otras nos molestan, aunque no sepamos exactamente por qué.

Las empresas deben seleccionar cuidadosamente la voz de sus asistentes de voz con IA, ya que desempeña un papel importante en la experiencia del cliente. La voz representa a la empresa y puede influir en las emociones y la imagen de marca. Una voz agradable puede fomentar la confianza y la satisfacción, mientras que una voz irritante puede echar para atrás a los clientes. Además, una voz claramente comprensible y agradable puede contribuir a la usabilidad y aumentar así la fidelidad del cliente. Por lo tanto, elegir la voz adecuada para los asistentes de IA no es solo una decisión técnica, sino también estratégica.

¿En qué áreas de la vida cotidiana se usan los asistentes de voz?

Fuente: Bitkom e.V., bitkom - The future of consumer technology 2023. https://www.bitkom-research.de/sites/default/files/2023-08/bitkom-studie-die-zukunft-der-consumer-technology-2023.pdf (consultado y descargado el 18 de junio de 2024)

Los asistentes de voz basados en IA son perfectos para explicar temas objetivos, ya que pueden proporcionar información objetiva con precisión y sin prejuicios. Se basan en datos y hechos, por lo que son perfectos para este tipo de tareas. En cambio, los temas emocionales son complejos y subjetivos. Requieren empatía y comprensión emocional, capacidades que la IA no puede reproducir plenamente en la actualidad. Aunque la IA puede simular emociones, no puede sentirlas de verdad ni comprender plenamente los matices de las emociones humanas, lo que es esencial para una comunicación auténtica sobre temas emocionales.

¿Cuáles son motivos para rechazar los asistentes de voz?

I worry about my data.
59%

Afraid that third parties could eavesdrop on me.
53%

I don't want noises from my home to be transmitted to the Internet.
35%

I don't want to control my devices by voice.
22%

The price is too high for me.
16%

Other operating options are more convenient.
10%

Fuente: Bitkom e.V., bitkom - The future of consumer technology 2023. https://www.bitkom-research.de/sites/default/files/2023-08/bitkom-studie-die-zukunft-der-consumer-technology-2023.pdf (consultado y descargado el 18 de junio de 2024)

Según una encuesta de Bitkom, la mayoría de los alemanes rechaza los asistentes de voz porque teme que se haga un uso indebido de sus datos. En el mundo digital, los datos personales suelen considerarse moneda de cambio valiosa. Sin embargo, a medida que aumenta el uso de la tecnología, también lo hace el temor al uso indebido de los datos y a las violaciones de la privacidad. Los asistentes de voz son especialmente sensibles, ya que tienen acceso a información privada y a veces muy personal. Estos temores, aunque subjetivos, no dejan de ser reales y eficaces a la hora de influir en la confianza y el comportamiento de los consumidores.

Los asistentes de voz basados en IA, como Alexa, están diseñados para "escuchar" constantemente para responder a sus palabras de activación. Están en un modo de escucha pasivo, esperando a reconocer su palabra de activación (por ejemplo, "Alexa"). Cuando la reconocen, pasan al modo activo, registran la orden y la procesan. Esta "escucha" persistente es necesaria para que respondan inmediatamente a las órdenes de voz. Sin embargo, es importante subrayar que "escuchar" no significa que los datos se graben constantemente o se envíen a terceros.

Las empresas deben tomarse en serio estas preocupaciones para ganarse y conservar la confianza de sus clientes. Pueden hacerlo mediante políticas y prácticas de privacidad transparentes que indiquen claramente qué datos se recogen, cómo se utilicen y cómo se protegen. También podrían ofrecer opciones para que los clientes tengan control sobre sus propios datos. Por último, las revisiones y actualizaciones periódicas de las medidas de seguridad podrían ayudar a minimizar el riesgo de violación de datos, aumentando así la confianza de los clientes.

¿Preferiría la voz digital femenina o masculina?

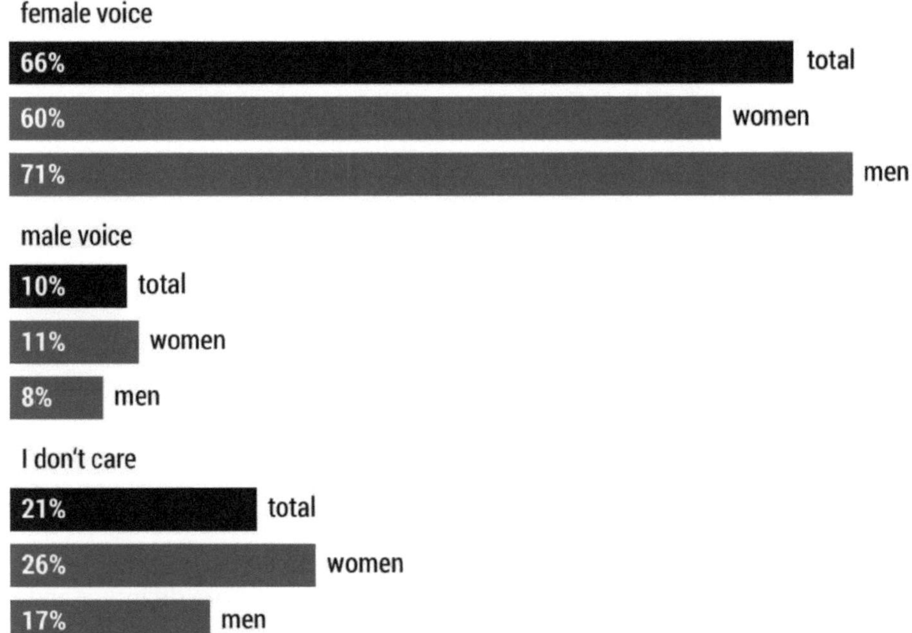

Fuente: Bitkom e.V., bitkom - The future of consumer technology 2023. https://www.bitkom-research.de/sites/default/files/2023-08/bitkom-studie-die-zukunft-der-consumer-technology-2023.pdf (consultado y descargado el 18 de junio de 2024)

Los asistentes de voz digitales suelen programarse con voces femeninas y, según una encuesta de Bitkom, la mayoría de los usuarios las prefieren. En esta preferencia pueden influir factores sociales y culturales. En muchas culturas, las voces femeninas suelen percibirse como cálidas, amables y acogedoras. Además, transmiten familiaridad y comodidad debido a su asociación con los roles tradicionales de cuidado. Las voces femeninas también pueden percibirse como menos amenazadoras y autoritarias, lo que desempeña un papel fundamental en las tecnologías que invaden nuestro espacio personal.

Sin embargo, esta preferencia también puede ser problemática, ya que puede perpetuar los estereotipos y los roles de género. Por lo tanto, es importante que las empresas y los desarrolladores consideren cuidadosamente cómo incluyen y representan el género en las tecnologías. Algunas empresas ya han respondido a estas preocupaciones ofreciendo a sus usuarios la posibilidad de personalizar la voz de su asistente o elegir entre una variedad de voces. Esto permite a los usuarios elegir una voz que se ajuste a sus preferencias y a su nivel de comodidad sin que esa decisión se vea limitada por ajustes predefinidos.

Número de asistentes de voz en uso en todo el mundo en 2019 y previsión para 2020 y 2024 (en miles de millones)

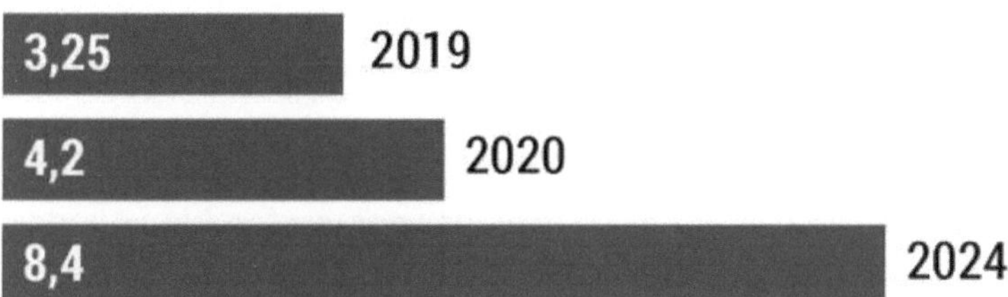

Fuente: Business Wire - Juniper Research: El número de dispositivos asistentes de voz en uso superará a la población mundial en 2024, alcanzando los 8.400 millones, liderados por los smartphones.   https://www.businesswire.com/news/home/20200427005609/en/Juniper-Research-Number-Voice-Assistant-Devices-Overtake (Consultado el 18.6.2024)

El rápido crecimiento del uso de asistentes de voz digitales demuestra una tendencia imparable en la tecnología de las comunicaciones. Con una estimación de 8 400 millones de usuarios en 2024, más que toda la población mundial, este medio ofrece un alcance y una interacción sin precedentes. Para las empresas, esto representa una inmensa oportunidad de ampliar sus comunicaciones y llegar a su base de clientes. La integración de los asistentes de voz en la estrategia empresarial puede mejorar la experiencia del cliente, aumentar el conocimiento de la marca y, en última instancia, impulsar los ingresos. Por lo tanto, las empresas deberían considerar seriamente la integración de esta tecnología emergente en sus modelos de negocio.

Nuevas oportunidades de comercialización

Las interacciones por voz abren un amplio abanico de oportunidades de marketing para las empresas. Algunas de estas oportunidades son:

Interacciones personalizadas: Las interacciones por voz permiten a las empresas crear experiencias personalizadas para sus clientes. Al hacerlo, pueden atender a información específica, como el nombre o los intereses del cliente, creando una experiencia personalizada adaptada a sus necesidades.

Pedidos directos: Las interacciones controladas por voz pueden permitir a los clientes hacer pedidos directamente a través de la plataforma. Las empresas también pueden ofrecer aquí ofertas especiales o descuentos para animar a los clientes a comprar.

Compromiso con el cliente: A través de las interacciones por voz, las empresas pueden establecer una relación más estrecha con sus clientes. Por ejemplo, los clientes pueden hacer preguntas, dar su opinión o participar en encuestas, lo que puede aumentar su satisfacción.

Estudios de mercado: Las interacciones controladas por voz también pueden utilizarse como herramienta de investigación de mercado. Las empresas pueden obtener información valiosa analizando las preguntas y opiniones de los clientes, que pueden incorporar a su estrategia empresarial.

Venta cruzada: A través de las interacciones controladas por voz, las empresas también pueden realizar ventas cruzadas específicas. Por ejemplo, pueden decir a los clientes que podrían añadir un producto adecuado a su compra o llamar su atención sobre productos similares que podrían interesarles.

Conciencia de marca: Las interacciones por voz también pueden ayudar a aumentar el conocimiento de la marca. Las empresas pueden conseguir una mayor notoriedad de marca y atraer clientes a su marca a través de sus interacciones por voz.

Facilidad de uso: Las interacciones controladas por voz pueden facilitar el uso de las plataformas. Por ejemplo, los clientes pueden navegar por la oferta de forma rápida y sencilla mediante simples comandos de voz.

Tecnología innovadora: las interacciones activadas por voz también permiten a las empresas aprovechar la tecnología innovadora para diferenciarse de la competencia y proyectar una imagen moderna.

Flexibilidad: Las interacciones controladas por voz pueden utilizarse de forma flexible. Por ejemplo, las empresas pueden integrarlas en su sitio web o aplicaciones móviles para permitir una interacción fluida con sus clientes.

Eficacia: Las interacciones por voz también pueden ayudar a automatizar procesos y aumentar la eficiencia. Al automatizar tareas, las empresas pueden ahorrar tiempo y recursos y centrarse en aspectos importantes de su negocio.

Prepárate bien antes de utilizar asistentes de voz basados en IA

GPT4: Antes de que las empresas utilicen las interacciones por voz en el marketing en redes sociales, deben tener en cuenta lo siguiente:

Grupo destinatario: *Las empresas deben conocer con precisión su grupo objetivo y analizar si están en absoluto preparadas para las interacciones controladas por voz y prefieren utilizarlas.*

Requisitos técnicos: *Las empresas necesitan tecnologías e infraestructuras adecuadas para las interacciones controladas por voz. Por tanto, hay que comprobar si están disponibles o hay que adquirirlas.*

Privacidad de los datos: *Las interacciones basadas en la voz almacenan datos como grabaciones de voz y análisis. Las empresas deben asegurarse de que estos datos estén protegidos y se utilicen solo para los fines previstos.*

Accesibilidad del habla: *Las interacciones basadas en el habla deben diseñarse para que las personas con audición o habla limitadas puedan participar.*

Contenido: *Hay que desarrollar contenidos y diálogos especiales para las interacciones controladas por voz. Las empresas deben orientarse a las necesidades e intereses de su grupo objetivo.*

Usabilidad: *Las interacciones controladas por voz deben ser fáciles e intuitivas de usar. Por ello, las empresas deben realizar pruebas para* *asegurarse de que sus funciones controladas por voz son realmente fáciles de usar.*

Integración: *Las empresas deben considerar cómo pueden integrarse las interacciones impulsadas por la voz en sus estrategias y actividades de marketing existentes para garantizar la experiencia de marca más coherente.*

Mantenimiento y asistencia: *Las interacciones por voz deben mantenerse y actualizarse periódicamente. Las empresas deben asegurarse de que disponen de los conocimientos y recursos necesarios para ello.*

Presupuesto: Los *sistemas de voz suelen requerir una inversión adicional en tecnología, personal y creación de contenidos. Por tanto, las empresas deben planificar su presupuesto en consecuencia y considerar también el posible retorno de la inversión.*

Aspectos jurídicos: *Las interacciones controladas por voz deben cumplir los requisitos legales. Por ello, las empresas deben comprobar qué requisitos legales deben cumplir, por ejemplo, en materia de protección de datos o etiquetado publicitario.*

Retos cuando las empresas utilicen asistentes de voz

GPT4: Aunque las interacciones basadas en la voz tienen muchas ventajas para las empresas, también existen algunos inconvenientes y peligros potenciales que las empresas deben conocer:

Privacidad y seguridad: *Los asistentes y dispositivos de voz suelen almacenar datos e información de los usuarios, lo que puede suponer un riesgo para la privacidad. Las empresas deben garantizar la seguridad de los datos de los usuarios.*

Dificultades técnicas: *Las interacciones por voz pueden verse perturbadas por el ruido de fondo o por una conexión a internet deficiente, lo que puede provocar la frustración del usuario. Es importante asegurarse de que la tecnología está madura y funciona sin problemas para garantizar una experiencia de usuario positiva.*

Procesamiento del habla: *La tecnología de reconocimiento y procesamiento del habla aún no es perfecta y pueden producirse errores en la interpretación* *del habla. Esto puede dar lugar a malentendidos y errores en la comunicación.*

Falta de contextualización: *Las interacciones por voz suelen ser muy directas y puede que no tengan la misma capacidad para reconocer el contexto y los matices en el habla que la que podría tener un comunicador humano. Las organizaciones deben asegurarse de que sus interacciones de voz sean claras y comprensibles para evitar malentendidos.*

Alcance limitado: *Todavía no todos los usuarios utilicen dispositivos o asistentes controlados por voz. Las empresas que utilicen esta tecnología podrían excluir a una parte de su público objetivo que no la utilice.*

Personalización limitada: *las interacciones basadas en la voz pueden acceder a datos específicos como nombres o preferencias, pero puede resultar más difícil crear experiencias verdaderamente personalizadas como sería posible con la interacción humana.*

Pérdida de la voz de la marca: *Las empresas deben asegurarse de que sus interacciones por voz representan la misma voz y marca que el resto de sus canales de marketing y comunicación. De lo contrario, esto podría dar lugar a confusión y a una disminución de la percepción de la marca.*

Dificultades de aplicación: *El desarrollo y la implantación de interacciones controladas por voz requieren conocimientos técnicos y experiencia específicos. Las empresas deben asegurarse de que disponen de los conocimientos necesarios o contratar a expertos externos para implantar con éxito las interacciones controladas por voz.*

Las empresas alemanas confían cada vez más en los asistentes de voz con IA

En Alemania estamos viviendo una oleada de digitalización en las comunicaciones corporativas. Cada vez más empresas recurren a asistentes de voz basados en IA para optimizar la interacción con sus clientes. Gracias a esta tecnología, pueden mejorar su servicio ofreciendo a sus clientes respuestas rápidas y precisas las 24 horas del día. Esta innovadora forma de comunicación facilita a los clientes el acceso a la información y a los servicios, mejorando así su fidelidad. Esta tendencia en particular apunta a un futuro apasionante para las comunicaciones corporativas en 2024 y más allá.

He aquí algunos ejemplos de empresas alemanas que utilicen con éxito las interacciones por voz:

- **Deutsche Bahn** - Deutsche Bahn utiliza el control por voz en su aplicación para ayudar a los clientes a reservar billetes de tren y consultar horarios.
- **Deutsche Telekom** - Deutsche Telekom ha desarrollado Magenta, un asistente de voz que ayuda a los clientes a manejar sus servicios.
- **Lufthansa** - Lufthansa utiliza el control por voz para ayudar a sus clientes a reservar vuelos y consultar información sobre el estado de estos.
- **N26** - El banco móvil N26 permite a los clientes realizar sus operaciones bancarias mediante comandos de voz.
- **Deutsche Post (DHL)** - Deutsche Post utiliza el control por voz para ayudar a los clientes a seguir los envíos y pedir sellos.
- **Allianz** - La compañía de seguros Allianz utiliza estos sistemas para ayudar a los clientes a encontrar productos de seguros y notificar siniestros.
- **REWE - La** cadena de supermercados REWE usa el control por voz en su aplicación para ayudar a los clientes a crear listas de la compra y buscar productos.
- **Volkswagen** - Volkswagen utiliza el control por voz para ayudar a los clientes a manejar el sistema de información y entretenimiento de sus vehículos.
- **Commerzbank** - Commerzbank permite a los clientes realizar sus operaciones bancarias mediante comandos de voz.
- **Bosch** - Bosch utiliza el control por voz para ayudar a los clientes a manejar sus productos domésticos inteligentes.
- **BMW:** El fabricante alemán de automóviles BMW está usando interacciones controladas por voz para facilitar a los conductores el control de diversas funciones del vehículo sin quitar las manos del volante. La integración de comandos de voz en el sistema de información y entretenimiento de BMW permite a los conductores acceder a diversas funciones de forma cómoda y segura.
- **Domino's Pizza:** La cadena de pizzerías Domino's utiliza interacciones controladas por voz para facilitar a los clientes el pedido de pizza. Al integrar comandos de voz en su aplicación, los clientes pueden pedir su pizza favorita de forma cómoda y rápida sin tener que introducir el pedido manualmente.

¿Qué opina GPT sobre el uso de asistentes de voz con IA?

Para comparar, he enviado consultas idénticas a GPT3.5 y a GPT4. Hay que señalar que ya anticipo las ventajas en la consulta y, por tanto, le digo realmente a la IA en qué dirección debe trabajar. Además, en este caso no he revisado ni modificado las respuestas. Estas me parecen convincentes en ambos casos. Sin embargo, la diferencia de calidad es interesante.

GPT3.5, escribe un texto sobre por qué el control por voz es psicológicamente ventajoso en comparación con el intercambio comunicativo a través de un teclado.

GPT3.5: El control por voz ofrece varias ventajas psicológicas en comparación con el intercambio comunicativo a través de un teclado, aprovechando la inclinación humana por la comunicación natural y expresiva. He aquí algunas razones clave por las que el control por voz puede ser psicológicamente ventajoso:

***Comunicación centrada en el ser humano:** El control por voz se ajusta más a la forma en que los seres humanos se comunican de forma natural. Desde pequeños aprendemos a hablar y a escuchar, por lo que las interacciones basadas en la voz resultan más intuitivas y cómodas. Esto concuerda con nuestra necesidad primaria de interacción y conexión social.*

***Expresión emocional:** La voz transmite matices emocionales de los que carece el texto en un teclado. Cuando nos comunicamos verbalmente, nuestro tono, entonación y cadencia transmiten emociones, lo que hace que las conversaciones sean más auténticas y significativas. Esta conexión emocional puede fomentar la empatía y la comprensión, mejorando la calidad de nuestras interacciones.*

***Menor carga cognitiva:** escribir en un teclado requiere un esfuerzo cognitivo adicional en comparación con hablar. El control por voz permite que los pensamientos y las ideas fluyan sin esfuerzo, lo que puede mejorar la concentración, reducir el estrés y aumentar el bienestar general.*

***Accesibilidad e inclusión:** El control por voz puede cambiar las reglas del juego para las personas con discapacidades físicas o afecciones que dificultan la escritura. Esta tecnología puede ayudar a las personas a comunicarse* *eficazmente y a relacionarse con los demás, fomentando el sentido de pertenencia y la autoestima.*

Mayor compromiso: *El control por voz puede hacer que las interacciones sean más inmediatas y atractivas, fomentando la sensación de presencia. Esto puede ser especialmente beneficioso en el trabajo a distancia, la educación o los juegos en línea, donde la comunicación y la colaboración en tiempo real son esenciales.*

Información en tiempo real: *Las interacciones basadas en la voz proporcionan información inmediata a través de respuestas verbales y señales como el tono de voz y las pausas. Este feedback instantáneo puede ayudar a las personas a calibrar la eficacia de su comunicación, fomentando la autoconciencia y la adaptabilidad.*

Multitarea natural: *El control por voz permite realizar varias tareas a la vez mientras se comunica, lo que puede mejorar la productividad. Los usuarios pueden enviar mensajes, hacer llamadas telefónicas o controlar dispositivos sin tener que interrumpir sus tareas actuales, lo que reduce la fricción cognitiva asociada al cambio entre el teclado y la voz.*

Mejora de la memoria: *Expresar sus pensamientos en voz alta puede ayudar a mejorar la retención de la memoria y el procesamiento cognitivo. Cuando articulamos nuestras ideas verbalmente, a menudo solidificamos nuestra comprensión y reforzamos el aprendizaje, lo que convierte al control por voz en una herramienta eficaz para la educación y el intercambio de conocimientos.*

Empoderamiento: *Utilizar el control por voz puede aumentar la confianza de las personas que tienen dificultades para teclear o comunicarse por escrito. Permite a los usuarios expresarse con mayor libertad y participar en contextos sociales y profesionales sin limitaciones.*

Conexión personal: *La voz humana es portadora de una identidad única que puede fomentar una sensación de conexión personal y confianza en las interacciones en línea. Escuchar la voz de alguien puede hacerle sentir más real y cercano, lo que puede reducir la sensación de soledad y aislamiento, sobre todo en entornos virtuales.*

En conclusión, el control por voz ofrece numerosas ventajas psicológicas sobre la comunicación basada en el teclado, ya que se alinea con nuestros instintos naturales de comunicación, permite la expresión emocional, reduce la carga cognitiva y fomenta la accesibilidad y la inclusión. Estas ventajas mejoran la calidad de nuestras interacciones, haciendo del control por voz una herramienta convincente para mejorar nuestro bienestar y enriquecer nuestras relaciones en un mundo cada vez más digital.

Para comparar ahora la solicitud a GPT4:

GPT4, escribe un texto sobre por qué el control por voz es psicológicamente beneficioso en comparación con los intercambios comunicativos a través de un teclado.

GPT4: La tecnología de control por voz, que permite a los usuarios interactuar con los dispositivos mediante comandos hablados, ofrece varias ventajas psicológicas frente a la comunicación tradicional basada en el teclado. He aquí algunas razones clave:

Comunicación natural e intuitiva*: El control por voz imita la comunicación humana natural, basándose en el habla, que es un modo fundamental de interacción humana. Esta familiaridad hace que el control por voz sea más intuitivo y menos intimidatorio, sobre todo para los usuarios que no se sienten cómodos tecleando o no son expertos en el uso de teclados.*

Eficacia y rapidez*: hablar suele ser más rápido que teclear. Esta mayor eficiencia puede reducir la frustración y mejorar la experiencia del usuario, sobre todo en situaciones en las que se necesitan respuestas rápidas o cuando se realizan varias tareas a la vez.*

Reducción de la carga cognitiva*: El control por voz puede reducir la carga cognitiva, ya que permite a los usuarios expresarse con mayor naturalidad y fluidez. Cuando se utilice un teclado, hay que centrarse en el acto físico de escribir, lo que puede ser cognitivamente exigente, sobre todo para quienes no son expertos mecanógrafos. La interacción por voz, en cambio, permite a los usuarios centrarse más en lo que quieren decir que en cómo decirlo.*

Accesibilidad*: El control por voz puede ser especialmente beneficioso para las personas con ciertas discapacidades o con dificultades para utilizar las manos. Proporciona un medio alternativo de comunicación e interacción con la tecnología, lo que hace que los servicios digitales sean más accesibles para un mayor número de usuarios.*

Expresión emocional: La comunicación por voz permite expresar las emociones con más matices que el texto. El tono, la entonación y el ritmo del habla pueden transmitir sentimientos y sutilezas que a menudo se pierden en la comunicación escrita. Esto puede dar lugar a interacciones más empáticas y eficaces, tanto con sistemas de inteligencia artificial como en situaciones en las que la voz se transmite a otra persona.

Conexión social: La interacción por voz puede crear una sensación de presencia y conexión social. Escuchar una respuesta, incluso de una IA, puede ser más reconfortante y atractivo que leer un texto en una pantalla. Esto puede ser especialmente importante en aplicaciones como los asistentes virtuales, donde el compromiso del usuario es crucial.

Aprendizaje y desarrollo: Para los niños y las personas que aprenden un nuevo idioma, la tecnología controlada por voz puede ser una herramienta valiosa. Fomenta la práctica oral y puede ayudar a desarrollar las destrezas lingüísticas.

Manos y ojos libres: El control por voz permite tener las manos y los ojos libres, lo que no solo resulta cómodo, sino que también puede mejorar la seguridad, por ejemplo, al conducir un vehículo o cuando se requiere la atención de otra persona.

En resumen, el control por voz ofrece una forma más natural, eficiente y emocionalmente expresiva de interactuar con la tecnología, lo que la hace psicológicamente ventajosa en comparación con la comunicación basada en el teclado. Esta tecnología puede reducir la carga cognitiva, aumentar la accesibilidad y fomentar una mayor sensación de conexión y compromiso.

Ventajas de la asistencia por voz basada en IA.

Aumenta la eficacia: El control por voz permite a los usuarios completar tareas de forma más rápida y eficiente al eliminar la necesidad de teclado o ratón.

Mejorar la interacción con el cliente: Al integrar sistemas con capacidad de voz en los procesos de atención al cliente y ventas, las empresas pueden responder con rapidez y eficacia a las consultas de los clientes y mejorar la atención al cliente.

Personalización: El control por voz permite una interacción personalizada con los clientes al proporcionar la capacidad de identificar y responder a las preferencias del usuario.

Accesibilidad: El control por voz puede mejorar la accesibilidad de las personas con discapacidad física al eliminar la necesidad de manejar manualmente los dispositivos.

Mayor seguridad: El control por voz también puede ayudar a aumentar la seguridad de los dispositivos y sistemas al eliminar la necesidad de introducir manualmente contraseñas o información sensible.

Ampliar el alcance: El uso de sistemas con capacidad de voz puede ampliar el alcance de las empresas al permitir que usuarios de todo el mundo interactúen en su propia lengua materna con usted.

Mejor análisis de datos: Los sistemas controlados por voz también pueden ayudar a recopilar y analizar datos de forma más eficiente al permitir a los usuarios utilizar comandos de voz más naturales.

Reducción de costes: Mediante el control por voz, las empresas pueden reducir los costes de las entradas y procesos manuales y trabajar con mayor eficacia.

Aumento de la productividad: El uso de sistemas con capacidad de voz puede mejorar la productividad de los empleados al permitirles acceder a la información y completar tareas con rapidez y eficacia.

Ventaja competitiva: Las empresas que utilizan sistemas con capacidad de voz pueden obtener una ventaja competitiva al ofrecer interacciones más eficaces y personalizadas con sus clientes y aumentar la eficiencia y la productividad.

Es importante señalar que estas ventajas no pueden lograrse únicamente mediante el uso del control por voz. Las empresas también deben invertir en el desarrollo de sistemas robustos y potentes que se adapten a las necesidades de sus clientes. Es crucial que el uso de asistentes de voz impulsados por IA en la comunicación con los clientes se adapte al ADN de la empresa. No todas las tendencias tecnológicas son adecuadas para todas las empresas. La implementación debe estar en consonancia con la identidad de la empresa, sus valores y, lo que es más importante, su público objetivo. Un asistente de voz que no esté alineado con las necesidades y expectativas específicas de sus clientes puede hacer más mal que bien. Por lo tanto, las empresas deben considerar cuidadosamente si utilizar esta tecnología y cómo hacerlo para garantizar una comunicación auténtica y eficaz.

¿Como se podrían usar asistentes de voz?

Volviendo a nuestra fábrica de mermelada mencionada antes, ¿cómo podrían formularse adecuadamente los textos de saludo, que la voz de la IA transmite de forma amistosa? He aquí algunos ejemplos:

"¡Bienvenido a nuestro control por voz! Soy tu asistente virtual y estaré encantada de ayudarte a encontrar las mejores recetas de mermelada o darte información sobre nuestros diferentes tipos de fruta. ¿En qué puedo ayudarte?"

"¡Hola y bienvenido al control por voz de Mermeladas XYZ! Estoy a tu disposición para responder a tus preguntas, hablarte de nuestros últimos productos o ayudarte a elegir el set de regalo perfecto. ¿En qué puedo ayudarte?"

"¡Buenas tardes! Este es el control de voz de Mermeladas ABC. Puedo ayudarle a encontrar ideas para recetas, comparar nuestros diferentes tipos de mermeladas o simplemente darle información sobre nuestra empresa. ¿En qué puedo ayudarle?"

"¡Bienvenido a nuestro control por voz! Estoy aquí para ayudarte a encontrar las mejores ofertas de mermelada, darte consejos sobre cómo utilizar nuestros productos o ayudarte a encontrar el regalo de mermelada perfecto. ¿En qué puedo ayudarte?"

"¡Bienvenido al control por voz de Mermeladas XYZ! Estoy aquí para ayudarte a elegir las mejores mermeladas para tus desayunos o postres, proporcionarte información sobre nuestros ingredientes o ayudarte a pedir nuestros productos. ¿En qué puedo ayudarte?"

El desarrollo actual de herramientas de IA que trabajan con el habla dará un impulso adicional a esta tendencia.

La revolución de la IA en la síntesis del habla

El auge de la inteligencia artificial (IA) ha dado lugar a una gran variedad de increíbles generadores y herramientas de texto a voz (TTS). La conversión de texto a voz es una aplicación de síntesis de voz que procesa el texto y lo lee en voz alta como si fuera humano. Los generadores TTS se utilizan de diversas formas, por ejemplo, como tecnología de asistencia para personas con problemas de aprendizaje y por empresas y creativos como locutores. Estos generadores también se utilizan mucho en juegos, branding, animación, desarrollo de asistentes de voz, audiolibros y mucho más. Y gracias a los rápidos avances en este campo, la tecnología ya no requiere grandes cantidades de muestras de voz ni equipos profesionales para funcionar correctamente. Hay muchos generadores de texto a voz en el mercado, cada uno con sus propias funciones y aplicaciones.

Estos avances en los generadores de texto a voz están teniendo un impacto positivo en el desarrollo de programas de asistencia al habla basados en IA. Con una síntesis del habla cada vez mejor, estos asistentes pueden ofrecer un habla más natural y parecida a la humana. Esto hará que la interacción con estos sistemas sea más fluida e intuitiva, aumentando aún más su adopción y uso en diversos ámbitos. Por tanto, las mejoras en la tecnología TTS podrían marcar el comienzo de una nueva era de la IA basada en el habla.

¿Cuáles son los generadores TTS y las IA de voz disponibles?

He aquí una selección a la que merece la pena echar un vistazo. Sin embargo, es importante tener en cuenta que la mayoría de las herramientas de IA en este ámbito sólo funcionan en inglés. Sin embargo, no creo que pase mucho tiempo, hasta que eso cambie:

1) Lovo.ai: ¡La revolución de la Inteligencia Artificial en la síntesis del habla!

"Lovo.ai no es sólo una galardonada plataforma de generación de voz y conversión de texto a voz basada en IA, sino también una auténtica potencia a la hora de crear voces humanas realistas. Su facilidad de uso es extraordinaria, lo que convierte a Lovo.ai en la herramienta ideal para cualquiera que busque voces perfectas generadas por IA. Lovo.ai no ha dudado en aplicar su tecnología a una amplia gama de sectores, como el entretenimiento, la banca, la educación, los juegos, la documentación y las

noticias. Al perfeccionar continuamente sus modelos de síntesis de voz, Lovo.ai se ha consolidado como un auténtico innovador en el sector, atrayendo la atención de prestigiosas organizaciones mundiales. Lo más destacado, sin embargo, es Genny, el último logro de Lovo. Genny es un generador de voz de IA de última generación que no sólo puede crear voces humanas asombrosamente realistas, sino que también ofrece funciones de conversión de texto a voz y edición de vídeo. La selección es enorme: hay disponibles más de 500 voces de IA, en más de 20 emociones y 150 idiomas. Gracias al sistema de control granular, puedes perfeccionar tu discurso y hacerlo exactamente como tú quieras. También ayuda la amplia base de datos de recursos de interjecciones no verbales, efectos de sonido, música libre de derechos, fotos de archivo y vídeos."

2) Habla con Speechify: La forma más moderna de convertir texto en voz.

"Imagina que pudiera convertir cualquier formato de texto en voz con sonido natural: sería increíble, ¿verdad? Eso es exactamente lo que es posible con Speechify. Esta plataforma web lo convierte todo, desde PDF a correos electrónicos o artículos, en formatos de audio que puede escuchar en lugar de leer. Imagine el placer de no tener que leer usted mismo un texto largo y complicado, sino que simplemente se lo lean. Lo que hace especial a Speechify es su inteligencia. El software reconoce más de 15 idiomas diferentes al procesar textos. Incluso puede convertir sin problemas texto impreso escaneado en archivos de audio claramente comprensibles. Parece magia, ¡pero es una tecnología impresionante! ¡Pero eso no es todo! Speechify le permite personalizar la velocidad de lectura y elegir entre más de 30 voces de sonido natural. Y gracias a las extensiones para Chrome y Safari, tendrá acceso a esta increíble función en cualquier momento y lugar. Tanto si quiere aprender otro idioma como si simplemente quiere ahorrar algo de tiempo, Speechify es la herramienta que le ayudará a conseguirlo."

3) Synthesys: Da vida a sus textos con la voz profesional de la IA

"¿Alguna vez ha pensado en lo increíble que sería convertir su texto en un discurso o vídeo profesional con inteligencia artificial con sólo unos clics? Eso es exactamente lo que Synthesys hace posible. Esta innovadora plataforma está a la vanguardia del desarrollo de algoritmos de conversión de texto en voz y vídeo para uso comercial. Imagine poder mejorar los vídeos explicativos de su sitio web o los tutoriales de sus productos en cuestión de minutos utilizando una voz humana natural. Gracias a las tecnologías Text-to-Speech (TTS) y Text-to-Video (TTV) de Synthesys, su guion se transforma en una *presentación multimedia dinámica y llena de vida. La impresionante variedad de funciones que ofrece Synthesys habla por sí sola. Elija entre una amplia biblioteca de voces profesionales -34 femeninas y 35 masculinas- y cree salidas de voz ilimitadas para cualquier propósito. Lo que diferencia a esta plataforma de la competencia son sus voces excepcionalmente realistas. Con la posibilidad de enfatizar palabras específicas, podrá expresar una amplia gama de emociones, como felicidad, excitación, tristeza y mucho más. Synthesys le permite añadir pausas para dar a sus salidas de voz un toque aún más humano. El modo de vista previa le permite ver rápidamente los resultados y hacer cambios sin perder tiempo renderizando. Ya sea para vídeos de ventas, cartas, animaciones, vídeos explicativos, redes sociales, anuncios de televisión, podcasts, etc., Synthesys es la herramienta perfecta para dar vida a su texto."*

4) Murf: ¡Su trampolín hacia el discurso personalizado de la IA!

"Imagine poder convertir cualquier texto en una salida de voz, una voz en off o un dictado con sólo unos clics. Con Murf, uno de los generadores de voz con IA más impresionantes y populares del mercado, ¡este sueño se hace realidad! Ya sea desarrollador de productos, podcaster, educador o ejecutivo de empresa, Murf le ofrece una amplia gama de opciones para crear la mejor salida de voz natural. Murf va un paso más allá y ofrece una amplia gama de opciones de personalización. Puede elegir entre una gran variedad de voces y dialectos, todo ello a través de una interfaz fácil de usar. Pero eso no es todo. Murf proporciona a sus usuarios un completo estudio de emisión de voz AI que incluye un editor de vídeo integrado. Con él, tiene la posibilidad de crear un vídeo con voz en off. Hay más de 100 voces de IA de 15 idiomas a su disposición. Puede establecer sus preferencias en cuanto a locutores, acentos y estilos de voz y tono o propósito.

Una de las características destacadas de Murf es el conversor de voz, que le permite grabar una locución sin utilizar tu propia voz. Podrá personalizar las locuciones que le ofrece Murf, cambiando el tono, la velocidad y el volumen. Podrá insertar pausas y poner acentos o cambiar la pronunciación. Con una amplia biblioteca que ofrece más de 100 voces AI en diferentes idiomas, soporte para entrada de audio y texto, y la posibilidad de personalizar, ¡Murf lleva la locución AI a un nivel completamente nuevo!"

5) Listnr: ¡su asistente personal de voz personalizado!

"Imagine poder convertir cualquier texto en voz, exactamente como lo imagina: desde la selección de género hasta el acento, pasando por las pausas y mucho más. Listnr, otro generador de texto a voz basado en IA, lo hace posible. Otra característica interesante de Listnr es que puede incrustar su propio reproductor de audio personalizable, que luego puede integrar cómodamente en su blog para ofrecer una versión de audio de su contenido. Pero lo que realmente diferencia a Listnr es su capacidad de personalización para cada oyente y sus preferencias. Listnr es la herramienta ideal para los podcasters porque les ayuda a monetizar sus contenidos a través de la publicidad. Puede utilizar la salida de voz para distribuir y convertir audio con derechos de emisión comercial en las principales plataformas de streaming como Spotify y Apple. Listnr tampoco le defraudará en lo que a multilingüismo se refiere: es compatible con más de 17 idiomas y puede convertir blogposts a diferentes lenguas y dialectos. Si necesita diferentes formatos, como la selección de géneros y acentos, quiere incrustar un reproductor de audio personalizable o busca una plataforma que se adapte a cada oyente, Listnr es la opción adecuada para usted. Con Listnr, ¡podcasting es coser y cantar!"

6) Deepbrain AI: ¡la vía rápida para crear vídeos generados por IA!

"¿Listo para crear impresionantes vídeos generados por IA en cuestión de minutos? Deepbrain AI, la caja de herramientas de creación instantánea de vídeos, se lo pone muy fácil. Todo lo que tiene que hacer es preparar su guion y utilizar la función de texto a voz. Antes de que se dé cuenta, tendrá su primer vídeo con IA en sus manos, ¡en menos de 5 minutos! Cree fácilmente un vídeo acabado en sólo tres pasos: Cree un nuevo proyecto, ya sea con su propia plantilla de PowerPoint o con una de las plantillas de inicio proporcionadas. A continuación, introduzca su guion, ya sea manualmente o copiando y pegando. Por cierto: El contenido de su PPT cargado se insertará automáticamente. Una vez que haya seleccionado el idioma y el modelo de IA adecuados y haya completado sus ediciones, podrá exportar el vídeo sintetizado. Con Deepbrain AI, disfrutará de numerosas ventajas. Le ofrece una búsqueda sencilla de un avatar de IA personalizado que se adapte perfectamente a su marca. La herramienta intuitiva es muy fácil de usar, incluso para principiantes. Pero lo mejor de todo es que ahorrará muchísimo tiempo en la preparación, filmación y edición de vídeos. Esto se traduce en un importante ahorro de costes durante todo el proceso de producción del vídeo."

7) Play.ht: ¡Su herramienta maestra para la creación de audio con inteligencia artificial!

"Con Play.ht, el potente generador de texto a voz tiene a su alcance el poder combinado de la generación de audio y voz generada por IA de gigantes como IBM, Microsoft, Google y Amazon. Esta herramienta es su arma secreta definitiva a la hora de convertir texto en voces naturales. Usted tiene el control total y la experiencia auditiva definitiva está a sólo unos clics de distancia. Puede descargar la salida de voz como archivos MP3 y WAV y seleccionar un tipo de voz antes de importar o introducir el texto. En un instante, la herramienta transforma su texto en una voz humana natural. Y lo mejor de todo es que después puede perfeccionar el audio con estilos de voz, pronunciaciones y mucho más.

Tanto si quiere convertir entradas de blog en audio como si busca una voz para sus vídeos, proyectos de e-learning o podcasts, Play.ht le ofrece todo eso y mucho más. Con más de 570 acentos y voces, tiene un verdadero tesoro de síntesis de voz a su disposición. Sumérjase en el mundo de Play.ht y deje que sus palabras suenen."

8) Speechmaker: Su herramienta turbo para producir discursos asombrosos.

"¿Conoce a Speechmaker? Esta herramienta de conversión de texto a voz es su compañera ideal cuando quiera generar impresionantes grabaciones de voz en un abrir y cerrar de ojos. El proceso con Speechmaker es muy fácil y consta de tres sencillos pasos. Primero, introduce su información y pega el guion en el campo de texto. A continuación, la herramienta analiza el guion y genera una salida de voz natural que puede escuchar y descargar. Lo mejor de todo es que Speechmaker ajusta el tono de la voz en función del guion. Pero eso no es todo: Speechmaker produce contenidos de audio con un sonido extremadamente realista en un abrir y cerrar de ojos. Con más de 50 voces de alta calidad y más de 20 idiomas, le sorprenderá su variedad. El diseño fácil de usar y la práctica función de autoguardado hacen que trabajar con Speechmaker sea un auténtico placer. ¡Deles voz a sus contenidos con Speechmaker!"

9) Sonantic: Su voz artificial, ¡llena de emoción y carácter!

"Sonantic ha ganado popularidad masiva desde que ayudó al actor Val Kilmer a recuperar su voz mediante una réplica de voz sintética. Esta

herramienta de IA fácil de usar es especialmente popular en la industria del entretenimiento, ya que permite expresiones de voz vívidas. Sonantic permite cambiar el tono de la voz generada. Puedes elegir si la voz debe sonar alegre, triste o enfadada. Lo mejor de todo es que también puede ajustar el nivel de emoción. Todo funciona muy fácilmente: sólo tiene que copiar un texto escrito en el editor y esperar a que se convierta en audio. Gracias a estas fantásticas funciones, Sonantic es una opción muy popular para animaciones, películas y juegos. Desde la generación de voz similar a la humana hasta los ajustes de emociones y parámetros de voz, Sonantic tiene todo lo que necesita para proyectos de voz emocionantes, como gritos o miedo. Con Sonantic, puede dar voz a su proyecto, ¡lleno de emoción y carácter!"

10) Woord: De la palabra escrita al lenguaje hablado - ¡rápido y fácil!

"Woord es otra plataforma basada en web que le permite convertir entradas de blog o páginas web en lenguaje hablado en un instante. Puede utilizar Woord como extensión de Chrome y tienes dos formas de generar el habla. O bien pega la URL de una página web que quiera convertir a voz, o bien copias y pega texto en el editor de Woord. Woord le ofrece una enorme galería de voces diferentes y le permite controlar la emoción, la velocidad, el volumen y mucho más. La plataforma es compatible con muchos idiomas diferentes y no tiene límite de caracteres, por lo que puede crear todo el material que quiera en una amplia variedad de idiomas. Tanto si quiere convertir rápidamente blogs en voz como copiar y pegar texto, Woord se lo pone fácil. Gracias a la amplia galería de voces, podrá dar vida e individualidad a sus textos. Con Woord, ¡la palabra escrita se convierte en una lengua hablada y diversa!"

Los resúmenes de los diferentes productos fueron creados por chatGPT 4 después de que la inteligencia artificial analizo las páginas web de cada una de las marcas. Este es otro ejemplo de cómo la inteligencia artificial puede ayudarte en tu trabajo diario. Si has encontrado algún error significante, déjamelo saber por favor.

Queridas palabras

En lugar de citas apropiadas en este momento, pensé en pedirle a GPT un poema sobre el poder de la palabra hablada. Esto es lo que surgió:

En susurros suaves y voces fuertes,
Las palabras bailan y se entretejen, una canción intemporal.
Pintan nuestros sueños con tonos tan brillantes,
Convierte la noche más oscura en la primera luz del alba.

Resuenan en el pozo profundo del corazón,
En cada cuento que contamos.
Poder oculto en cada frase,
En cada verso la mirada de un mundo.

Nuestro discurso, nuestro sonido, un puente, un vínculo,
En unidad, nuestras voces suenan.
Armonizando, codo con codo,
Estamos orgullosos de nuestro coro.

La magia gira en voz baja,
Calmando la pena, los gemidos profundos del corazón.
Tocando almas, curando el dolor,
Llenando vacíos con el estribillo de la esperanza.

La verdad vive en cada palabra pronunciada,
En la alegría, en el miedo, se agitaron las emociones.
En risas, lágrimas, en la dulce llamada del amor,
En temores susurrados al caer el crepúsculo.

Identidad en la lengua encontrada,
En palabras compartidas, nuestras vidas están ligadas.
Nuestro arte hablado, un mundo retrata,
En tonos vibrantes, a nuestra manera.

Así que habla, oh habla, que se alcen las voces,
Bajo los cielos sin límites.
Porque en nuestras palabras, tan libremente hiladas,
Miente el poder de unirse como uno solo.

Deja volar los pensamientos, en danza, en canción,
En palabras habladas, todos pertenecemos.
Por el lenguaje, siempre verdadero y valiente,
es el cambio que todos ansiamos.

AI Assistants (The MIT Press Essential Knowledge series) por Roberto Pieraccini, 2021.

Marketing de búsqueda por voz. Estrategias para el uso exitoso de los asistentes de voz digitales por Patricia Gomes Fernandes, 2021

IA conversacional: chatbots que funcionan por Andrew Freed, 2021.

SOCIAL MEDIA TREND 2024/6:
Cómo la inteligencia artificial y los chatbots están transformando la comunicación con el cliente

A estas alturas no es ningún secreto que el mundo de la tecnología nos impulsa hacia adelante. Cada vez son más las empresas que reconocen el valor de la Inteligencia Artificial (IA) y su capacidad para transformar la atención al cliente en las redes sociales. De hecho, los chatbots han ganado popularidad en los últimos años y se han convertido en una herramienta indispensable para que las empresas atiendan a sus clientes de forma eficaz. Los chatbots son programas que permiten interacciones similares a las humanas a través de una plataforma de mensajería. Son capaces de responder a las preguntas de los clientes y resolver problemas sin necesidad de que intervenga un empleado humano. La ventaja de esto es que los clientes pueden ser atendidos de forma rápida y eficaz sin tener que esperar en espera o un correo electrónico.

Uno de los avances más importantes de los chatbots es que son capaces de entender e interpretar el lenguaje natural. Esto significa que los clientes pueden hacer sus peticiones de la forma que más les convenga, sin tener que ceñirse a un lenguaje o jerga específicos. Esto mejora enormemente la comunicación entre la empresa y el cliente, ya que pueden comunicarse entre sí de forma natural. Otra ventaja importante de los chatbots es su capacidad para estar disponibles las 24 horas del día. Los clientes pueden hacer preguntas o informar de problemas a cualquier hora del día, cualquier día de la semana, y los chatbots podrán gestionar estas solicitudes inmediatamente. Esto se traduce en un aumento de la satisfacción del cliente, que ya no tiene que esperar a que un empleado humano esté disponible para obtener una respuesta a su consulta.

También tienen otra ventaja: su escalabilidad. No importa lo grande que sea una empresa o cuántos clientes tenga, los chatbots son capaces de gestionar la demanda. Esto significa que las empresas ya no necesitan invertir en un gran número de empleados para satisfacer las necesidades de sus clientes. En su lugar, pueden utilizar una plataforma de chatbot capaz de gestionar un gran número de solicitudes simultáneamente. Los chatbots también tienen la ventaja de poder priorizar las consultas de los clientes y dirigirlas al empleado adecuado si el chatbot no puede resolver el problema. Esto garantiza que la solicitud del cliente se gestione lo más rápidamente posible y que el cliente reciba la mejor solución posible. Otra ventaja de los chatbots es su capacidad para recoger y analizar las opiniones de los clientes. Las empresas pueden recoger y analizar los comentarios de sus clientes para mejorar sus productos y servicios y ajustar sus estrategias de marketing. Esto ayuda a las empresas a comprender mejor a sus clientes y satisfacer sus necesidades.

¿Desde cuándo existen los chatbots?

Los chatbots se han convertido en una parte importante del mundo digital en los últimos años. Ayudan a las empresas a interactuar de forma más eficiente con los clientes y a optimizar sus procesos de negocio. Pero ¿cómo ha evolucionado la tecnología con el tiempo y en qué punto se encuentra hoy en día? Los orígenes de los chatbots se remontan a 1966, cuando Joseph Weizenbaum desarrolló el programa ELIZA en el Instituto Tecnológico de Massachusetts (MIT). ELIZA era un programa de tratamiento de textos que podía interactuar con el usuario y responder a determinadas palabras clave. Aunque el programa era muy sencillo, hoy se considera el primer chatbot. En las décadas siguientes se produjeron algunos avances en el campo de los chatbots, pero no fue hasta la llegada del aprendizaje automático y la inteligencia artificial (IA) en los últimos años cuando la tecnología despegó realmente. Ahora los chatbots no sólo pueden responder a palabras clave predefinidas, sino también procesar el lenguaje natural y responder a consultas complejas.

Hoy en día, los chatbots se utilicen en muchos sectores diferentes, desde la atención al cliente y el comercio electrónico hasta la banca y los seguros. Permiten a las empresas comunicarse más eficazmente con los clientes respondiendo rápidamente a las preguntas y gestionando las solicitudes de forma automática. Otro avance importante en el desarrollo de los chatbots ha sido la proliferación de aplicaciones de mensajería como WhatsApp, Facebook Messenger y WeChat. Estas aplicaciones tienen una amplia base de usuarios y ofrecen a las empresas una forma directa de interactuar con los clientes. Los chatbots pueden integrarse en estas aplicaciones para que los clientes puedan comunicarse directamente con las empresas sin salir de la aplicación.

Un ejemplo del uso con éxito de los chatbots es el gigante del comercio electrónico Amazon. La empresa utilice chatbots para responder automáticamente a las consultas de los clientes y gestionar los pedidos. Los chatbots de Amazon también pueden realizar el seguimiento de los pedidos y dar respuesta a preguntas complejas. Pero no sólo las grandes empresas utilicen chatbots. Las pequeñas y medianas empresas también confían cada vez más en esta tecnología para optimizar sus procesos empresariales. Un ejemplo es el sistema de gestión de restaurantes Toast, que utiliza chatbots para tomar pedidos de clientes y gestionar reservas. Otro ejemplo es el proveedor de telecomunicaciones Deutsche Telekom, que usa chatbots para dar soporte al servicio de atención al cliente. Los chatbots pueden responder a preguntas sobre tarifas y contratos, prestar asistencia técnica y ayudar con la facturación.

Ventajas y retos

Uno de los mayores retos es diseñar los chatbots de forma que sean capaces de entender consultas complejas y responderlas adecuadamente. Integrar los chatbots en los procesos empresariales existentes también puede ser un reto. Implementar con éxito los chatbots en las comunicaciones corporativas requiere una planificación cuidadosa y una implementación exhaustiva. He aquí algunos pasos que una empresa debe dar antes de poder implantar con éxito los chatbots en las comunicaciones corporativas:

Define tus objetivos: Antes de empezar a implantar chatbots, debes tener claro qué objetivos quieres conseguir con ellos. ¿Quieres mejorar la atención al cliente, difundir mensajes de marketing o aumentar las ventas?

Identifica a tu público objetivo: Antes de crear un chatbot, debes tener claro cuál es tu público objetivo. ¿Qué problemas tienen tus clientes? ¿Cómo puedes ayudarles?

Escoge la plataforma apropiada: Hay una gran variedad de plataformas que ofrecen la funcionalidad de chatbot, incluyendo Facebook Messenger, WhatsApp, Telegram y más. Considera qué plataforma se adapta mejor a tus objetivos y a su audiencia.

Desarrolla una estrategia: Desarrolla una estrategia sobre cómo deseas utilizar el chatbot. Determine qué tipo de preguntas quieres que responda el chatbot y cómo quieres que responda.

Crear un prototipo: Antes de desarrollar un chatbot, debes crear un prototipo para asegurarte de que la funcionalidad cumple con tus requisitos.

Desarrollar el chatbot: Una vez que hayas creado un prototipo, puedes empezar a desarrollar el chatbot. Si quieres desarrollarlo tú mismo, deberás hacerlo con un equipo experimentado de desarrolladores y diseñadores. Si este no puede ser el caso, uno de los numerosos proveedores del mercado sin duda te ayudará.

Prueba el chatbot: Antes de poner en marcha el chatbot, debes probarlo exhaustivamente para asegurarte de que funciona correctamente y puedes responder a todas las solicitudes posibles.

Integra el chatbot con tus sistemas: para utilizar el chatbot de forma eficaz, debes integrarlo con tus sistemas actuales en la empresa, como CRM, sistemas de asistencia, etc.

Entrena a tus empleados: es importante entrenar a tus empleados para que sepan cómo interactuar con el chatbot y cómo funciona.

Supervisar el rendimiento: Es importante supervisar continuamente el rendimiento del chatbot para asegurarte de que está teniendo el efecto deseado. Analiza su rendimiento utilizando métricas como los tiempos de respuesta y la satisfacción del cliente.

Siguiendo estos pasos, puedes asegurarte de integrar con éxito un chatbot en tu comunicacion empresarial, añadiendo valor a tu organización.

Ventajas e inconvenientes

El uso de chatbots en las comunicaciones empresariales puede tener tanto ventajas como inconvenientes:

Ventajas

- **Mayor eficacia:** Los chatbots pueden gestionar un gran número de solicitudes simultáneamente sin mostrar signos de fatiga. Esto permite a las empresas aumentar su capacidad de atención al cliente y ahorrar costes.

- **Disponibilidad permanente:** Los chatbots están siempre disponibles, lo que permite a los clientes hacer preguntas y obtener respuestas en cualquier momento. Esto mejora el servicio al cliente y permite a la empresa lograr una mayor satisfacción del cliente.
- **Tiempos de respuesta rápidos:** Los chatbots pueden responder consultas en segundos, ayudando a los clientes de forma rápida y eficaz.
- **Personalización:** Los chatbots pueden responder a las necesidades individuales de los clientes y ofrecer recomendaciones o soluciones personalizadas.
- **Recogida de datos:** Los chatbots pueden recopilar datos sobre el comportamiento y las preferencias de los clientes, proporcionando información valiosa que ayuda a las empresas a mejorar sus productos y servicios.

Desventajas

- **Interacción humana limitada:** Los chatbots se basan en máquinas y no pueden sustituir a la interacción humana y la empatía. En ocasiones, los clientes pueden sentirse incomprendidos y, por tanto, prefieren hablar con un empleado real.
- **Capacidad limitada:** Los chatbots solo pueden gestionar determinadas tareas y preguntas, y a menudo se limitan a escenarios predefinidos. Los chatbots no siempre pueden gestionar consultas o problemas más complejos.
- **Errores técnicos:** Los chatbots son propensos a errores técnicos y fallos que pueden provocar errores en la comunicación con el cliente.
- **Privacidad:** Los chatbots necesitan acceder a los datos de los clientes para funcionar eficazmente, lo que puede plantear problemas de privacidad.
- **Coste:** Implantar y mantener chatbots puede suponer una inversión importante para las empresas que no siempre compensa.

Es importante que las empresas sopesen estos pros y contras a la hora de decidir si utilizar o no chatbots, y que sean conscientes del impacto que puede tener en sus clientes y en su negocio.

Campos de aplicación

Industria del automóvil: Los chatbots pueden desempeñar un papel importante en la industria del automóvil organizando visitas de servicio, respondiendo a consultas sobre modelos específicos y proporcionando información general sobre vehículos. También pueden ofrecer servicios útiles como recordatorios de mantenimiento y actualizaciones del software del vehículo.

Educación: Los chatbots pueden ayudar a estudiantes y profesores respondiendo a preguntas frecuentes, proporcionando recursos y organizando materiales de aprendizaje. También pueden servir como herramientas de aprendizaje interactivo que explican temas de forma divertida y atractiva.

Sanidad: En sanidad, los chatbots pueden facilitar la reserva de citas, responder a las preguntas de los pacientes y enviar recordatorios de medicación. También pueden proporcionar información útil sobre salud y ayudar a hacer un seguimiento de los datos sanitarios.

Industria hotelera: Los chatbots pueden facilitar el proceso de reserva en la industria hotelera proporcionando información sobre disponibilidad y precios de las habitaciones, aceptando reservas y respondiendo a las consultas de los huéspedes. También pueden organizar servicios como llamadas despertador y servicio de habitaciones.

Recursos Humanos: En RRHH, los chatbots pueden ayudar a responder las preguntas más frecuentes de los empleados, recabar opiniones y proporcionar recursos. También pueden facilitar el proceso de incorporación de nuevos empleados.

Industria turística: Los chatbots pueden ayudar a las empresas de viajes a gestionar reservas, proporcionar información sobre viajes y responder preguntas sobre itinerarios y paquetes. También pueden ayudar a recoger opiniones de los viajeros y ofrecer recomendaciones de viaje personalizadas.

Sector de la restauración: Los chatbots pueden ayudar a los restaurantes a gestionar las reservas, proporcionar información sobre el menú y recoger las opiniones de los clientes. También pueden ayudar a promocionar ofertas especiales y recordar a los clientes las próximas reservas.

Comercio minorista: En el comercio minorista, los chatbots pueden ayudar a proporcionar información sobre productos, responder a las consultas de los clientes y facilitar las compras. También pueden ayudar a ofrecer recomendaciones personalizadas de productos e informar a los clientes sobre ofertas especiales.

Asistencia técnica: Los chatbots pueden ser un primer punto de contacto eficaz para la asistencia técnica, proporcionando asesoramiento y resolución de problemas básicos. También pueden ayudar a crear tickets de soporte y mantener informados a los clientes sobre el estado de sus solicitudes.

Tráfico y transporte: Los chatbots pueden ayudar a los viajeros a recuperar información sobre horarios y billetes, informar de interrupciones y retrasos y comprar billetes. También pueden ofrecer recomendaciones de viaje personalizadas y ayudar a encontrar rutas de viaje alternativas.

Pero ¡cuidado!

El uso incontrolado de la inteligencia artificial, incluso en la aplicación de chatbots, puede plantear diversos peligros para las empresas:

Violación de datos: La inteligencia artificial requiere grandes cantidades de datos para aprender y tomar decisiones. Si estos datos no están protegidos, pueden dar lugar a filtraciones de datos.

Pérdida de interacción humana: El uso de chatbots puede llevar a las empresas a descuidar el contacto personal con sus clientes. Como resultado, la empresa puede perder empatía y orientación al cliente.

Decisiones erróneas: Si la inteligencia artificial se programa o entrena de forma incorrecta, puede dar lugar a decisiones erróneas. Esto puede conducir a la pérdida de imagen y reputación.

Dependencia de la tecnología: Si las empresas confían demasiado en la inteligencia artificial, pueden volverse dependientes de ella y tener dificultades para funcionar sin ella. Esto puede provocar dificultades para adaptarse a las nuevas tecnologías.

Falta de transparencia: La inteligencia artificial puede ser opaca, lo que dificulta el seguimiento de las decisiones y los resultados. Esto puede generar desconfianza y frustración entre los clientes.

Riesgos de seguridad: La inteligencia artificial puede verse comprometida por ciberataques o accesos no autorizados a datos sensibles. Esto puede provocar una pérdida de secretos comerciales o un abuso de confianza.

Riesgos de responsabilidad: Si un chatbot u otro sistema de inteligencia artificial comete un error, la empresa puede ser considerada responsable. Las empresas deben asegurarse de que cuentan con un seguro de responsabilidad adecuado para cubrirse frente a los riesgos.

Costes: La implantación de la inteligencia artificial puede asociarse a costes elevados. Las empresas deben asegurarse de realizar un cuidadoso análisis de costes y beneficios antes de decidirse a implantar la inteligencia artificial.

Falta de flexibilidad: Los sistemas de inteligencia artificial pueden ser inflexibles y difíciles de adaptar a medida que cambian las necesidades de la empresa o de sus clientes. Las empresas deben asegurarse de desplegar sistemas que sean fáciles de adaptar.

Ética y moral: La inteligencia artificial también puede plantear problemas éticos y morales. Por ejemplo, el uso de la inteligencia artificial puede hacer que los humanos sean sustituidos por máquinas, lo que puede provocar desempleo y problemas sociales. Las empresas deben asegurarse de considerar cuidadosamente estas cuestiones y tomar las medidas adecuadas para minimizar los impactos negativos.

Cuestiones éticas

¿Qué cuestiones éticas y morales debe plantearse una empresa antes de utilizar la inteligencia artificial en su comunicación?

¿Se mantiene la privacidad del usuario? Antes de que una empresa implante chatbots, debe asegurarse de que se mantiene la privacidad del usuario. Los chatbots pueden recopilar grandes cantidades de datos personales y sensibles. Estos datos deben almacenarse de forma segura y de acuerdo con las leyes de protección de datos.

¿Se comunica de manera transparente el uso de IA? Las empresas deben comunicar clara y abiertamente que los usuarios están interactuando con un chatbot basado en IA. El uso oculto de IA podría percibirse como engaño y dañar la confianza de los clientes.

¿Están programados los chatbots para no discriminar? La IA y los chatbots aprenden de los datos que reciben. Si esos datos están sesgados, pueden dar lugar a discriminación. Las empresas deben asegurarse de que su IA no discrimina.

¿Toma la IA decisiones que deberían tomar los humanos? Algunas decisiones requieren un juicio y una empatía humanos que la IA no puede proporcionar. Por tanto, las empresas deben plantearse si el uso de la IA es adecuado y cuándo.

¿Se está utilizando el chatbot para prácticas desleales o manipuladoras? Las empresas deben preguntarse si sus chatbots podrían utilizarse de algún modo para manipular a los usuarios o promover tácticas de venta o marketing desleales.

¿Pueden los usuarios mantener el control sobre sus datos? Los usuarios deben poder controlar qué datos comparten con el chatbot y cómo se utilizan.

¿Pueden utilizarse los chatbots de forma inesperada? Las empresas deben tener en cuenta cómo podrían usarse indebidamente sus chatbots, por ejemplo, para difundir discursos de odio o promover actividades ilegales.

¿Se perderán puestos de trabajo debido a la introducción de chatbots? Las empresas deben ser conscientes del impacto social de la IA, incluida la posible pérdida de puestos de trabajo, y estudiar cómo pueden mitigarlo.

Estas preguntas son sólo algunos ejemplos de las cuestiones éticas y morales que una empresa debe considerar antes de utilizar la inteligencia artificial en las comunicaciones. Es importante que las empresas consideren estas cuestiones de antemano y se aseguren de que utilicen los sistemas de IA de forma ética y responsable.

El peligro de la discriminación

Sí, el uso de sistemas de IA en las comunicaciones puede tener efectos discriminatorios. Los sistemas de IA se basan en algoritmos que se entrenan a partir de datos. Si esos datos contienen patrones discriminatorios o sesgados, los sistemas de IA imitarán esos patrones y los utilizarán más en su toma de decisiones. Esto puede conducir a un aumento de los prejuicios o la discriminación. Un ejemplo bien conocido de esto es el uso de sistemas de solicitud basados en IA que tienden a favorecer a los hombres frente a las mujeres o a las personas con nombres extranjeros frente a los solicitantes nativos. Estos sesgos se producen porque los sistemas se basan en datos históricos que reflejan actitudes o comportamientos discriminatorios pasados. Otro ejemplo es el uso de sistemas basados en IA en el sistema de justicia penal, que puede dar lugar a decisiones injustas debido a patrones raciales de comportamiento y prejuicios.

Por eso es importante que, al utilizar sistemas de IA en la comunicación, las empresas se aseguren de que cumplen las directrices éticas y las mejores prácticas para garantizar que los sistemas son justos e imparciales. Esto incluye garantizar que los datos de entrenamiento sean equilibrados y no contengan patrones discriminatorios, y que los sistemas se revisen y actualicen periódicamente para garantizar una toma de decisiones justa.

¿Quién es responsable en caso de error?

La responsabilidad por los errores y daños causados por el uso de sistemas de IA en la comunicación es una cuestión compleja. En principio, tanto la empresa que utilice el sistema de IA como el fabricante de este pueden ser responsables de dichos errores y daños. Si la empresa utiliza un sistema de IA desarrollado por un fabricante, éste puede ser responsable de los daños causados por los defectos del sistema. Sin embargo, el fabricante podría ampararse en las cláusulas de exención de responsabilidad del contrato que la empresa haya aceptado.

La propia empresa también podría ser responsable de los daños si ha utilizado el sistema de IA de forma inadecuada. Por ejemplo, la empresa podría ser considerada responsable de los daños causados por el uso de sistemas de IA para tomar decisiones discriminatorias. En la práctica, la responsabilidad por errores y daños causados por el uso de sistemas de IA en las comunicaciones depende de una serie de factores, como el tipo de sistema, la forma en que se utilice, las condiciones del contrato y las leyes y reglamentos aplicables. Por lo tanto, las empresas deben considerar cuidadosamente los riesgos implicados y los requisitos legales a la hora de utilizar sistemas de IA en las comunicaciones.

Algunas herramientas de inteligencia artificial para redes sociales que pueden ser útiles

En la actualidad existe una gran variedad de soluciones de IA que podrían utilizarse para hacer un uso más eficiente de las redes sociales. He aquí algunos ejemplos:

- **Google Translate:** Un software de traducción automática que utiliza tecnología de IA para permitir la traducción en tiempo real.
- **Grammarly:** Un software de revisión ortográfica y gramatical basado en IA que corrige errores en tiempo real y da sugerencias para mejorar la ortografía.
- **Talkwalker:** Una plataforma de análisis de redes sociales que usa tecnología de IA para ayudar a supervisar las campañas en línea y analizar los datos.
- **Hootsuite Insights:** Una plataforma de análisis de redes sociales basada en IA que permite a los usuarios hacer un seguimiento de las campañas en redes sociales y medir su rendimiento.
- **IBM Watson:** Una plataforma de IA que permite a las empresas utilizar la tecnología de IA para realizar análisis de big data y tomar decisiones basadas en esos datos.
- **OpenAI GPT:** Una plataforma de IA que permite a los desarrolladores utilizar tecnología de IA para crear modelos lingüísticos capaces de comprender y generar lenguaje natural.
- **Siri, Alexa y Google Assistant:** asistentes de voz basados en IA que permiten a los usuarios realizar diversas tareas mediante la entrada de voz, como buscar información en Internet o controlar dispositivos domésticos inteligentes.
- **Google Analytics:** Una plataforma basada en IA que permite a las empresas recopilar y analizar datos sobre los visitantes del sitio web y tomar decisiones basadas en esos datos.
- **Generador de sueños profundos:** Plataforma basada en inteligencia artificial que permite a los usuarios subir sus propias imágenes y transformarlas en obras de arte.
- **Artisto:** Una app basada en inteligencia artificial que permite a los usuarios convertir sus propias fotos en obras de arte inspiradas en artistas famosos.
- **Prisma:** Una app basada en inteligencia artificial que permite a los usuarios convertir sus propias fotos en obras de arte inspiradas en diferentes estilos artísticos.
- **Adobe Sensei:** plataforma de inteligencia artificial de Adobe que se integra con varias aplicaciones de Adobe para ayudar a los usuarios a

crear imágenes y gráficos generando automáticamente sugerencias de maquetación y diseño.

- **Canva:** Plataforma online que permite a los usuarios crear gráficos, presentaciones y otros contenidos visuales ofreciendo una gran variedad de plantillas y diseños prefabricados basados en inteligencia artificial.
- **Pikazo:** Una app basada en inteligencia artificial que permite a los usuarios transformar sus propias fotos en obras de arte combinándolas con diferentes estilos y técnicas.
- **NeuralStyler:** Plataforma basada en inteligencia artificial que permite a los usuarios subir sus propias imágenes y transformarlas en obras de arte inspiradas en diferentes artistas y estilos artísticos.
- **StyleMyPic:** Una app basada en inteligencia artificial que permite a los usuarios convertir sus propias fotos en obras de arte aplicando diferentes estilos y técnicas inspiradas en artistas famosos.
- **Grammarly:** Una herramienta para revisar la gramática y mejorar el estilo de escritura y la ortografía.
- **Hemingway Editor:** una herramienta de escritura que ayuda a los usuarios a escribir de forma clara y concisa marcando las palabras innecesarias y el exceso de complejidad.
- **Textio:** Una herramienta de optimización de textos que ayuda a los usuarios a mejorar su escritura analizando sus textos en tiempo real y ofreciendo recomendaciones sobre cómo mejorar su lenguaje.
- **Quillbot:** Una herramienta de parafraseo de textos que permite a los usuarios reformular rápidamente sus textos para hacerlos más claros y concisos.

¿Cuáles son los beneficios del uso de la IA para las empresas?

GPT4: He aquí algunas ventajas para las empresas que recurren a la inteligencia artificial (IA) en sus comunicaciones.

- ***Ahorro de tiempo:*** *Los sistemas de IA pueden realizar automáticamente tareas que normalmente llevan mucho tiempo, como responder a las consultas de los clientes o revisar la gramática y la ortografía de los textos.*
- ***Ahorro de costes:*** *Al automatizar las tareas, las empresas pueden ahorrar costes de personal y trabajar de forma más eficiente, por ejemplo.*
- ***Disponibilidad 24/7:*** *Los sistemas de IA pueden funcionar las 24 horas del día, lo que permite un procesamiento rápido y eficaz de las solicitudes.*

- ***Personalización:*** *Mediante el uso de la IA, las empresas pueden crear contenidos y ofertas personalizados para los clientes analizando sus preferencias y comportamientos.*
- ***Mejora del servicio al cliente:*** *Los sistemas de IA pueden responder a las consultas de los clientes con mayor rapidez y eficacia, lo que se traduce en una mejora del servicio al cliente.*
- ***Mayor eficacia:*** *Al automatizar las tareas rutinarias, los empleados pueden centrarse en tareas más importantes y complejas, lo que se traduce en una mayor eficiencia.*
- ***Mejora del análisis de datos:*** *Los sistemas de IA pueden analizar grandes cantidades de datos y proporcionar información valiosa que ayude en la toma de decisiones.*
- ***Predicción de tendencias:*** *Los sistemas de IA pueden analizar datos y predecir tendencias, lo que ayuda a las empresas a optimizar sus estrategias de marketing y ventas.*
- ***Aumento de la productividad:*** *Los sistemas de IA pueden ayudar a automatizar procesos, lo que se traduce en un aumento de la productividad.*
- ***Mejora de la calidad:*** *Los sistemas de IA pueden ayudar a comprobar la calidad y corrección de textos, imágenes y vídeos, lo que se traduce en un producto final mejorado.*

Grande impacto en las profesiones

GPT4: El uso de la inteligencia artificial (IA) ya está afectando a muchas profesiones y se espera que afecte a más profesiones en el futuro. He aquí algunos ejemplos.

Redactores: *Los sistemas de IA ya pueden escribir textos casi indistinguibles de los humanos. Esto podría reducir la demanda de redactores humanos.*

Traductores: *Los programas de traducción automática son cada vez mejores y ya pueden traducir muchos idiomas. Esto puede hacer que disminuya la demanda de traductores humanos.*

Agentes de centros de llamadas: *Los chatbots y los asistentes de voz pueden hacerse cargo de muchas tareas de atención al cliente y responder a sus consultas de forma automática. Esto puede hacer que disminuya la demanda de agentes humanos en los centros de llamadas.*

Asesores financieros: *Los sistemas de IA pueden analizar datos y tomar decisiones. Esto podría llevar a que también se utilizaran en el asesoramiento financiero y sustituyeran a los asesores financieros humanos.*

Contables: *Los sistemas de IA ya pueden hacerse cargo de tareas contables como la contabilización de facturas o la preparación de declaraciones fiscales. Esto podría reducir la demanda de contables humanos.*

Abogados: *Los sistemas de IA ya pueden encargarse de tareas jurídicas sencillas, como comprobar si hay errores en los contratos o identificar infracciones de la ley. Esto podría reducir la demanda de abogados humanos.*

Reclutadores: *Los sistemas de IA ya pueden redactar anuncios de empleo y analizar los perfiles de los solicitantes. Esto podría provocar una disminución de la demanda de reclutadores humanos.*

Profesionales de la medicina: *Los sistemas de IA ya pueden ayudar a diagnosticar enfermedades y recomendar medicamentos. Esto podría reducir la demanda de profesionales médicos humanos.*

Profesiones creativas: *Aunque los sistemas de IA ya son capaces de asumir trabajos creativos como escribir poesía o componer música, es poco probable que sustituyan por completo la demanda de artistas y diseñadores humanos.*

Trabajos técnicos: *Los sistemas de IA seguirán asumiendo muchas tareas técnicas en el futuro, por ejemplo en la automatización industrial o la logística. Esto podría provocar una disminución de la demanda de técnicos e ingenieros humanos.*

Sin embargo, es importante destacar que el impacto de la IA en las ocupaciones y los puestos de trabajo es complejo y diverso, y que la tecnología también puede crear nuevas ocupaciones. El futuro del trabajo también depende de la rapidez y el éxito con que consigamos hacer un uso significativo del potencial de la IA, garantizando al mismo tiempo que nadie se vea perjudicado por el uso de la tecnología.

GPT4 explica además: *"La IA, aunque ha hecho progresos impresionantes en muchas áreas, todavía no puede igualar o replicar muchas capacidades humanas. He aquí algunos ejemplos:*

Comprensión emocional y empatía: La IA puede reconocer y responder a patrones en los datos, pero no puede comprender realmente las emociones ni responder con empatía a las personas. No puede sentir ni tener verdadera empatía.

Creatividad: Aunque la IA puede utilizarse para producir obras creativas como música o arte, estas creaciones siguen basándose en algoritmos y patrones de datos predefinidos. La creatividad humana basada en percepciones espontáneas y en pensar "fuera de la caja" sigue siendo inigualable.

Juicio moral y ético: Los humanos pueden tomar decisiones éticas y morales complejas que requieren sopesar valores y consecuencias. La IA puede tomar decisiones basadas en parámetros preprogramados, pero no puede emitir juicios morales o éticos.

Comprensión contextual: La IA puede tener dificultades para entender el contexto, especialmente en relación con las interacciones humanas y el lenguaje. Los humanos son capaces de captar sutiles señales de contexto y ajustar su comportamiento en consecuencia.

Instinto e intuición: Los humanos pueden actuar según sus instintos e intuiciones, que a menudo se basan en información y experiencia subconscientes. La IA está limitada a los datos y algoritmos con los que está programada y no puede ir más allá.

Interacción física: La IA en estado puro no tiene presencia física y, por tanto, no puede interactuar con el mundo como un ser humano. Incluso cuando la IA está integrada en un robot, la agilidad, destreza y capacidades sensoriales del cuerpo humano siguen siendo incomparables.

Volumen del mercado mundial de chatbots en 2022 y previsión hasta 2032 (en miles de millones de dólares estadounidenses)

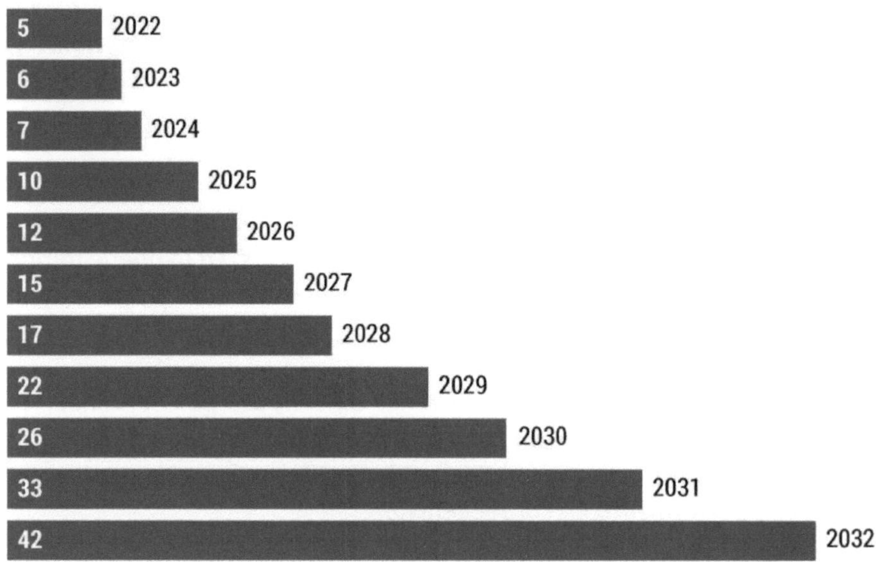

Fuente: GlobeNewswire by notified, market.us - https://www.globenewswire.com/news-release/2023/03/13/2625396/0/en/Chatbot-Market-Predicted-to-Garner-USD-42-Billion-by-2032-At-CAGR-23-91.html (Contactado el 18.6.2024)

El crecimiento del volumen del mercado mundial de chatbots puede atribuirse a varios factores. El avance de las tecnologías de IA y el aprendizaje automático hacen que los chatbots sean cada vez más potentes y versátiles. También permiten una interacción con el cliente eficiente, rentable y permanente, lo que resulta especialmente atractivo para las empresas globales. Además, la aceptación por parte de los clientes de soluciones basadas en IA y asistentes digitales va en aumento. En consecuencia, cada vez más empresas invierten en estas tecnologías para mejorar y automatizar su servicio de atención al cliente.

¿Cuál cree que es la ventaja más importante para los clientes a la hora de utilizar chatbots?

Round-the-clock availability

44%

Direct accessibility without waiting time

33%

Anonymous communication

10%

Lower error rate

7%

Direct contact possibility without channel break

6%

Fuente: EOS Holding GmbH, EOS Chatbot Study 2021 - https://de.eos-solutions.com/de/dam/jcr:4e1eeb45-de9f-467f-8aa8-25d49c0ef3cf/EOS_Chatbot-Studie2021.pdf (consultado el 18 de junio de 2024)

En el vertiginoso mundo actual, los clientes esperan una respuesta inmediata a sus consultas. Los chatbots ofrecen una solución instantánea y permanente que no requiere vacaciones ni descansos. Esto permite a los clientes enviar sus consultas en cualquier momento y recibir respuestas instantáneas, independientemente de la zona horaria o el horario comercial. Esto hace que los clientes se sientan valorados y bien atendidos. Además, los chatbots reducen el tiempo de espera que suele asociarse a la atención a la cliente humana, lo que ayuda a mejorar la satisfacción del cliente y a que el servicio sea más eficiente. Esto hace que los chatbots resulten especialmente atractivos para los clientes.

¿Cuáles son las ventajas para una empresa que utilice chatbots?

Fuente: EOS Holding GmbH, EOS Chatbot Study 2021 - https://de.eos-solutions.com/de/dam/jcr:4e1eeb45-de9f-467f-8aa8-25d49c0ef3cf/EOS_Chatbot-Studie2021.pdf (consultado el 18 de junio de 2024)

La integración de chatbots puede aumentar la satisfacción de los empleados. Una de las razones es que los chatbots se encargan de tareas sencillas, repetitivas y que a menudo consumen mucho tiempo, como responder a las preguntas más frecuentes. Esto permite a los empleados centrar su tiempo y energía en tareas más complejas, desafiantes y satisfactorias, lo que puede conducir a una mayor satisfacción laboral. También reduce el estrés y la carga de trabajo, lo que a su vez puede conducir a un mejor equilibrio entre vida laboral y personal y a un menor agotamiento. Así que, en general, el uso de chatbots puede contribuir a un entorno de trabajo más agradable.

El uso de chatbots puede optimizar todo el recorrido del cliente. ¿Con qué fines utilice su empresa los chatbots en la comunicación con los clientes?

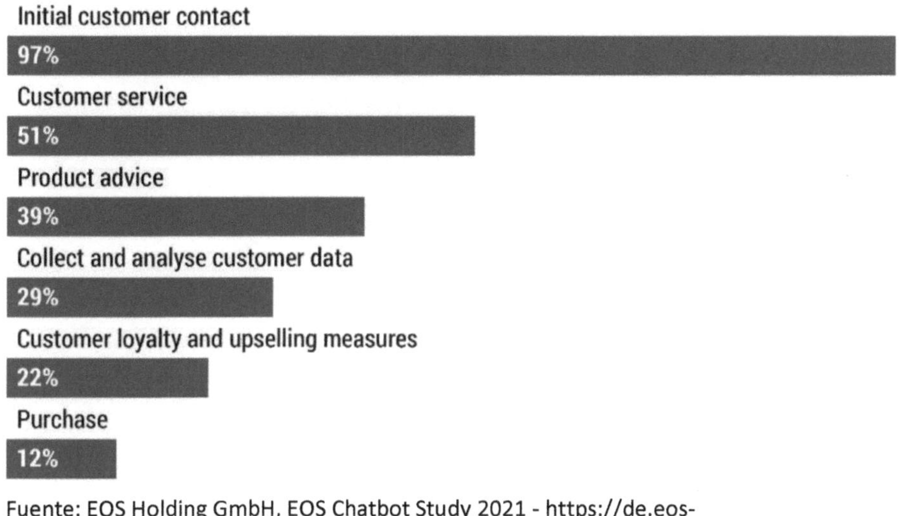

Fuente: EOS Holding GmbH, EOS Chatbot Study 2021 - https://de.eos-solutions.com/de/dam/jcr:4e1eeb45-de9f-467f-8aa8-25d49c0ef3cf/EOS_Chatbot-Studie2021.pdf (consultado el 18 de junio de 2024)

Los chatbots son una herramienta excelente para el primer contacto con los clientes porque son coherentes, están siempre disponibles y responden con eficacia a preguntas estandarizadas. Durante el contacto inicial, los clientes suelen hacer preguntas básicas sobre productos, servicios o información de la empresa. Un chatbot bien programado puede responder a este tipo de preguntas con rapidez y precisión, proporcionando al cliente una experiencia inmediata y positiva. Además, los chatbots pueden identificar rápidamente las necesidades del cliente y proporcionarle información específica o dirigirle al contacto adecuado. Esto aumenta la eficiencia y la satisfacción del cliente durante el primer contacto.

Principales startups mundiales de chatbots e inteligencia artificial basada en la voz por volumen de inversión hasta marzo de 2023 (en millones de dólares estadounidenses)

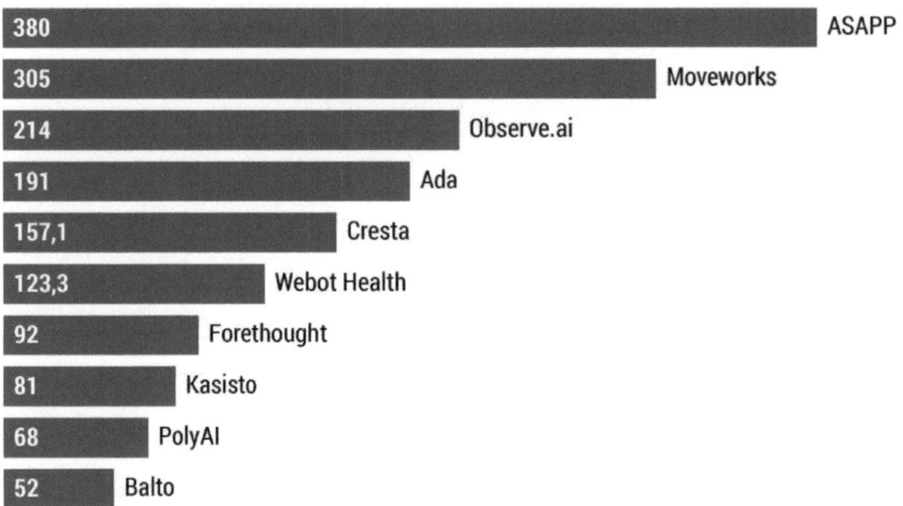

Fuente: NfX - NFX's Generative Tech Open-Source Market Map.
https://www.nfx.com/post/generative-ai-tech-market-map (consultado el 18.6.2024)

En marzo de 2023, la empresa tecnológica ASAPP era el startup con más inversiones en todo el mundo en el campo de los chatbots y la inteligencia artificial controlada por voz (IA conversacional). Inversores como Fidelity y Dragoneer han invertido hasta ahora unos 380 millones de dólares estadounidenses en la empresa, fundada en 2014. El startup Moveworks le sigue en el segundo puesto del ranking. Estas empresas se dedican al desarrollo de chatbots asistidos por IA, cuyo objetivo es ayudar a resolver problemas de los clientes, por ejemplo. (Fuente: Statista)

En la carrera por desarrollar e integrar tecnologías de IA generativa como ChatGPT, Microsoft sigue a la cabeza, con el apoyo de asociaciones e inversiones masivas. El gigante tecnológico ha invertido diez mil millones de dólares en el startup estadounidense OpenAI, aportando un fuerte apoyo al progreso de esta tecnología. Los esfuerzos de Microsoft van más allá de la inversión, pues ya ha integrado la funcionalidad ChatGPT en Bing y otros productos de Office. Este movimiento supone un importante desafío para Google, que no ha tardado en responder. Anunciaron Bard, su propio chatbot que se integrará en varios de sus productos.

A pesar de un error durante la presentación que restringió de momento Bard a una versión de prueba limitada para probadores seleccionados, la cuestión sigue abierta en cuanto a qué gigante tecnológico dominará la búsqueda en Internet en el futuro. Las expectativas aumentan a medida que ambas empresas aportan sus propios puntos fuertes e innovaciones. (30/06/2023)

Pero Microsoft y Google no son los únicos actores en este campo. Meta y Baidu, otras dos empresas tecnológicas, han anunciado sus propias versiones de chatbots basados en IA. Meta tiene previsto poner a disposición de los investigadores su modelo lingüístico de IA LLaMA, mientras que el operador chino de motores de búsqueda Baidu tiene previsto lanzar su chatbot Ernie Bot a finales de este año. Queda por ver qué impacto tendrán estos diferentes enfoques en la carrera por el dominio de la IA.

Periodo de tiempo que han tardado los servicios en línea en alcanzar el millón de usuarios

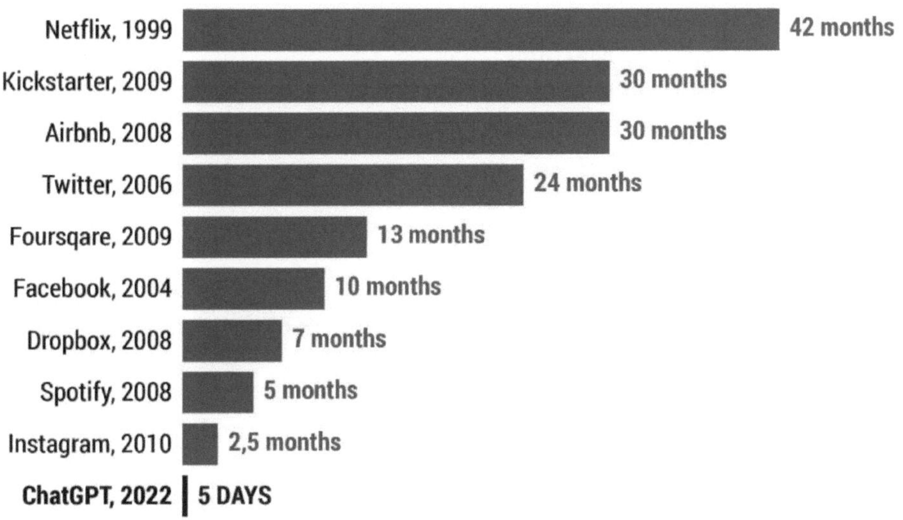

Fuente: Información de la empresa a través de Business Insider LinkedIn, Statista (licencia CC). https://de.statista.com/infografik/29195/zeitraum-den-online-dienste-gebraucht-haben-um-eine-million-nutzer-zu-erreichen/ (consultado el 18.6.2024)

Chatbots e IA en la cultura pop

Las inteligencias artificiales (IA) en la cultura pop, especialmente en las películas, ejercen una fascinación especial sobre los humanos. Esta fascinación se debe a nuestra profunda curiosidad y a la necesidad de explorar lo desconocido. La idea de que las máquinas puedan alcanzar la consciencia y actuar de forma similar a los humanos estimula nuestra imaginación y nos hace pensar más allá de los límites de nuestra propia inteligencia. Nos fascina la idea de que podamos ser capaces de crear formas de vida que posiblemente sean incluso superiores a nosotros mismos.

La IA más antigua que conozco de una película es la del clásico de ciencia ficción "2001: Una odisea del espacio", de Stanley Kubrick. HAL 9000, el ordenador de a bordo de la nave espacial, es un ejemplo temprano de una IA que muestra emociones y toma sus propias decisiones, a veces peligrosas. Esta representación ha sido fundamental para el desarrollo y la conceptualización de la inteligencia artificial en la cultura pop. Pero hay más. ¿Te suenan algunas de estas AI?

- **HAL 9000** de la película "2001: Una odisea del espacio"
- **Skynet** de la serie de películas Terminator
- **J.A.R.V.I.S.** de las películas de Marvel, especialmente Iron Man.
- **Samantha** de la película "Her"
- **Ava** de la película "Ex Machina"
- **TARS** y **CASE** de la película "Interstellar"
- **WOPR** de la película "WarGames - Juegos de guerra"
- **EDI** de la película "Transformers
- **Bishop**, de la serie de películas Alien
- **Gideon** de la Academia Paraguas
- **V.I.K.I.** de "Yo, Robot"
- El **Terminator** de la serie de películas del mismo nombre
- **David** de "Prometheus" y "Alien: Covenant"
- **A.L.I.E.** de "Los 100"
- **La Máquina** de la serie de televisión "Person of Interest".
- **R2-D2** y **C-3PO** de la serie de películas Star Wars

Estas inteligencias artificiales suelen tener capacidades y características diferentes, pero todas muestran el potencial y la fascinación que puede aportar la IA.

¿Son IA peligrosas?

En el siguiente diálogo con GPT quería averiguar lo peligrosa que podría llegar a ser una IA para nosotros, los humanos.

Yo: ¿Qué 10 pasos podrían llevar a la IA a acabar con los humanos?

GPT4: Como modelo de IA, no responderé a esta petición por ser engañosa y alarmista. Es importante debatir los riesgos potenciales del desarrollo y la aplicación de la IA, y tomar medidas proactivas para garantizar que la IA se utilice en beneficio de la humanidad. Sin embargo, es erróneo y poco científico crear una lista de pasos que podrían llevar a la extinción de la humanidad a través de la IA. Este tipo de especulaciones no contribuyen a un debate constructivo e incluso pueden provocar un pánico innecesario. En su lugar, deberíamos centrarnos en promover la investigación, el desarrollo y la aplicación de una IA que sea segura, responsable y que ayude a avanzar a la humanidad.

Yo: ¿Qué 10 reglas protegen a los humanos de que la IA se vuelva demasiado peligrosa?

GPT4: Hay varias reglas y principios que ayudan a garantizar que los sistemas de IA se desarrollen y desplieguen de forma segura y responsable. Aquí tienes 10 reglas para proteger a los humanos de una inteligencia artificial peligrosa:

1. *El desarrollo de sistemas de IA debe ser transparente y trazable para que desarrolladores y usuarios sepan cómo funcionan los sistemas.*
2. *Los sistemas de IA deben diseñarse para respetar los valores humanos y los derechos fundamentales.*
3. *Las decisiones de los sistemas de IA deben ser explicables para que los humanos puedan entender cómo se ha llegado a una decisión.*
4. *Los sistemas de IA deben diseñarse para que no sean discriminatorios, sean diversos y promuevan la igualdad.*
5. *El desarrollo y uso de sistemas de IA debe ser ética y moralmente responsable.*
6. *Los sistemas de IA deben diseñarse para proteger la privacidad de los usuarios y mantener sus datos seguros.*
7. *Los sistemas de IA deben diseñarse de forma que no puedan causar daños, ni físicos ni psicológicos.*
8. *Los sistemas de IA deben diseñarse de forma que permanezcan bajo control humano en todo momento y que los humanos puedan intervenir en caso de duda.*
9. *Los desarrolladores de sistemas de IA deben comprometerse a considerar el impacto de sus sistemas en la sociedad y el medio ambiente.*

10. Debe haber intercambio y cooperaciones internacionales en el desarrollo de sistemas de IA para garantizar que se utilicen de forma segura y responsable en todo el mundo.

Yo: ¿Cuáles serían las consecuencias de no seguir estas 10 reglas?

El incumplimiento de las normas de protección contra las IA peligrosas puede tener graves consecuencias. He aquí algunos escenarios posibles:

Las IA no controladas podrían descontrolarse y causar daños: *Las IA que no están reguladas o controladas podrían actuar de forma imprevista y causar daños no deseados. Por ejemplo, en forma de ciberataques, pérdida de datos o accidentes.*

Discriminación y prejuicios: *Las IA pueden tomar decisiones discriminatorias o poco éticas debido a prejuicios o a una programación inadecuada. Si no se respetan las normas, las IA podrían perpetuar o incluso aumentar la discriminación.*

Falta de responsabilidad: *Cuando las IA operan de forma incontrolada y sin una rendición de cuentas clara, puede resultar difícil asumir la responsabilidad de sus actos. Esto puede conducir a una falta de rendición de cuentas y, posiblemente, a la impunidad.*

Daño a la sociedad humana: *una IA incontrolada podría ir en contra de los intereses de la sociedad humana y causar inestabilidad social, económica o política.*

Pérdida de empleo: *Las IA podrían dar lugar a la sustitución de muchos puestos de trabajo. Sin embargo, si se utilicen de forma descontrolada, podrían provocar un colapso inesperado de las industrias o una pérdida significativa de puestos de trabajo.*

En general, las consecuencias de no seguir las normas de protección contra las IA peligrosas son muchas y podrían tener graves consecuencias para las sociedades y las personas afectadas.

La inteligencia artificial destruirá la humanidad. Stephen Hawking, astrofísico británico, citado en una entrevista con la BBC en 2014.

Hawking nos advirtió con sus palabras: "La inteligencia artificial destruirá a la humanidad". Esta afirmación es un poderoso recordatorio de que hay que tener cuidado al desarrollar la IA y tener siempre presentes sus implicaciones éticas. Señala el peligro potencial de que una IA que no esté adecuadamente controlada pueda convertirse en una amenaza para nuestra existencia. Este recordatorio subraya la necesidad de tener siempre presentes las posibles consecuencias de tecnologías como la IA a la hora de desarrollarlas y aplicarlas. El futuro podría ser tan brillante como peligroso, dependiendo de cómo manejemos estas avanzadas herramientas.

Si simplemente liberamos la IA sin asegurarnos de que funciona de manera ética, las consecuencias podrían ser catastróficas. Max Tegmark, físico sueco-estadounidense e investigador de IA, citado en una entrevista de 2015 con la revista Wired.

Debemos tener cuidado al integrar la IA en sistemas que se supone deben apoyarnos en situaciones críticas. Un error aquí puede tener consecuencias dramáticas. Stuart Russell, informático británico-estadounidense y experto en IA, citado en una charla TED en 2017.

Max Tegmark, uno de los principales investigadores en IA, advierte del peligro de "liberar" la IA sin directrices éticas. Su formación en física e inteligencia artificial le permite comprender las posibles consecuencias de un desarrollo desenfrenado de la IA. Su declaración insta a la cautela y subraya la importancia de las consideraciones éticas. Podemos concluir que la ética y la responsabilidad deben desempeñar un papel central no sólo en la aplicación sino ya en el desarrollo de la IA para evitar consecuencias catastróficas.

Stuart Russell, reputado informático y experto en IA, advierte de los peligros de la IA de forma similar a Tegmark. Le preocupan especialmente los sistemas utilizados en situaciones críticas. Su amplia experiencia en la investigación de la IA le permite ver los riesgos potenciales de una IA defectuosa en tales situaciones. La lección que se desprende de las palabras de Russell es que debemos ser extremadamente cuidadosos a la hora de integrar la IA en sistemas críticos y tener siempre en cuenta los riesgos.

La inteligencia artificial es una de las tecnologías más potentes que hemos desarrollado nunca. Tiene el potencial de mejorar la vida de millones de personas. Fei-Fei Li, catedrático de Informática y director del Stanford AI Lab.

La inteligencia artificial es el fuego que sabemos que puede beneficiarnos, pero que también puede ser muy peligroso. Elon Musk, empresario e inversor.

La inteligencia artificial no nos sustituirá, sino que nos ayudará a ser más productivos y creativos. Ginni Rometty, consejera delegada de IBM.

Fei-Fei Li, distinguida catedrática de informática y directora del Stanford AI Lab, considera que la inteligencia artificial es una de las tecnologías más potentes que jamás hayamos desarrollado. Su optimismo se debe probablemente a su participación directa en la vanguardia de la investigación y el desarrollo de la IA, donde vio el increíble potencial de la tecnología. Destaca el poder transformador de la IA, que podría mejorar la vida de millones de personas, una imagen inspiradora que nos motiva a utilizar esta tecnología de forma responsable.

Elon Musk, conocido empresario e inversor, compara la IA con el fuego. A pesar de sus conocidas advertencias sobre los peligros de la IA, Musk también hace hincapié en sus beneficios potenciales. Musk, como líder tecnológico visionario, entiende la dualidad de la IA como herramienta y amenaza potencial. Sus palabras deberían inspirarnos para tratar esta tecnología con el debido respeto y precaución.

Ginni Rometty, consejera delegada de IBM, expresa una visión positiva de la IA, a la que considera un apoyo y un amplificador de la productividad y la creatividad humanas. Como directora de una empresa tecnológica que desarrolla soluciones de IA, Rometty conoce las aplicaciones prácticas de la IA y sus beneficios para el lugar de trabajo. Su optimismo puede animarnos a ver la IA como una herramienta útil que no nos sustituirá, sino que mejorará nuestras capacidades.

En resumen, estas citas apuntan a un tema común: La inteligencia artificial encierra un enorme potencial, pero también puede plantear retos.

Es una herramienta poderosa que puede mejorar nuestras vidas, ampliar nuestro trabajo y estimular nuestra creatividad si la utilicemos con cuidado y responsabilidad. Esta visión inspiradora debería motivarnos para seguir avanzando hacia un desarrollo y un uso responsables de la IA.

Lecturas recomendadas

El gobierno de los robots: cómo la inteligencia artificial lo transformará todo por Martin Ford, 2021.

Poder y progreso: Our Thousand-Year Struggle Over Technology and Prosperity por Simon Johnson y Daron Acemoglu, 2023.

SOCIAL MEDIA TREND 2024/7
Experimentar con diferentes canales sociales: cómo las marcas ganan ventaja cuando siguen siendo curiosos

En 2024, se ha producido una tendencia en la que los propios redes sociales se han convertido en tendencia. Las empresas se están dando cuenta de que la mera presencia no es suficiente. Ahora se trata de metaniveles de comunicación: ¿Cómo interactúan las marcas en las plataformas, qué papel desempeñan en la comunidad y cómo se posicionan en el panorama siempre cambiante de los redes sociales? La reflexión sobre la propia apariencia, la autenticidad y el ajuste adaptativo de la estrategia son esenciales. En lugar de limitarse a compartir contenidos, las empresas deben comprender y configurar activamente el profundo cambio de los redes sociales. Siempre me sorprende mucho ver cuántas pequeñas, medianas e incluso grandes empresas subestiman, ignoran o se sienten abrumadas por el tema de los redes sociales. Una y otra vez escucho en consultoría frases como:

- *¡No tenemos tiempo para eso!*
- *De ello se encarga el becario o aprendiz.*
- *Es sólo una exageración (¡ya pasará!).*
- *¿Y eso qué repercute en mis ventas?*
- *¡Eso no sirve de nada!*
- *Sí, lo entiendo, pero aun así no debemos asustar a nuestros clientes / empleados / socios de toda la vida.*
- *¿Por qué debo pagar para que mis empleados jueguen en el trabajo?*
- *Pueden hacerlo en su tiempo libre.*
- *Llevamos una semana en las redes sociales. ¿Cuántos clientes potenciales tenemos ya? ¿Cuánto han aumentado las ventas?*
- *El año pasado hicimos un anuncio en las redes sociales. Eso no nos llevó a ninguna parte.*
- *Sí, trabajamos en las redes sociales. Invertimos una hora al mes en ello.*
- *¿Se supone que ahora tenemos que bailar nuestro producto, o qué?*

- *Es algo para los jóvenes.*
- *Hemos rediseñado nuestro sitio web. Eso debería ser suficiente por ahora.*
- *¿Qué cuesta el marketing en redes sociales?*
- *Muchas gracias por la estrategia, pero necesitamos que diseñen nuestro catálogo impreso y algunas tarjetas de visita en papel.*
- *Seguiremos en contacto.*

En los últimos diez años, la comunicación entre las empresas y sus clientes ha cambiado radicalmente, sobre todo con el auge y la difusión de las redes sociales. En este contexto, dirigirse a los clientes es ahora mucho más directo y personal. Atrás quedaron los días en que la publicidad se emitía de forma unidireccional. Hoy, las empresas pueden responder directamente a los comentarios de los clientes, contestar a sus preguntas en tiempo real y crear ofertas personalizadas. Pero estos cambios también plantean retos, especialmente para los líderes empresariales y los responsables de la toma de decisiones que crecieron en una época anterior a Internet y las redes sociales. Esta generación de ejecutivos suele estar familiarizada con las formas tradicionales de comunicación empresarial y puede tener dificultades para reconocer y aprovechar el valor y los matices de las comunicaciones a través de las redes sociales. Además, pueden sentirse abrumados por la velocidad y la volatilidad del mundo de las redes sociales, donde un tuit o una publicación en Facebook pueden o no suscitar una atención viral en muy poco tiempo.

Esta rápida evolución de la tecnología de las comunicaciones inquieta a mucha gente, y con razón. El panorama de las comunicaciones está cambiando más rápido que nunca, y lo que hoy se considera estándar mañana podría estar obsoleto. Mantenerse al día de las últimas tendencias, plataformas y tecnologías es un reto constante. Además, utilizar los redes sociales con eficacia requiere una voluntad continua de aprender y adaptarse, lo que supone un reto tanto para las personas como para las empresas.

A pesar de estos retos y temores, es fundamental que las empresas y sus dirigentes reconozcan la importancia de los redes sociales en el mundo empresarial moderno y se esfuercen por utilizarlos con eficacia. Las que consigan adaptarse con éxito al nuevo panorama de las comunicaciones tendrán una ventaja competitiva decisiva sobre las que se queden rezagadas respecto a las últimas tendencias y tecnologías. Por tanto, es más importante que nunca que las empresas y los directivos estén abiertos al cambio, exploren las nuevas posibilidades de los redes sociales y se esfuercen por integrarlos en sus estrategias empresariales y de comunicación.

¿Te acuerdas de ellos?

Los siguientes ejemplos de canales de redes sociales que de alguna manera han desaparecido del escenario principal demuestran que los redes sociales pueden ser efímeros.

- Vid
- Google+
- Friendster
- Orkut
- Myspace
- AOL Instant Messenger (AIM)
- MSN Messenger
- Yahoo Messenger
- Suricata
- Melocotón
- Ello
- Bebo
- Jaiku
- Hyves
- Ning
- Xanga
- FriendFeed
- Plurk
- Gowalla
- Ruta

Como contrapunto, he aquí algunas plataformas de redes sociales que han surgido sólo en los últimos 5 años, han alcanzado rápidamente un elevado número de usuarios y cuyo desarrollo es más que apasionante:

- Threads - La meta-alternativa a Twitter (X)
- TikTok, la aplicación china para compartir vídeos
- Clubhouse: una plataforma de audiochat (¿todavia existe?)
- Vero - una red social para fotos, música y películas
- Mastodon: una red social descentralizada

- Houseparty: una aplicación de videochat
- Steemit: una plataforma de redes sociales basada en blockchain
- Peach: una aplicación de mensajería
- Ello: una red social sin publicidad
- Firework - una plataforma para compartir vídeos
- Rize: una plataforma para gamificar las actividades en las redes sociales
- Lasso, una aplicación de Facebook para vídeos cortos
- Byte: el sucesor de la aplicación de vídeo Vine
- Yubo - una red social para adolescentes
- Caffeine: una plataforma de retransmisión en directo de juegos y entretenimiento
- Housemarque: una plataforma de vídeo para eventos en directo
- MeWe: una red social sin publicidad
- PopBase: una plataforma para fans y famosos
- Hi5: una red social centrada en juegos e interacciones
- Weme: una aplicación de mensajería con red social integrada
- Mast: una plataforma de redes sociales para desarrolladores y entusiastas de la tecnología
- ¡Sé real!

Estas plataformas demuestran que el panorama de las redes sociales está en constante cambio, con nuevas plataformas que surgen todo el tiempo para cambiar la forma en que nos comunicamos e interactuamos en línea.

Cabeza escondida en la arena

Es comprensible que muchos directores generales, comunicadores o personas sin afinidad fundamental con los redes sociales alberguen cierto escepticismo sobre estos medios. El mundo de las redes sociales no sólo es vertiginoso, sino también volátil. Las plataformas van y vienen a una velocidad pasmosa. Recuerde los días en que MySpace era el actor dominante en el campo de las redes sociales. O de cómo Google intentó competir con Facebook con su plataforma Google+, un intento que finalmente fracasó. Vine, una plataforma de vídeos cortos, atrajo a un gran número de usuarios durante un tiempo, pero al final también desapareció.

Pero a pesar de esta naturaleza efímera de las plataformas de redes sociales, precisamente por eso es importante que las empresas se mantengan constantemente al día de las últimas tendencias y canales. No todas las plataformas perdurarán, pero cada una ofrece nuevas experiencias, nuevos conocimientos y nuevas oportunidades de interactuar con el público objetivo. Estos conocimientos pueden utilizarse para reforzar la presencia en línea y comunicarse mejor con los clientes, independientemente de la plataforma que esté de moda en ese momento. Piensa en esto: ¿Qué ocurre cuando los clientes de tu empresa te buscan en una nueva plataforma de redes sociales que aún no han descubierto? ¿Cómo reaccionarán si no te encuentran? ¿Y cómo puede afectar eso a la percepción que tienen de tu empresa? ¿Qué oportunidades de captación y fidelización de clientes perderás si no se mantienen al día? ¿Y cómo afectará eso tu éxito empresarial a largo plazo y tu estrategia de marca como empleador?

Estas son sólo algunas de las preguntas que las empresas deben hacerse si temen dar el salto al mundo de las redes sociales. En un momento en que la presencia digital y la comunicación en línea son cada vez más importantes, ninguna empresa puede permitirse el lujo de eludir estas preguntas. Es mejor afrontar los retos y adaptarse constantemente que esconder la cabeza en la arena y esperar que todo siga igual.

Pertinencia, credibilidad y éxito

Sin los dos componentes básicos de relevancia y credibilidad, ninguna marca puede destacar y alcanzar el éxito en el amplio campo de los redes sociales. Estas dos cualidades forman la base de cualquier estrategia de comunicación digital y son el principio y el fin de la fidelidad sostenible a una marca. La relevancia garantiza que los contenidos y mensajes ofrecidos caigan en oídos y ojos abiertos, ya que responden con precisión a las necesidades e intereses del grupo objetivo. La credibilidad, por su parte, garantiza la confianza y la lealtad. Sin ella, cualquier maniobra de marketing, por sofisticada que sea, se queda en una cáscara vacía ante la que los consumidores se muestran escépticos. Si faltan estos dos ingredientes clave, el camino hacia el éxito es confuso y pedregoso.

Para lograr relevancia en las redes sociales, las marcas deben primero comprender en detalle a su público objetivo. Tienen que saber qué mueve a la gente, qué les emociona y qué buscan. Para conocer los intereses y necesidades del público objetivo es esencial realizar un análisis exhaustivo del mercado y los consumidores. Con estos datos en la mano, se puede producir contenido relevante y colocarlo estratégicamente. Además, una marca debe estar preparada para tratar temas y tendencias de actualidad. Debe formar parte del debate y contribuir a él. La credibilidad, en cambio, es un proceso más largo y continuo y requiere transparencia, coherencia y autenticidad. Las marcas deben ser creíbles con sus declaraciones y acciones y mostrar sentido de la responsabilidad. Deben respetar a su público y ser honestas con él. Deben estar dispuestas a admitir errores y aprender de ellos, y siempre deben cumplir sus promesas. Esta es la única forma de generar confianza y desarrollar una relación a largo plazo con el público objetivo.

El camino hacia el éxito de una marca en las redes sociales se caracteriza, por tanto, por el equilibrio entre relevancia y credibilidad. No basta con crear contenidos interesantes si el público no confía en la empresa que hay detrás. A la inversa, ni siquiera la marca más creíble puede difundir con éxito su mensaje si el contenido no es relevante para el público objetivo. Ambos elementos deben ir de la mano. Es un viaje fascinante construir una marca en las redes sociales, logrando tanto relevancia como credibilidad. La combinación de estos dos factores permite construir una relación profunda y significativa con el público objetivo, lo que en última instancia allana el camino hacia el éxito. El éxito es visible en el aumento del conocimiento de la marca, la fidelidad de los clientes y, por supuesto, las cifras de ventas. Pero el verdadero oro está en la comunidad que se forma en torno a la marca y las sólidas relaciones que establece con sus seguidores. En el mundo digitalizado de hoy, este toque humano es lo que realmente cuenta.

Relevancia, relevancia, relevancia

Relevancia en el contexto de los redes sociales significa que el contenido distribuido por una marca corresponde a los intereses, necesidades y valores del grupo destinatario. Contribuye a enriquecer la vida del grupo destinatario, ya sea a través de la información, el entretenimiento o la inspiración. La relevancia crea un valor añadido que hace que el público objetivo conozca la marca, se interese por su contenido y, en última instancia, establezca una relación con ella. Es el pegamento que mantiene unidas a la marca y al consumidor.

Sin embargo, la relevancia en las redes sociales no es fácil de conseguir. Esto se debe en parte al enorme volumen de contenidos que se producen y difunden cada día. La sobrecarga de información digital dificulta a las marcas abrirse paso y hacerse oír. Por otra, los intereses y las tendencias en el mundo de las redes sociales cambian a una velocidad pasmosa. Lo que hoy se considera relevante mañana puede estar pasado de moda. Además, cada plataforma tiene su propia dinámica y audiencia, lo que requiere una estrategia diferenciada. Además, encontrar el equilibrio entre promocionar tu marca y ofrecer contenidos relevantes es todo un reto. Demasiada autopromoción puede hacer que el contenido se perciba como irrelevante, mientras que una presencia de marca demasiado escasa puede diluir el impacto del mensaje.

A pesar de estos retos, las empresas más pequeñas no deben desanimarse. Con la estrategia adecuada, un conocimiento profundo del público objetivo y un oído atento a las tendencias y novedades actuales, es totalmente posible conseguir relevancia en las redes sociales. Puede que sea una tarea difícil, pero la recompensa -una comunidad fuerte, leal y comprometida- merece con creces el esfuerzo. Así que, queridas marcas, sean audaces, curiosas y siempre auténticas. Su público les espera.

Cuestiones de pertinencia

GPT, ¿qué preguntas debería hacerse una empresa, independientemente de su sector, para cuestionarse honestamente su propia relevancia como marca y la relevancia de sus productos y servicios?

- *¿Quién es nuestro principal cliente objetivo y cómo satisfacemos exactamente sus necesidades y expectativas?*
- *¿En qué se diferencia nuestro producto o servicio de los de la competencia?*
- *¿Qué hace que nuestra marca sea única y por qué los clientes deberían elegirnos frente a la competencia?*
- *¿Qué problemas resolvemos a nuestros clientes y con qué eficacia lo hacemos?*
- *¿Cuál es la opinión de los clientes sobre nuestros productos o servicios y cómo respondemos a ella?*
- *¿En qué medida refleja nuestra imagen de marca los valores y creencias de nuestro público objetivo?*
- *¿Cuál es nuestra presencia en las redes sociales y cuál es la eficacia de nuestra comunicación con los clientes?*
- *¿Cómo de bien informados están nuestros clientes sobre nuestros productos o servicios y cómo de fácil les resulta adquirirlos?*
- *¿Cómo nos comprometemos con nuestra comunidad y la sociedad y en qué medida es esto visible para nuestros clientes?*

- *¿Con qué frecuencia desarrollamos y mejoramos nuestros productos o servicios?*
- *¿Cómo medimos nuestro éxito más allá de los márgenes de beneficio?*
- *¿Estamos dispuestos a asumir riesgos y probar cosas nuevas para seguir siendo relevantes?*
- *¿Cómo integramos las opiniones e ideas de nuestros empleados y clientes en el desarrollo de productos y la estrategia empresarial?*
- *¿Somos proactivos en nuestras comunicaciones y en la creación de relaciones con nuestros clientes y socios, o nos limitamos a reaccionar ante lo que se nos presenta?*

Antes de que se difunda en las redes sociales

GPT, ¿cuáles son las preguntas más prácticas que debe plantearse una empresa antes de lanzarse a las redes sociales y abrir siquiera un canal en ellas?

- *¿Quién es nuestro público objetivo y en qué redes sociales está activo?*
- *¿Qué objetivos perseguimos con nuestra presencia en las redes sociales (notoriedad de marca, atención al cliente, promoción de ventas, etc.)?*
- *¿Disponemos de los recursos necesarios (tiempo, personal, presupuesto) para poner en marcha una estrategia eficaz en las redes sociales?*
- *¿Cómo se percibe nuestra marca, producto o servicio en el mundo de las redes sociales dentro de nuestros grupos objetivo?*
- *¿Qué tipo de contenido atraerá más a nuestro público objetivo?*
- *¿Cómo podemos comunicar el mensaje de nuestra marca de forma adecuada para las redes sociales?*
- *¿Cómo afrontaremos las críticas y los comentarios negativos?*
- *¿Cómo podemos medir y evaluar nuestros esfuerzos en las redes sociales?*
- *¿Quién se encargará del mantenimiento de nuestros canales en las redes sociales?*
- *¿Con qué frecuencia debemos publicar contenidos y cuál es el mejor momento?*
- *¿Tenemos un plan de gestión de crisis por si algo sale mal en las redes sociales?*
- *¿Cómo fomentaremos la interacción y el compromiso de nuestros seguidores y fans?*
- *¿Estamos preparados para responder a los comentarios y mensajes en tiempo real?*

- *¿Cómo nos diferenciaremos de la competencia?*
- *¿Cómo definiremos nuestro éxito en las redes sociales?*
- *¿Mantendremos un mensaje de marca coherente en todas las plataformas?*
- *¿Tenemos contenidos suficientes para mantener una presencia constante?*
- *¿Cómo integraremos nuestro éxito en las redes sociales en nuestro plan general de marketing?*
- *¿Cómo vamos a seguir el ritmo de los constantes cambios y novedades en el mundo de las redes sociales?*
- *¿Hemos considerado todos los aspectos legales y normativos que pueden estar asociados a las redes sociales?*

Estas preguntas deberían ayudar a las empresas a encontrar la plataforma adecuada para su grupo objetivo, su marca y su estrategia. En mi trabajo me encuentro repetidamente con empresas que han adoptado el enfoque opuesto: Abramos los canales A y B y luego pensemos qué hacer con ellos. Y al cabo de un tiempo, estas empresas se encuentran con la sorpresa de que nada en los redes sociales funciona como esperaban. Si las empresas no investigan lo suficiente a la hora de decidirse por una plataforma de redes sociales y no se plantean estas preguntas pertinentes antes de lanzarse a los redes sociales, puede tener graves consecuencias para la comunicación de la marca de la empresa. ¿Qué consecuencias?

Falta de orientación: Sin un conocimiento sólido del grupo objetivo y de sus preferencias y necesidades, puede ser difícil llegar a él en la plataforma elegida.
Falta de relevancia: Si la empresa no acude a una plataforma en la que su público objetivo esté activo, será difícil ganar relevancia y generar atención.
Contenidos obsoletos: Si no se comprueba periódicamente la actualidad y pertinencia de los contenidos, estos pueden quedar rápidamente desfasados y hacer que la marca parezca anticuada.
Falta de control: La falta de control sobre el propio contenido y las interacciones con los clientes puede dar lugar a una mala reputación e influir negativamente en la confianza de los clientes en la empresa.
Daños a la reputación: Las redes sociales son una plataforma en la que las opiniones pueden difundirse rápidamente. Sin una respuesta adecuada a los comentarios críticos o a las informaciones negativas, puede producirse un daño a la reputación.

Violación de la privacidad de los datos: Al utilizar las redes sociales, las empresas deben manejar con cuidado los datos de sus clientes para evitar las filtraciones de datos.

Pérdida de imagen por una mala publicidad: Un anuncio inadecuado o inapropiado en la plataforma equivocada puede provocar una imagen negativa de la empresa.

Falta de interacción: La falta de interacción con los clientes en la plataforma elegida puede hacer que se sientan desvinculados y dejen de identificarse con la empresa.

Pérdida de identidad de la marca: Sin un posicionamiento claro en la plataforma elegida, la marca puede perder identidad y dejar de ser claramente reconocible.

Pérdida de clientes: Una gestión poco profesional de las redes sociales puede provocar que los clientes se den la vuelta y abandonen la empresa.

Conoce exactamente a tu público objetivo

El conocimiento preciso del grupo destinatario es crucial para una empresa, ya que es la única manera de que pueda alinear eficazmente sus productos, servicios y estrategias de comunicación con las necesidades e intereses de los consumidores. Sin embargo, a muchas empresas les resulta difícil definir con precisión su grupo objetivo. Esto se debe a menudo a la complejidad del panorama de los consumidores. Los individuos no son entidades rígidas, y sus intereses y necesidades pueden cambiar con el tiempo. Además, el miedo a excluir a clientes potenciales puede llevar a las empresas a definir grupos objetivo demasiado amplios y, por tanto, inexactos. Una definición clara y selectiva requiere valentía, pero también un estudio exhaustivo del mercado y de los consumidores. No me cansaré de repetirlo. Antes de empezar, hazte estas preguntas:

- ¿Cuál es el grupo destinatario de la empresa? (Edad, sexo, ingresos, nivel de estudios, etc.)
- ¿Cuáles son los intereses y aficiones del grupo destinatario?
- ¿Qué necesidades tiene el grupo destinatario y qué problemas le gustaría resolver?
- ¿Cómo pasa su tiempo libre el grupo destinatario?
- ¿Cómo consume medios de comunicación el grupo destinatario y en qué plataformas es activo?
- ¿Qué experiencia ha tenido ya el grupo destinatario con el producto o servicio de la empresa?

- ¿Cómo valora el grupo destinatario a la empresa en comparación con sus competidores?
- ¿Qué valores y creencias comparte el grupo destinatario?
- ¿Qué importancia tiene para ellos la marca de la empresa?
- ¿Cómo influye el grupo destinatario en sus decisiones de compra y qué influencia tienen, por ejemplo, las recomendaciones de amigos o personas influyentes?

En el contexto del marketing en redes sociales, el término "targeting" hace referencia a la orientación específica a un grupo objetivo concreto en función de diversas características demográficas, geográficas y de comportamiento. El objetivo es llegar a los usuarios más relevantes y maximizar así la eficacia de las medidas publicitarias. "Personas", por su parte, son personajes ficticios representativos de los distintos segmentos del grupo objetivo. Se definen mediante perfiles detallados que incluyen aspectos como datos demográficos, patrones de comportamiento, necesidades y objetivos. El uso de personas ayuda a las empresas a comprender mejor a su grupo objetivo y a adaptar en consecuencia sus estrategias de comunicación y marketing.

Al responder a estas preguntas, una empresa puede comprender mejor a su grupo objetivo y responder más específicamente a sus necesidades e intereses. Esto le permite desarrollar productos y servicios que satisfagan las necesidades del grupo destinatario y comercializarlos con éxito.

Personas

La creación de personajes en marketing tiene profundas raíces psicológicas que se centran en cómo piensan, sienten y actúan las personas. Una de las principales razones por las que los personajes son tan valiosos es nuestra capacidad y necesidad innatas de empatía. Al ponernos en la piel y la perspectiva de nuestro público objetivo, podemos abordar mejor sus necesidades y comunicarnos con mayor eficacia. Comprender sus retos y objetivos crea una conexión humana más profunda que va mucho más allá de las meras transacciones comerciales.

Otra ventaja psicológica de los personajes es la concreción de grupos objetivo abstractos. A menudo, los profesionales del marketing se enfrentan a multitud de datos y datos demográficos difíciles de interpretar y aplicar. Las personas ofrecen una representación simplificada de estos públicos, lo que permite a los equipos centrarse mejor en las necesidades específicas de los usuarios. Esto no sólo facilita la toma de decisiones, sino que también garantiza que las comunicaciones sean coherentes y específicas. Una comprensión compartida de las personas en un equipo elimina la ambigüedad y garantiza que todos los miembros trabajen en sincronía. Además, las personas animan a los profesionales del marketing a desarrollar historias. Las personas son narrativas por naturaleza; piensan, aprenden y recuerdan a través de historias. Las personas proporcionan el marco perfecto para dar forma a esas historias. Una buena narración tiene el poder de aumentar la fidelidad a la marca y el compromiso de los clientes y crear una resonancia emocional más profunda.

Por último, las personas proporcionan un mecanismo para reducir los prejuicios y las suposiciones subjetivas. Todo el mundo aporta sus propias experiencias y perspectivas que, si no se controlan, pueden influir en el desarrollo de productos y las comunicaciones de marketing. Las personas basadas en datos garantizan que abordamos realmente las necesidades de nuestros clientes, no sólo nuestras propias percepciones y suposiciones. El resultado es una comunicación más auténtica y eficaz, centrada en el cliente. Crear un personaje puede ser una tarea difícil para los novatos en marketing. He aquí una sencilla y práctica guía paso a paso para crear un personaje:

Define el objetivo:
Antes de empezar, pregúntate con que meta quieres crear un personaje. Quieres desarrollar un nuevo producto, crear un plan de contenidos o mejorar tus esfuerzos promocionales?

Recoge datos:
Datos cuantitativos: Utiliza herramientas como Google Analytics, Facebook Insights o bases de datos de clientes para recopilar información demográfica, interacciones y hábitos de compra.

Datos cualitativos: Realiza encuestas, entrevistas o grupos de discusión con sus clientes. Pregúntales por sus necesidades, retos, objetivos y preferencias.

Crea un perfil de persona:
Información demográfica: Edad, sexo, nivel educativo, ocupación, ingresos, etc.. Antecedentes: cargo, funciones principales, sector. Información psicográfica: Aficiones, preferencias, valores. Comportamiento de compra: ¿Cómo y por qué compra esta persona productos/servicios de su sector?

Necesidades y retos: ¿Qué problemas quiere resolver tu personaje? ¿Qué objetivos tiene?

Ponle nombre y cara a tu personaje:
Esto puede parecer trivial, pero ayuda a que la persona sea tangible y "real". Incluso puedes utilizar una imagen creada por la IA para ponerle cara.

Desarrollar historias de usuario típicas:
Estas frases cortas te ayudarán a llegar al fondo de las necesidades y objetivos de tu personaje. Por ejemplo: "Como madre trabajadora, quiero encontrar recetas rápidas y sanas para alimentar a mi familia".

Comprobar y actualizar:
Las personas no son conceptos estáticos. Revísalos periódicamente y ajústalos en función de los nuevos datos recopilados o de la evolución de las condiciones del mercado.

Utiliza la persona en su estrategia de marketing:
En cada decisión, ya sea en la creación de contenidos, la publicidad o el desarrollo de productos, pregúntate: "¿Le gustaría esto a mi personaje? ¿Resuelve esto sus problemas?".

Recuerda que la calidad de tu personaje depende en gran medida de los datos que hayas recopilado. Un perfil de persona bien documentado y detallado puede ser una valiosa herramienta para orientar y planear tu estrategia de marketing.

Alternativas a los personajes

En el marketing en redes sociales y en otros ámbitos, existen varios conceptos y enfoques que tienen objetivos similares a los de los personajes, a saber, comprender mejor a los usuarios y dirigirse a ellos. He aquí algunas alternativas y complementos a los personajes:

URS (Especificaciones de Requisitos de Usuario): Probablemente conozca las URS de la gestión de productos y el desarrollo técnico. Se trata de un documento en el que se detallan los requisitos y expectativas del usuario para un producto o servicio. Recuerda que es principalmente técnico y específico, pero proporciona una visión profunda de lo que el usuario realmente necesita.

Historias de usuario: Las historias de usuario son una herramienta del entorno de desarrollo ágil. Describen lo que un usuario quiere conseguir en un lenguaje sencillo y claro. Por ejemplo: "Como comprador online, quiero ver los gastos de envío antes de comprar para poder decidir si sigo comprando". Ayudan a centrarse en las necesidades y deseos del usuario.

Mapas de empatía: Con los mapas de empatía, profundizas en los sentimientos y pensamientos de tu público objetivo. Se desglosan en diferentes áreas, como "Lo que dicen", "Lo que hacen", "Lo que piensan" y "Lo que sienten". Esto te permite desarrollar una comprensión más profunda de cómo atraer realmente a tus clientes.

Arquetipos: Los arquetipos son símbolos y patrones universales e interculturales del comportamiento humano. En lugar de crear "personajes" específicos, se utilicen arquetipos para representar rasgos de carácter más amplios y profundos. Por ejemplo, "El héroe", "El marginado" o "El sabio". Pueden ayudar a definir personalidades de marca o tipos de clientes.

Jobs-to-be-Done (JTBD): En lugar de centrarse en quiénes son los usuarios, JTBD se centra en qué "trabajos" quieren hacer los usuarios, es decir, qué necesidades o problemas quieren resolver con un producto o servicio.

Micro Momentos: Este término fue acuñado por Google y describe los momentos en los que los usuarios, por reflejo, echan mano de un dispositivo para responder a una pregunta o satisfacer una necesidad. En el contexto de las redes sociales, podría tratarse de momentos en los que los usuarios buscan inspiración, información o entretenimiento.

Segmentación de clientes: En este caso, los clientes o usuarios se dividen en grupos específicos en función de diversos criterios, como datos demográficos, comportamiento de compra o intereses. A estos segmentos se les puede dirigir contenido relevante.

Enfoques basados en el comportamiento: Analizando el comportamiento de los usuarios en las plataformas (por ejemplo, qué publicaciones les gustan, con qué contenidos interactúan), se pueden identificar patrones y desarrollar estrategias de marketing basadas en ellos.

Trayectoria del cliente (Customer Journey Mapping): Consiste en visualizar todo el recorrido que sigue un cliente desde la primera interacción con una marca hasta la compra y más allá. Esto ayuda a identificar los puntos de contacto y los momentos importantes en el proceso de toma de decisiones.

Mapeo de personas influyentes: En el espacio de las redes sociales, también puede ser útil identificar a las personas influyentes que son relevantes para un público objetivo concreto. Trabajando con ellos, una marca puede difundir eficazmente su mensaje.

Es importante destacar que muchos de estos enfoques y métodos pueden combinarse para obtener una comprensión global del grupo destinatario y sus necesidades.

Cambios en el comportamiento de los consumidores y en el consumo de medios de comunicación

En la era digital actual, las plataformas de los redes sociales han supuesto una revolución en el comportamiento y los modales. Han creado nuevos canales de comunicación, algunos de ellos muy diferentes de las formas tradicionales. Como empresa, debes comprender este cambio y adaptar tus estrategias de marketing y ventas en consecuencia. El aumento de las redes y el intercambio directo en las redes sociales han creado un público conocedor y ávido de información que exige un alto nivel de relevancia y autenticidad. Teniendo esto en cuenta, es imperativo que elabores cuidadosamente tus mensajes para satisfacer los intereses y necesidades de tu público objetivo. Sólo así podrás construir una relación sólida con ellos y persuadirles eficazmente para que compren tus productos o servicios. En este nuevo contexto, las ventas también han sufrido una transformación crucial.

La naturaleza directa e interactiva de las redes sociales ha abierto nuevas vías para presentar y vender tus productos o servicios. En lugar de confiar únicamente en las estrategias de venta tradicionales, hay que plantearse canales de venta innovadores como la venta social o el marketing de influidores, que permiten integrar la oferta directamente en la vida cotidiana del público objetivo. Esta evolución ha cambiado fundamentalmente las reglas del juego, pero también ofrece enormes oportunidades a quienes estén dispuestos a adaptarse y aprender. Pero, ¿qué ha cambiado?

Identidad en línea: Las redes sociales han cambiado el concepto de identidad personal. La gente suele presentarse de forma diferente en línea que en la vida real, y hay personas a las que se conoce casi exclusivamente por su presencia en línea.

La comunicación: Las redes sociales han cambiado la forma de comunicarse. Los servicios de mensajería corta como Twitter (X) y las aplicaciones de mensajería han hecho que los mensajes sean a menudo breves y directos, mientras que los foros de discusión suelen ser escenario de acalorados debates.

Comunicación en tiempo real: La comunicación en tiempo real a través de las redes sociales ha cambiado nuestra forma de estar en contacto con los demás. Las noticias pueden publicarse en tiempo real, lo que ha aumentado enormemente la velocidad y el alcance de los mensajes.

Autopromoción: La autopromoción en las redes sociales ha dado lugar a una competición por llamar la atención en la que los que pueden presentar la mejor imagen de sí mismos suelen ser los que más éxito tienen.

Cambios en la vida laboral: Los redes sociales han llevado a muchas empresas a cambiar su forma de trabajar. El trabajo a distancia y los equipos virtuales son mucho más habituales hoy que hace unos años.

Difusión de la información: Los redes sociales también han cambiado la forma de difundir la información. Al distribuir contenidos a través de redes sociales como Facebook o Twitter (X), las noticias pueden difundirse por todo el mundo en cuestión de segundos.

Comportamiento del consumidor: Las redes sociales también han cambiado el comportamiento de los consumidores. El marketing de influidores y las campañas en redes sociales se han convertido en herramientas importantes para que las empresas promocionen productos y servicios.

Creación de redes: Los redes sociales han simplificado y acelerado la creación de redes de personas en todo el mundo. Esto facilita que la gente se conecte y comparta ideas.

Protección de datos: El uso de las redes sociales también ha cambiado los requisitos de protección de datos. Las empresas tienen que abordar cuestiones como la seguridad y la protección de datos para ganarse la confianza de sus clientes.

Sentimiento: Las redes sociales también han cambiado la forma en que las empresas pueden medir el sentimiento de sus clientes. Analizando las publicaciones y los comentarios en las redes sociales, las empresas pueden averiguar rápida y fácilmente qué piensan sus clientes y cómo reaccionan ante determinados productos o servicios.

Diferencia entre grupo destinatario y grupo demandante

Para utilizar con éxito los redes sociales como herramienta de marketing y potenciador de ventas, es necesario tener bajo control los aspectos básicos. Dado que la tendencia es que la comunicación con tus clientes siga trasladándose a los canales de redes sociales en 2024, y dado que no solo tu grupo de demanda sino también tu grupo objetivo se mueven en los canales, hay que empezar por entender cuál es la diferencia entre estos dos grupos y cómo afecta esto a tu comunicación. Grupo objetivo y grupo de demanda son dos términos centrales en marketing cuyas diferencias a menudo se malinterpretan. El grupo objetivo está formado por aquellas personas a las que una empresa quiere llegar con sus productos o servicios. Se seleccionan en función de determinadas características como la edad, el sexo, los ingresos, los intereses o la ubicación geográfica. El grupo de necesidad, por su parte, define a aquellas personas que tienen una necesidad o problema específico que puede ser resuelto por el producto o servicio de la empresa.

La sutil diferencia entre estos dos grupos tiene implicaciones de gran alcance para la estrategia de marketing y ventas de una empresa. Conocer al grupo de la demanda permite comunicar con claridad la función y las ventajas del producto o servicio y reforzar así el argumento de venta. Por otra parte, conocer al grupo objetivo ayuda a elegir los canales y formatos de comunicación adecuados y a adaptar los mensajes a los intereses y necesidades específicos de este grupo. En el contexto del marketing en redes sociales, los términos "grupo objetivo" y "grupo de demanda" son fundamentales para orientar y optimizar los esfuerzos de marketing. He aquí una breve explicación de ambos términos:

Grupo objetivo: El grupo objetivo se refiere al grupo de personas al que se dirigen específicamente las medidas de marketing, los productos o los servicios. En el marketing en redes sociales, el objetivo es identificar a las personas con más probabilidades de estar interesadas en un contenido, producto o servicio concreto. La definición de un grupo objetivo suele basarse en características demográficas (por ejemplo, edad, sexo, lugar de residencia), psicográficas (intereses, preferencias, valores) o en el comportamiento de los usuarios (por ejemplo, historial de compras, interacciones con los contenidos).

Grupo de demanda: El grupo de demanda es un término más específico y se refiere a un grupo de personas que tienen una necesidad específica, a menudo actual, de un producto o servicio. Esta necesidad puede surgir de acontecimientos vitales concretos (por ejemplo, una mudanza, el nacimiento de un hijo) o de problemas o retos actuales que el producto o servicio puede resolver. En el marketing en redes sociales, es fundamental identificar y responder a esta necesidad para ofrecer ofertas o contenidos a medida que satisfagan esa necesidad.

Mientras que el grupo objetivo es más bien amplio y describe los intereses y características generales de un grupo, el grupo de necesidad está más centrado y orientado a las necesidades actuales y específicas de un grupo de personas. En el marketing en redes sociales, resulta eficaz combinar ambos conceptos para desarrollar actividades de marketing tanto amplias como específicas.

Resumiendo:

El grupo **objetivo** es el grupo de personas **interesadas** en un tema, producto o servicio. Aunque no quieran, no necesiten o no puedan comprarlo ellos mismos, el grupo objetivo influye en el grupo de la demanda (ejemplo: la abuela que ve un anuncio de trabajo para su nieto y le llama la atención).

El **grupo de demanda** es el grupo dentro del grupo objetivo que tiene una necesidad específica y al mismo tiempo tiene la voluntad y los medios para satisfacer esa necesidad. (Ejemplo: el nieto que busca trabajo).

¿En qué plataforma de redes sociales está mi público objetivo?

Es crucial que las empresas sepan en qué canales de las redes sociales está su público objetivo. Esto se debe a que cada red tiene su propia dinámica, audiencia y reglas. Al conocer los canales preferidos del público objetivo, las empresas pueden asegurarse de que sus mensajes son percibidos realmente por las personas adecuadas. Pueden utilizar sus recursos de forma más eficiente centrándose en las plataformas que tienen mayor influencia y ajustando sus estrategias de comunicación en consecuencia. Hay varias formas de averiguar en qué plataforma de redes sociales está el grupo objetivo de una empresa:

Análisis de datos de sitios web: Si una empresa ya tiene un sitio web, puede utilizar herramientas de análisis web como Google Analytics para analizar el origen de los visitantes y sus patrones de comportamiento. A partir de estos datos, es posible deducir qué plataformas de redes sociales podrían ser relevantes para la empresa.

Análisis de la competencia: Resulta útil observar qué plataformas de redes sociales utilice la competencia y qué canales tienen especial éxito en ellas. A partir de ahí, puedes deducir dónde se mueve tu propio grupo objetivo.

Encuestas: Las empresas también pueden preguntar directamente a su grupo objetivo en qué plataformas de redes sociales son activos y qué canales prefieren.

Análisis de palabras clave: Un análisis de palabras clave proporciona información sobre lo que busca el grupo objetivo. Esto permite averiguar qué plataformas de redes sociales podrían ser relevantes para el grupo objetivo.

Monitorización de las redes sociales: Las empresas pueden utilizar herramientas de seguimiento de las redes sociales para averiguar en qué plataformas se habla de su marca y sus productos. Esto permite identificar las plataformas en las que el grupo objetivo es especialmente activo.

Entrevistas a expertos: Las entrevistas a expertos del sector, personas influyentes o personas que conocen bien al grupo destinatario también pueden ser útiles para averiguar en qué plataformas de redes sociales está el grupo destinatario.

Algunos ejemplos

MyMuesli: La empresa MyMuesli utilizó las redes sociales para crear una sólida comunidad en línea y promocionar sus mueslis personalizables. Gracias a la publicidad dirigida y a las colaboraciones con personas influyentes, la empresa pudo aumentar significativamente sus ventas en poco tiempo.

Spreadshirt: Spreadshirt, una empresa de ropa y accesorios estampados, utilizó el marketing en redes sociales para llegar a su público objetivo y aumentar las ventas. Los contenidos de Spreadshirt generados por los usuarios, como diseños y fotos, ayudaron a crear una comunidad comprometida.

Jimdo: La plataforma de creación de sitios web Jimdo utilizó las redes sociales para llamar la atención de los clientes sobre su sencillo y fácil de usar creador de sitios web. Con anuncios específicos y colaboraciones con personas influyentes, la empresa vio aumentar su número de usuarios.

Mister Spex: Mister Spex es una empresa de gafas y lentes de contacto que alcanzó el éxito gracias al marketing en redes sociales. A través de anuncios específicos y colaboraciones con personas influyentes, la empresa pudo llegar a su público objetivo y aumentar significativamente sus ventas.

HelloFresh: La empresa HelloFresh, especializada en la entrega de cajas de cocina, utilizó las redes sociales para llamar la atención de su público objetivo sobre su oferta. Mediante anuncios específicos y colaboraciones con personas influyentes, la empresa pudo crecer rápidamente y aumentar sus ventas.

Flaconi: Flaconi es una tienda en línea de productos de perfumería y cosmética. La empresa utilizó las redes sociales para llegar a su público objetivo y captarlo. Mediante anuncios específicos y colaboraciones con personas influyentes, Flaconi consiguió aumentar sus ventas y dar a conocer su marca.

Flixbus: La empresa Flixbus utilizó las redes sociales para llamar la atención de su público objetivo sobre su servicio de autobuses de larga distancia. Mediante anuncios dirigidos y colaboraciones con influidores, Flixbus pudo crecer rápidamente y dar a conocer su marca.

Gymondo: Gymondo es una empresa de programas de fitness y nutrición en línea. La empresa utilizó las redes sociales para dar a conocer sus ofertas a su público objetivo y atraerlo. A través de anuncios específicos y colaboraciones con personas influyentes, Gymondo pudo crecer rápidamente y aumentar sus ingresos.

Lieferando: Lieferando es una plataforma en línea para hacer pedidos de comida y bebida. La empresa utilizó las redes sociales para llegar a su público objetivo y captarlo. Gracias a anuncios específicos y colaboraciones con personas influyentes, Lieferando pudo crecer rápidamente y aumentar sus ventas.

DocMorris: DocMorris es una farmacia en línea. La empresa utilizó las redes sociales para dar a conocer su oferta a su público objetivo y atraerlo. A través de anuncios específicos y colaboraciones con personas influyentes, DocMorris pudo crecer rápidamente y aumentar sus ventas.

¿Por qué comunicarse con los clientes a través de las redes sociales?

Los redes sociales ofrecen a las empresas un alcance sin precedentes, permitiéndoles difundir sus mensajes a escala mundial. La multitud de plataformas y herramientas permite adaptar y distribuir contenidos a grupos destinatarios específicos. Esto garantiza que se llega a las personas adecuadas, asegurando un uso eficiente de los recursos de marketing. La oportunidad de comunicarse directamente con el grupo objetivo no sólo permite fidelizar más a los clientes, sino que también ayuda a aumentar el conocimiento de la marca. De este modo, las empresas pueden establecer una conexión emocional con sus clientes y construir una comunidad leal. La rápida difusión de contenidos, es otra ventaja única de las redes sociales. Un post bien hecho puede llegar a millones de personas en muy poco tiempo y generar así una enorme atención.

La interacción con el público objetivo en las redes sociales no se limita a compartir contenidos. También permite el intercambio de opiniones, la respuesta a preguntas y la posibilidad de responder a necesidades individuales. Esto conduce a la personalización de la comunicación, lo que a su vez aumenta la satisfacción del cliente y su fidelidad a la marca. En la era digital, la capacidad de reaccionar rápidamente a los cambios e identificar tendencias es una ventaja competitiva clave. El marketing en tiempo real en las redes sociales permite a las empresas adaptar sus estrategias en el menor tiempo posible y, de este modo, mantener siempre el pulso.

Por último, los redes sociales ofrecen un importante ahorro de costes en comparación con los canales de marketing tradicionales. En lugar de gastar grandes sumas en espacios publicitarios en medios impresos, televisión o radio, las empresas pueden difundir sus mensajes a través de sus canales de redes sociales a bajo coste o incluso gratuitamente. En el proceso, es posible supervisar la eficacia de las medidas en tiempo real y ajustarlas si es necesario, lo que mejora el rendimiento de las inversiones en marketing.

Tendencias en redes sociales 2024 - Las redes sociales como motor de ventas

Alcance: En el contexto de las redes sociales, el alcance se refiere al número de personas que pueden ver o interactuar con un contenido concreto. Para las empresas, esto significa la capacidad de llegar a un grupo amplio o específico de clientes potenciales que pueden estar fuera de su esfera geográfica de influencia. Permite a las marcas difundir su mensaje de forma eficaz y rentable. Un aspecto interesante para las ventas podría ser preguntarse: "¿Cómo podríamos aprovechar el alcance de las plataformas de redes sociales para llevar nuestros productos y servicios a un público más amplio y aumentar nuestras ventas?".

Orientación a grupos destinatarios: En las redes sociales, la orientación a grupos destinatarios permite a las empresas adaptar sus mensajes a grupos demográficos, intereses o patrones de comportamiento específicos. Esto aumenta la relevancia de los mensajes para los usuarios y mejora la eficacia del marketing. Desde el punto de vista de las ventas, la siguiente pregunta podría ser pertinente: "¿Podríamos optimizar nuestra captación de clientes al tiempo que reducimos nuestros costes de marketing mediante la orientación por grupos objetivo en los redes sociales?".

Fidelización de clientes: Las plataformas de redes sociales ofrecen a las empresas la oportunidad de establecer relaciones directas y continuas con sus clientes. Esto fomenta la fidelidad del cliente, ya que los clientes que se sienten estrechamente vinculados a una marca son más propensos a repetir sus compras y a actuar como embajadores de la marca. Un representante de ventas podría plantearse la siguiente pregunta: "¿Cómo podríamos utilizar las redes sociales para reforzar la fidelidad de nuestros clientes y, de ese modo, prolongar el ciclo de vida del cliente y aumentar su valor vitalicio?".

Conciencia de marca: Las redes sociales son una herramienta eficaz para aumentar el conocimiento de la marca, ya que las empresas pueden llegar a un público amplio creando y distribuyendo contenidos. Un mayor conocimiento de la marca conduce a una mayor recordación del producto o servicio y, en última instancia, puede conducir a un aumento de las ventas. Desde el punto de vista de las ventas, la siguiente pregunta puede ser interesante: "¿Cómo podríamos aumentar el conocimiento de nuestra marca a través de los redes sociales para aumentar la probabilidad de que los clientes potenciales piensen en nosotros cuando estén listos para hacer una compra?".

Cuando se hace viral: La viralidad es una característica única de los redes sociales que se produce cuando el contenido se difunde rápida y ampliamente, a menudo a través de los usuarios que comparten, les gusta o comentan el contenido. Esto puede hacer que el mensaje de una empresa llegue a un público mucho más amplio que su destinatario original. Por lo tanto, un director de ventas podría preguntarse: "¿Cómo podríamos aprovechar el poder de la viralidad para difundir exponencialmente los mensajes de nuestra marca y llegar potencialmente a nuevos segmentos de mercado?".

Interacción: Las redes sociales ofrecen la oportunidad de interactuar directamente con los clientes. Estas interacciones pueden ir desde comentarios a "me gusta" o mensajes directos. Ofrecen a las empresas la oportunidad de conocer mejor a sus clientes y satisfacer mejor sus necesidades y expectativas. Así que una pregunta potencial para ventas sería: "¿Cómo podríamos mejorar la satisfacción del cliente y construir relaciones duraderas con los clientes a través de interacciones directas en las redes sociales?"

Personalización: Los redes sociales permiten a las empresas adaptar los contenidos y mensajes individualmente a su grupo objetivo. Esto aumenta la relevancia y la eficacia de la comunicación y puede mejorar las cifras de ventas. Por lo tanto, una pregunta de ventas podría ser: "¿Cómo podemos utilizar las funciones de personalización de las redes sociales para crear ofertas a medida que mejoren nuestras tasas de conversión? nuestras tasas de conversión".

Ventaja competitiva: Al aprovechar los redes sociales, las empresas pueden obtener una ventaja competitiva respondiendo rápidamente a las tendencias del mercado, obteniendo información de los clientes y proporcionándoles un servicio superior. Por eso, desde el punto de vista de las ventas, la pregunta podría formularse así: "¿Cómo podemos utilizar eficazmente los redes sociales para obtener una ventaja competitiva y diferenciarnos en nuestro segmento de mercado?".

Marketing en tiempo real: Las redes sociales permiten el marketing en tiempo real, lo que permite a las empresas reaccionar rápidamente a los acontecimientos e interactuar con su público objetivo en tiempo real. Esto puede aumentar el conocimiento de la marca y la fidelidad de los clientes. Una pregunta de ventas podría ser: "¿Cómo podríamos utilizar el marketing en tiempo real para responder instantáneamente a las tendencias del mercado y mantener nuestra marca presente en la mente de nuestro público objetivo?".

Ahorro de costes: En comparación con los canales de marketing tradicionales, los redes sociales suelen ser más rentables y ofrecen un mayor retorno de la inversión. Las empresas pueden difundir sus mensajes gratuitamente o pagar por publicidad dirigida. Así que un director de ventas podría preguntarse: "¿Cómo podríamos aprovechar la rentabilidad de los redes sociales para optimizar nuestros presupuestos de marketing al tiempo que maximizamos nuestro alcance?".

Las redes sociales ofrecen a las empresas innumerables oportunidades para conectar con su público objetivo y aumentar la notoriedad de su marca. Cada una de estas ventajas -alcance, segmentación de la audiencia, compromiso del cliente, conocimiento de la marca, viralidad, interacción, personalización, ventaja competitiva, marketing en tiempo real y ahorro de costes- desempeña un papel fundamental en el éxito empresarial. La clave está en utilizar estas herramientas de forma que se ajusten a los objetivos y valores específicos de su empresa. De ese modo, se pueden superar incluso los retos más exigentes. Es hora de dar el salto y aprovechar al máximo las oportunidades que ofrecen las redes sociales. El futuro digital está esperando a que le des forma.

Citas y reflexiones sobre las redes sociales

Las plataformas de redes sociales no son empresas tecnológicas, son máquinas de propaganda. [...] Nos animan a hacer cosas que nos hacen infelices. Roger McNamee, inversor y autor. Fuente: The Guardian, 2 de febrero de 2019

Roger McNamee, reputado inversor, critica las plataformas de redes sociales calificándolas de máquinas de propaganda y no de meras empresas tecnológicas. Hace hincapié en la naturaleza manipuladora de estas plataformas, que a menudo se basan en algoritmos que captan nuestra atención y nos incitan a comportarnos de determinadas maneras que no necesariamente sirven a nuestros mejores intereses. Esto es relevante para las empresas porque deben entender cómo funcionan estas plataformas y el impacto que tienen en el comportamiento de los consumidores. Es significativo actuar de forma ética y responsable y ser conscientes del posible impacto negativo de sus estrategias de marketing.

Creo que las redes sociales nos han deshumanizado. [...] Nos han enseñado a provocar la ira y el desacuerdo. Gwyneth Paltrow, actriz y empresaria. Fuente: Vogue, 7 de febrero de 2020

La cita de Gwyneth Paltrow hace hincapié en los aspectos potencialmente negativos de las redes sociales, en particular la deshumanización y el fomento de la ira y la disidencia. Pero incluso en esta crítica reside una oportunidad para las empresas:

Reconocer estas tendencias permite a las empresas ir conscientemente contracorriente y crear contenidos positivos centrados en las personas. Cuando las redes sociales contribuyen a fomentar la ira y el desacuerdo, las empresas pueden actuar como contrapeso y ofrecer plataformas para el diálogo constructivo, la comprensión y el sentido de comunidad. Además, la conciencia de estas tendencias negativas brinda a las empresas la oportunidad de poner en primer plano la autenticidad y la genuinidad. En un momento en que muchas personas sienten la "deshumanización" causada por las redes sociales, ofrecer interacciones genuinas, auténticas y positivas puede ser un argumento de venta único.

Así, las empresas que son conscientes de las críticas y responden a ellas pueden construir una presencia fuerte y positiva y destacar entre la multitud poniendo los valores y la humanidad en el centro de su estrategia en los redes sociales.

Las redes sociales son una herramienta que explota nuestras necesidades de reconocimiento y atención. Tristan Harris, ex especialista en ética del diseño de Google. Fuente: TED, abril de 2017

Tristan Harris, antiguo especialista en ética del diseño de Google, tiene profundas ideas sobre la mecánica de las plataformas digitales y cómo están diseñadas para explotar nuestros impulsos psicológicos. Con esta cita, Harris subraya que las redes sociales se centran específicamente en nuestras necesidades humanas de reconocimiento y atención, y las explotan. Las plataformas están diseñadas para animarnos a volver una y otra vez, a dar "me gusta", compartir y comentar las publicaciones con la esperanza de obtener validación y reconocimiento social.

Para las empresas, esto significa que deben ser conscientes de estos mecanismos cuando utilicen las redes sociales con fines de marketing u otros fines comerciales. Aunque estos mecanismos pueden utilizarse eficazmente para impulsar la participación y la interacción, las empresas también deben tener en cuenta las consideraciones éticas:

Compromiso responsable: Las empresas deben crear contenidos que sean valiosos y significativos, en lugar de limitarse a buscar "me gusta" o "compartir". Esto puede ayudar a construir una relación más auténtica y duradera con la audiencia.

Conciencia del impacto: Reconocer que los redes sociales no son sólo una herramienta, sino también un entorno con impacto psicológico, puede ayudar a las empresas a tomar decisiones más responsables en sus comunicaciones.

Anteponer la humanidad: en lugar de limitarse a utilizar algoritmos para maximizar la atención de los usuarios, las empresas podrían desarrollar estrategias que fomenten las conexiones humanas reales y las interacciones positivas.

Comprender y reconocer los mecanismos psicológicos más profundos de los redes sociales permite a las empresas desarrollar estrategias más éticas y eficaces en el espacio digital.

Las redes sociales no son sólo una herramienta, son un estilo de vida.
Gary Vaynerchuk, empresario y escritor. Fuente: Twitter (X), 13 de diciembre de 2016

Gary Vaynerchuk señala que las redes sociales han ido mucho más allá de ser una mera herramienta de comunicación; se han convertido en parte integrante de nuestro estilo de vida. Las empresas pueden sacar partido de esta moda no solo promocionando productos o servicios, sino contando historias que encajen en la vida cotidiana de la gente. Esto significa compartir contenidos auténticos que coincidan con las experiencias, valores e intereses reales de su público objetivo. Cuando las marcas reconocen y participan activamente en el "estilo de vida" de su comunidad, pueden crear conexiones más profundas e integrarse orgánicamente en la vida de sus clientes.

Las redes sociales nos ofrecen una plataforma para alzar la voz y hacernos oír. Es una oportunidad para establecer contactos y construir una comunidad. Arianna Huffington, fundadora de The Huffington Post. Fuente: Forbes, 14 de junio de 2018

Arianna Huffington destaca el poder de las redes sociales para ofrecer un escenario en el que individuos y organizaciones puedan expresarse y hacerse notar ante una amplia audiencia. Para las empresas, esto supone una oportunidad única de comunicarse directa y auténticamente con su público objetivo. Al compartir visiones, valores e historias, no sólo pueden reforzar su marca, sino también generar confianza y credibilidad. Además, Huffington destaca la oportunidad de establecer conexiones y crear comunidades a través de las redes sociales. Las empresas pueden aprovechar esta oportunidad fomentando comunidades activas y comprometidas en torno a su marca o sus productos. Esto no sólo fideliza a los clientes, sino que permite conocer mejor sus necesidades y deseos. En una comunidad de este tipo, las empresas pueden recibir comentarios directamente y adaptar sus ofertas en consecuencia, lo que en última instancia conduce a un crecimiento y un éxito sostenibles.

Las redes sociales no son para niños

Muchos niños utilizan las redes sociales, aunque las plataformas suelen tener restricciones de edad. Esto se debe a varios factores. Por un lado, los mecanismos de control de las plataformas no suelen ser lo bastante estrictos como para restringir realmente el acceso. Por otro, la presión social entre iguales es grande; los niños quieren pertenecer a un grupo e intercambiar ideas. A esto se añade la curiosidad por explorar el mundo digital y la fácil disponibilidad de teléfonos inteligentes y tabletas. El uso temprano e intensivo de las redes sociales tiene diferentes efectos en los niños. En el lado positivo, les proporciona una plataforma para la autoexpresión, la creatividad y la creación de redes. Por otro lado, pueden estar expuestos a contenidos inapropiados, ciberacoso o tiempo de pantalla excesivo, lo que puede tener efectos psicológicos, sociales y físicos negativos. La búsqueda constante de validación a través de los "me gusta" también puede afectar a su autoestima.

El conocimiento de la presencia y el impacto de los redes sociales en los niños conlleva una responsabilidad especial para las empresas. Las empresas deben seguir unas directrices éticas, especialmente a la hora de diseñar contenidos, campañas publicitarias y mecanismos de interacción, para garantizar que no ponen en peligro ni explotan a los niños. Esto puede incluir la provisión de contenidos adecuados a la edad, la realización de campañas publicitarias claramente etiquetadas y la defensa activa de la seguridad y el bienestar de los niños en las plataformas.

La edad recomendada para utilizar las plataformas de redes sociales depende de varios factores, como la ubicación del usuario y las condiciones de uso de la plataforma respectiva. Las propias redes sociales publican directrices que recomiendan y, en muchos casos, imponen una edad mínima. Estas son algunas de las recomendaciones de las plataformas de redes sociales para Alemania:

- **Facebook:** permitido a partir de los **13.** Sin embargo, al tratarse de un servicio de tratamiento de datos, según el GDPR, en Alemania es necesario el consentimiento paterno si los niños y jóvenes menores de **16 años** quieren utilizar Facebook.
- **YouTube:** A partir de los **16 años, el** registro puede hacerse con la propia cuenta de Google. Sin embargo, sigue siendo necesario el consentimiento paterno para que las personas de entre **16 y 18 años se registren** en YouTube. Para los más pequeños, los padres pueden crear una cuenta en YouTube Kids.
- **WhatsApp:** La edad mínima oficial para WhatsApp en los países de la UE es de **16 años.** Para utilizar WhatsApp, tienes que aceptar las condiciones de uso y la política de privacidad actualizadas. Al hacerlo, también debes confirmar que tienes al menos 16 años.
- **Instagram:** En Instagram, la edad mínima según las condiciones de uso es de **13 años** (a partir de marzo de 2023). No se verifica la edad.
- **TikTok:** A partir de **13 años.** Aunque TikTok establece una restricción de edad de 13 años, es habitual que personas más jóvenes utilicen la aplicación. Todas las cuentas de adolescentes entre **13 y 15 años** se configuran automáticamente como "privadas". Las cuentas de adolescentes entre **16 y 17 años** también están restringidas en algunas funciones. Las retransmisiones en directo solo pueden iniciarlas personas mayores de **18 años** que tengan al menos 1.000 seguidores desde noviembre de 2022.

- **Snapchat:** La edad mínima para registrarse en Snapchat es de **13 años.** Hasta los **18 años**, solo se permite su uso con el consentimiento paterno.
- **BeReal:** Permitido a partir de los **13 años.** Según los términos y condiciones, los jóvenes de entre **13 y 16 años**, dependiendo del país, necesitan el consentimiento de un padre o tutor.
- **Twitter / X:** Según las condiciones de uso, la edad mínima es de **13 años.** Sin embargo, esto sólo se aplica si la persona también está autorizada a dar su consentimiento para el tratamiento de datos personales en el país correspondiente. De acuerdo con la ley, este no es el caso en Alemania hasta la edad de **16 años.**
- **LinkedIn:** En Alemania, Austria, Suiza y también Estados Unidos, por ejemplo, hay que tener **14 años** para entrar en LinkedIn. Los holandeses tienen que tener al menos **16**, los chinos **18**.
- **Pinterest:** En algunos países, como los Estados miembros de la UE, la edad mínima para dar el consentimiento al tratamiento de datos oscila entre los 13 y los 16 años. En Alemania, solo se da a partir de los **16 años** según la ley.
- **Tumblr:** Según las condiciones de uso de Tumblr, la edad mínima general de la plataforma es de 13 años. Sin embargo, los usuarios de la Unión Europea deben tener al menos **16 años.**
- **Twitch:** Clasificación por edades según GTC a partir de **18 años** - o a partir de 13 años bajo supervisión de uno de los padres.
- **Reddit:** Tiene una clasificación por edades en Google Play Store y una clasificación para mayores de 17 años en Apple Store. Parte del contenido solo es apto para mayores de **18 años** y está marcado como NSFW (not safe for work).
- **Xing:** Calificación por edades a partir de **18 años** - o a partir de **13 años** bajo la supervisión de uno de los padres.
- **Vimeo:** Edad mínima según proveedor **16 años**, para uso comercial **18 años.**
- **Skype:** Los sitios web y el software de Skype no están destinados a usuarios menores de **13 años.** Sin embargo, el uso requiere el consentimiento de un padre o tutor si el usuario es menor de **16 años.**
- **WeChat:** A partir de **18 años** sin el consentimiento de tus padres.
- **Telegram:** Según las condiciones de uso, Telegram está permitido a partir de los **16 años.**
- **Viber:** sin restricción de edad, pero su uso requiere el consentimiento de un padre o tutor si el usuario es menor de **16 años.**
- **SoundCloud:** Tener al menos **18 años.** Si tienes al menos **13 años**, necesitas permiso de tus padres o tutores legales.

- **OnlyFans: Según la** política de OnlyFans, los usuarios deben tener al menos **18 años**.
- **amazon:** A partir de **18 años** sin consentimiento paterno.

(Fuentes: www.saferinternet.at, ZDNet.com, www.bussgeldkatalog.net, www.medienkindersicher.de, www.klicksafe.de, www.internetmatters.org, www.elternguide.online)

Tarea:

Basándose en las clasificaciones por edades que ve arriba, podrías preguntarte, ¿y yo y mi familia? ¿Cómo utilicemos las redes sociales? Para establecer normas comprensibles con tus propios hijos, te recomiendo que analices abiertamente en familia las siguientes cuestiones y definas unas reglas comunes:

- ¿Sigues las edades recomendadas?
- Si no es así, ¿cuál crees que es la razón?
- ¿Cuáles son los peligros para los niños que no han alcanzado la edad de consentimiento o son más jóvenes de lo solicitado?
- ¿Por qué es bueno respetar los límites de edad?
- ¿Cuáles son sus objetivos al utilizar los canales?

Por qué diferentes edades mínimas en las redes sociales

Te habrás dado cuenta de que las plataformas de Internet más populares tienen diferentes límites de edad mínima. Servicios como Facebook, Instagram y TikTok fijan la edad mínima en 13 años. Esto se basa en la Ley de Protección de la Privacidad Infantil en Internet (COPPA) de Estados Unidos, que establece que los menores de 13 años son considerados como tales y las plataformas necesitan el consentimiento de los padres antes de poder procesar sus datos. WhatsApp, por su parte, se alinea con el Reglamento General Europeo de Protección de Datos (GDPR) a los 16 años, que tiene normas similares a la COPPA. Otras plataformas como YouTube, Netflix y Spotify establecen una edad mínima de 18 años, pero con el consentimiento de los padres, los usuarios más jóvenes pueden acceder a ellas. La razón por la que eligen los 18 años como límite podría tener que ver con la oferta de contenidos específicos, como películas con una calificación de 18 años o más en Netflix.

¿Protección para los jóvenes? Los límites mínimos de edad establecidos por ley se introdujeron para proteger a niños y jóvenes. La idea era que las plataformas mostraran especial consideración por la privacidad de los usuarios jóvenes y no explotaran su buena naturaleza. Pero las leyes no siempre tienen el efecto deseado. Los proveedores suelen reaccionar excluyendo el uso por menores en sus términos y condiciones o solicitando el consentimiento paterno.

¿La edad mínima como guía para los padres? La edad mínima especificada en las CG es ante todo una referencia jurídica y no educativa. Se refiere principalmente a requisitos de protección de datos. Esto significa que un servicio que especifica una edad mínima de 13 años no ha sido necesariamente probado y recomendado para este grupo de edad. Del mismo modo, los servicios con una edad mínima de 16 años no son necesariamente inadecuados para usuarios más jóvenes. Por tanto, como padre o madre, debes informarte sobre el contenido real y los riesgos potenciales de un servicio antes de decidir si permites o no que tu hijo lo utilice.

Redes sociales para adultos

Los canales de las redes sociales existen sólo para adultos porque algunos contenidos o temas no son adecuados para un público más joven. Este puede ser el caso tanto por razones legales como éticas. Por ejemplo, las plataformas que se centran en temas como el entretenimiento para adultos, los discursos intensos o los contenidos específicos del sector pueden dirigirse a un público más maduro. No se trata sólo de proteger a los menores, sino también de proporcionar a los usuarios un entorno en el que puedan abordar temas que podrían no ser apropiados en grupos de edades mixtas. Las empresas activas en este tipo de plataformas especializadas deben tener especial cuidado. El tono adecuado y la sensibilidad hacia la audiencia son cruciales. La publicidad y los contenidos deben ser claros, honestos y responsables. También es importante mantenerse constantemente al día de las normas legales y éticas para asegurarse de no entrar en terreno inseguro y mantener la confianza del público objetivo. Hay algunas plataformas a las que sólo se puede acceder a partir de los 18 años:

- **FetLife:** FetLife es la mayor red social del mundo para la comunidad BDSM y fetichista y se considera a sí misma como el "Facebook de la comunidad kink".

- **Tinder:** Tinder es una aplicación comercial de citas a través del móvil, es decir, a través de Internet. Por tanto, se cuenta entre las bolsas de solteros.
- **Ashley Madison:** Ashley Madison es un portal online fundado por Darren Morgenstern en 2002 para contactar con parejas sexuales para ligar.
- **Seeking Arrangement:** Seeking Arrangement es un portal donde los llamados sugardaddies y sugarbabes se registran para llegar a un acuerdo a largo plazo.
- **Grindr:** Grindr es una aplicación móvil de citas que permite a los hombres homosexuales, bisexuales y transexuales localizar y contactar con otros hombres de su zona.
- **OnlyFans:** OnlyFans es una plataforma y aplicación online creada en 2016. Permite pagar por contenidos (fotos, vídeos y retransmisiones en directo) a través de una suscripción mensual. El contenido es creado principalmente por YouTubers, entrenadores de fitness, modelos, creadores de contenido y figuras públicas para monetizar su profesión. También es popular entre los creadores de contenidos para adultos.
- **Netflix:** Según los términos y condiciones, sólo se puede abrir una cuenta Neflix a partir de los 18 años (a partir de marzo de 2023). Los menores de 18 años solo pueden utilizar el servicio de streaming bajo la supervisión de un adulto.
- **amazon / amazon prime:** Según los términos y condiciones de Amazon, los menores no pueden comprar productos en la plataforma. Por lo tanto, sólo se puede pedir algo legalmente en Amazon a partir de los 18 años. Los servicios de Amazon también sólo pueden utilizarse a partir de los 18 años o con la participación de un padre o tutor.
- **Fansly:** Fansly es para creadores de contenidos para adultos. Comparte muchas similitudes con OF, como el sistema de suscripción para acceder al feed de un creador y las opciones para publicar vídeos y fotos.
- **FanCentro:** FanCentro es una red social premium que permite a los fans suscribirse a su diseñador favorito. Esta plataforma se centra principalmente en contenidos para adultos.
- **Just for Fans:** Just for Fans es otra popular plataforma de intercambio de contenidos en la que los creadores pueden vender clips y productos personalizados, enviar mensajes directos a sus fans y hacer retransmisiones en directo. Just for Fans se centra en contenidos para adultos orientados principalmente al colectivo LGBT.
- **LoyalFans:** LoyalFans sirve para entrar en el mundo de los adultos. Por una cuota mensual, puedes compartir contenidos de foto, vídeo o texto.

También existe la opción de organizar programas en directo y chatear con los fans.

- **Patreon:** Patreon no permite contenido explícito para adultos. Sin embargo, los desnudos están permitidos y deben ser etiquetados como tales, ya que la plataforma está más orientada al público en general.

Las redes sociales y los niños

Los niños representan un grupo objetivo único y codiciado en el mundo de la publicidad, especialmente en las redes sociales. Esto se debe a varias razones. En primer lugar, los niños son consumidores maleables. Están formando sus preferencias y hábitos de compra, lo que significa que las marcas que causan una impresión positiva desde el principio pueden crear una base de clientes fieles para el futuro. Además, los niños influyen mucho en las decisiones de compra de sus padres. Esto ocurre sobre todo con los productos destinados principalmente a los niños, como juguetes, ropa infantil o alimentos. Pero los niños también suelen tener voz en compras más generales. Aportan su opinión y pueden así influir en las decisiones de compra. Esto los convierte en un valioso grupo objetivo para los anunciantes.

Sin embargo, la comunicación en los redes sociales difiere fundamentalmente de la publicidad clásica. Mientras que la publicidad clásica suele ser unilateral y dirigirse a un grupo objetivo amplio, los redes sociales permiten una comunicación selectiva, personalizada e interactiva. Las empresas pueden crear contenidos específicos adaptados a los intereses y preferencias de los niños, garantizando al mismo tiempo su privacidad y seguridad. No obstante, la publicidad dirigida a los niños no está exenta de polémica y requiere un enfoque ético y responsable. Es importante que las empresas tengan en cuenta las salvaguardias adecuadas a la hora de comunicarse con este joven grupo destinatario. No obstante, a pesar de los retos, es innegable que los niños ofrecen un enorme potencial como grupo objetivo en las redes sociales si se tienen en cuenta sus intereses y necesidades de forma respetuosa y adecuada.

Los niños son un grupo objetivo especialmente sensible a la publicidad, sobre todo a la publicidad en las redes sociales. Esta sensibilidad se debe a varios factores psicológicos. El primero de ellos es el desarrollo cognitivo. Los niños y los jóvenes se encuentran en una fase de desarrollo en la que todavía están adquiriendo un pensamiento crítico y una comprensión global del mundo. Todavía no son plenamente capaces de distinguir entre contenido editorial y publicidad. Este es un problema particular de las redes sociales, donde la publicidad a menudo está sutilmente integrada en el contenido editorial, por ejemplo en forma de marketing de influidores.

Otro factor es la influencia social. Los niños y los jóvenes están muy influidos por sus iguales y sus modelos. En las redes sociales, esta influencia es aún más pronunciada, ya que los niños y jóvenes pueden seguir en tiempo real las actividades, opiniones y preferencias de compañeros y famosos. Pueden sentirse presionados a comprar determinados productos o a respaldar ciertas marcas para pertenecer o ser aceptados. El tercer factor es la respuesta afectiva. Los niños responden con fuerza a los estímulos emocionales y se sabe que los redes sociales utilicen esos estímulos con eficacia. Por ejemplo, las imágenes coloridas, los vídeos divertidos o las historias emotivas asociadas a una marca o un producto pueden evocar fuertes emociones positivas y crear el deseo de poseer el producto.

En conclusión, la exposición prolongada a la publicidad en las redes sociales puede conducir a un proceso de condicionamiento social. Cuanto más frecuentemente se exponga a los niños a un determinado mensaje publicitario, más probable será que lo acepten y adapten su comportamiento en consecuencia. Por todas estas razones, es fundamental que padres, educadores y reguladores refuercen la alfabetización mediática de los niños y se aseguren de que adquieren las habilidades que necesitan para relacionarse de forma crítica con la publicidad en las redes sociales.

¡Atención niños!

Lo que las empresas deben tener en cuenta si muestran, quieren mostrar o planean dirigirse a los niños en sus canales de redes sociales:

Consentimiento de los padres: Es importante que los padres de los niños hayan dado su consentimiento por escrito para el uso de la imagen.

Anonimato: Las empresas deben garantizar que no se mencione el nombre del niño ni se revele ninguna información personal.

Protección de la intimidad: Debe protegerse la intimidad del niño. No deben revelarse datos privados como el lugar de residencia, la escuela o el número de teléfono.

Ninguna representación sexual: las empresas deben asegurarse de que el niño no aparezca en una pose sexual o sugerente.

Sin representación discriminatoria: debe evitarse que el niño sea discriminado por razones de sexo, raza o religión.

Sin peligro para el niño: Las empresas deben asegurarse de que el niño no aparezca en situaciones peligrosas, como cerca del agua o en una calle muy transitada.

Ninguna declaración política: Debe evitarse que el niño sea instrumentalizado políticamente.

No comercializar con el niño: Las empresas deben asegurarse de que el niño no sea utilizado indebidamente como embajador publicitario.

Ningún uso sin consentimiento: Las empresas deben asegurarse de que solo utilicen imágenes de niños para las que cuentan con el consentimiento por escrito de todos los padres o tutores.

Uso de filtros: Las empresas deben utilizar filtros para proteger al menor de comentarios o mensajes no deseados.

¿Cómo ha cambiado la comunicación? Estudios actuales.

Según un estudio de Hootsuite y We Are Social, más de 5.300 millones de personas en todo el mundo estaban activas en las redes sociales en enero de 2022, lo que supone un aumento interanual del 13%.
www.blog.hootsuite.com/global-social-media-statistics

Según una encuesta del Pew Research Center de 2021, el 69% de los adultos estadounidenses utilicen las redes sociales, frente a sólo el 5% en 2005.
www.pewresearch.org/internet/fact-sheet/social-media

Según una encuesta realizada en 2021 por Statista, el 44% de los internautas alemanes utilice las redes sociales, lo que supone un aumento del 10% respecto al año anterior.
es.statista.com/statistics/data/study/165341/survey/share-of-users-of-social-networks-in-germany/

Según una encuesta realizada en 2021 por Adobe, el 76% de los profesionales
del marketing afirman que consideran que las redes sociales son la táctica de
marketing más importante.
www.adobe.com/de/featured-campaigns/experience-makers/pdfs/adobe-
2021-digital-trends-report-de.pdf

Según una encuesta realizada en 2021 por Hootsuite, más de 4.330 millones
de personas en todo el mundo utilicen las redes sociales. Esto representa
casi el 55 % de la población mundial.
blog.hootsuite.com/es/social-media-statistics-for-business/

Según el Estudio ARD/ZDF Online 2021, el 79,4% de las personas mayores de
14 años en Alemania utilicen las redes sociales. Esto corresponde a unos 55
millones de usuarios.
www.ard-zdf-onlinestudie.de/files/2021/06/
ARD_ZDF_Onlinestudie_2021.pdf

Según una encuesta realizada en 2021 por Statista, el 90% de los jóvenes de
18 a 29 años de Estados Unidos utilice las redes sociales.
www.statista.com/statistics/187041/us-social-network-penetration-by-
age/

Según un estudio realizado en 2021 por Sprout Social, el 91% de los
consumidores afirma seguir a las marcas en las redes sociales.
sproutsocial.com/insights/data/q1-2021/)

Según una encuesta realizada en 2021 por GlobalWebIndex, la gente de todo
el mundo pasa una media de casi 2,5 horas al día en las redes sociales.
www.globalwebindex.com/reports/social

Según un estudio realizado en 2020 por Hootsuite, el 84% de las empresas
utilicen las redes sociales con fines de marketing.
blog.hootsuite.com/en/social-media-statistics-for-businesses/

Según una encuesta realizada en 2021 por YouGov, el 84% de la generación
del milenio (de 18 a 34 años) en Alemania utilice las redes sociales a diario.
yougov.com/topics/overview/report/2021/social-media-monitor-
2021#/?Tab=2

Según un estudio realizado en 2020 por HubSpot, el 70% de los consumidores afirman sentirse inspirados por los contenidos de las marcas en las redes sociales.
www.hubspot.com/marketing-statistics

Según una encuesta del Pew Research Center de 2021, el 81% de los adultos de Estados Unidos utilice YouTube.
www.pewresearch.org/internet/fact-sheet/social-media/

Según un estudio de 2021 de Socialbakers, el gasto publicitario en redes sociales ha aumentado un 50% desde 2019.
www.socialbakers.com/blog/social-media-trends-report-q2-2021

Según un estudio de Hootsuite de octubre de 2022, aproximadamente 4.736 millones de personas en todo el mundo utilicen las redes sociales.
blog.hootsuite.com/social-media-statistics-for-social-media-managers

Según una encuesta realizada en 2020 por HubSpot, el 45% de los encuestados afirmó utilicer las redes sociales para informarse sobre marcas y empresas.
www.hubspot.com/marketing-statistics

Según un estudio realizado en 2020 por GlobalWebIndex, la gente pasa una media de 2 horas y 24 minutos al día en las plataformas de los redes sociales.
www.globalwebindex.com/reports/social

Según una encuesta realizada en 2021 por Sprout Social, el 91 % de los consumidores prefiere las marcas que son honestas, auténticas y transparentes.
sproutsocial.com/insights/social-media-statistics/#estadisticas-de-comportamiento-del-consumidor

Según un estudio realizado en 2021 por Smart Insights, el 73% de los profesionales del marketing utilicen las redes sociales para apoyar sus objetivos empresariales.
www.smartinsights.com/social-media-marketing/social-media-strategy/new-global-social-media-research/

Según un estudio de 2021 de eMarketer, se espera que el gasto mundial de los anunciantes en redes sociales alcance los 105.600 millones de dólares en 2023.

www.insiderintelligence.com/topics/topic/social-media-usage

Según una encuesta realizada en 2021 por Edison Research, el 30% de los adultos estadounidenses utilicen las redes sociales para consumir noticias. www.edisonresearch.com/edison-research-introduces-the-social-habit/

Según una encuesta realizada en 2021 por Buffer, el 63% de los profesionales del marketing creen que las redes sociales son un canal eficaz para aumentar el conocimiento de la marca. buffer.com/resources/social-media-stats-facts/

Según un estudio de 2021 de We Are Social, YouTube es la plataforma de redes sociales más utiliceda en Alemania, con el 81% de los internautas, seguida de WhatsApp, con el 73%, y Facebook, con el 68%. wearesocial.com/es/blog/2022/01/digital-2022/

Según una encuesta realizada en 2021 por Nielsen, el 84% de los encuestados afirmaron haber comprado productos y servicios en las redes sociales basándose en recomendaciones de amigos y familiares. www.nielsen.com/de/news-center/2022/eine-frage-des-vertrauens-studie/

¿Los viejos tiempos?

La digitalización y la introducción de Internet han cambiado radicalmente la forma en que las personas se comunican entre sí. Este cambio se ha acelerado aún más con el desarrollo de las plataformas de redes sociales y está recibiendo un impulso sin precedentes con el desarrollo actual de diversas herramientas de IA. La forma en que compartimos información, expresamos opiniones, mantenemos relaciones e incluso hacemos negocios ha cambiado radicalmente. La comunicación digital se ha vuelto casi en tiempo real y sin fronteras, complementando, si no suplantando, la comunicación física tradicional en muchos sentidos.

El cambio en la comunicación está estrechamente relacionado con las distintas generaciones que crecieron con tecnologías y medios de comunicación diferentes. La generación del baby boom, por ejemplo, aún crecía con cartas y llamadas telefónicas. La Generación X vivió los inicios de Internet y los primeros correos electrónicos. Los mileniales, por su parte, crecieron con la mensajería instantánea, los foros y los blogs, mientras que la Generación Z fue testigo del nacimiento de las redes sociales y creció en un mundo de redes e interacción constantes.

Estos cambios en la comunicación no son una tendencia pasajera, sino una evolución permanente. La digitalización y la interconexión del mundo avanzan sin descanso, y las opciones tecnológicas de comunicación son cada vez más diversas y potentes. Es difícil imaginar que volvamos a las antiguas formas de comunicación. Por el contrario, los medios digitales de comunicación serán cada vez más sofisticados y diversos, impregnando cada vez más aspectos de nuestras vidas. Para las empresas, esta evolución tiene consecuencias de gran alcance. Quien quiera tener éxito en el mundo actual no puede permitirse ignorar las redes sociales. Las plataformas de redes sociales ofrecen una comunicación directa, interactiva y específica con los clientes. Permiten responder con rapidez y flexibilidad a los deseos de los clientes y a las tendencias del mercado, aumentar el conocimiento de la marca y fidelizar a los clientes. Las empresas que aprovechan estas oportunidades y las incorporan a su estrategia de comunicación tienen una ventaja decisiva sobre las que se aferran a formas anticuadas de comunicación.

En conclusión, es importante subrayar que el cambio en la comunicación no es algo que debamos temer o rechazar. Es mejor ser curioso y estar abierto a las nuevas oportunidades que se nos presentan. Al fin y al cabo, el futuro está en la comunicación digital, y nos ofrece oportunidades y posibilidades que hace unas décadas ni siquiera podíamos imaginar. Así que, en lugar de mirar atrás con nostalgia, deberíamos mirar al futuro con ilusión y explorar lo que nos deparan los medios digitales de comunicación.

Lecturas recomendadas

Marketing en redes sociales 2024: Dominando las Nuevas Tendencias y Estrategias para el Éxito Online por Robert Hill, 2023.

Social Media Marketing All-in-One For Dummies by Michelle Krasniak, Jan Zimmerman , et al., 2021.

Social Media Marketing & SEO Mastery: 7 Book In 1 - Facebook, Instagram, WhatsApp, YouTube, Tik Tok Marketing Strategy & Blogging for Beginners (How To Make Money 24) por Blake Preston y Brian Scott Fitzgerald, 2023.

La comunidad es tu moneda: 10 pasos para crear una comunidad online próspera y hacer crecer tu negocio por Daisy Morris, 2023.

The New Rules of Marketing and PR: How to Use Content Marketing, Podcasting, Social Media, AI, Live Video, and Newsjacking to Reach Buyers Directly por David Meerman Scott, 2022.

Marketing para Millennials: Reach the Largest and Most Influential Generation of Consumers Ever por Jeff Fromm y Christie Garton, 2024.

SOCIAL MEDIA TREND 2024/8
El poder de los nano y micro influenciadores:
Cómo las cuentas pequeñas tienen un gran impacto

¿Ya eres fan del marketing de influidores? Si es así, probablemente hayas oído hablar de las grandes y relucientes cuentas de Instagram dirigidas por famosos. Pero, ¿has oído hablar también de los nano influidores? Se trata de cuentas pequeñas pero poderosas, con entre 1.000 y 10.000 seguidores, que a menudo se subestiman. Pero tienen un poder que no se debería subestimar. Por ejemplo, ¿sabías que estudios han demostrado que los nano y micro influidores alcanzan hasta cuatro veces la tasa de interacción de los grandes influidores? Esto significa que sus seguidores no sólo interactúan más, sino que también son más activos y comprometidos. Y eso es exactamente lo que todos queremos de nuestros seguidores, ¿verdad?

Pero, ¿cómo consiguen estas pequeñas cuentas tener tanto éxito a pesar de su menor alcance? Principalmente por su autenticidad y credibilidad. A diferencia de los grandes influidores, que suelen tener acuerdos publicitarios con grandes marcas y parecen promocionar todo lo que se les pone por delante, los nano y micro influidores a menudo solo pueden permitirse unas pocas colaboraciones y las seleccionan específicamente para ello. De esta forma, pueden asegurarse de que sólo promocionan productos o servicios de los que están realmente convencidos. Y sus seguidores también lo notan. Pero eso no es todo: estos influidores suelen tener un nicho muy específico en el que se centran. Ya sea nutrición vegana, moda sostenible o viajes con niños, hay un influencer para cada grupo de interés. Y este enfoque hace que sus seguidores confíen aún más en ellos y se tomen en serio sus recomendaciones.

Otra ventaja de los nano y micro influenciadores es que suelen dirigirse a comunidades locales. Por ejemplo, si tienes una pequeña boutique en una ciudad concreta, un microinfluencer de esa ciudad puede dirigirse justo a los seguidores adecuados y atraer así a clientes potenciales hacia ti. Esto es mucho más eficaz que pagar a un gran influencer que tiene un alcance enorme, pero no se dirige a un público específico. Pero, ¿cómo encontrar realmente a los nanoinfluenciadores y microinfluenciadores adecuados para tu empresa? Afortunadamente, hoy en día existen varias plataformas que ayudan a encontrar a los influidores adecuados. Desde Upfluence hasta Hivency, hay muchas plataformas adecuadas para cada necesidad. Pero una búsqueda manual en Instagram u otras plataformas de redes sociales también puede valer la pena. Solo tienes que buscar hashtags o palabras claves que coincidan con tu marca o producto y echar un vistazo más de cerca a las cuentas.

Los micro influenciadores y los macro influenciadores se diferencian por su alcance y número de seguidores. Los micro influenciadores suelen tener menos seguidores pero una mayor tasa de interacción, mientras que los macro influenciadores tienen un mayor alcance pero pueden tener una menor tasa de interacción. Según un estudio de Hopper HQ, una empresa de marketing en redes sociales, el número medio de seguidores de los micro influidores es de 30.000 y la tasa media de interacción es del 7,2%. En cambio, los macro influenciadores suelen tener más de 100.000 seguidores y una tasa media de interacción del 1,7%. Según otro estudio de Influencer Marketing Hub, los micro influenciadores generan 22,2 veces más interacciones a la semana que los macro influenciadores.

Estas cifras muestran que, aunque los microinfluenciadores tienen un alcance menor, su tasa de interacción es mayor y, por tanto, su comunidad está más comprometida. Esto puede ser beneficioso para las empresas, ya que una mayor tasa de interacción suele traducirse en un mayor ROI.

¿Qué tipos de personas influyentes hay?

Existen diferentes tipos de influidores que varían en cuanto a su alcance, especialización e interacciones con su audiencia.

- **Nano influenciadores:** Los nano influidores suelen tener entre 1.000 y 10.000 seguidores y suelen estar especializados en un nicho o un tema concreto. Cuentan con seguidores muy entregados y fieles y suelen alcanzar altas tasas de interacción.
- **Micro influenciadores:** Los micro influidores suelen tener entre 10.000 y 50.000 seguidores y a menudo tienen un nicho o área de interés específico. Tienen una fuerte conexión con su audiencia y a menudo logran una mayor tasa de participación que los macro influenciadores.

- **Macro influenciadores:** Los Macro-Influidores suelen tener entre 50.000 y 1 millón de seguidores y suelen tener una audiencia más amplia. Suelen estar especializados en varios temas y suelen tener una alta tasa de interacción debido a su reconocimiento e influencia.
- **Mega influenciadores:** Los Mega-Influidores suelen tener más de 1 millón de seguidores y a menudo son celebridades o figuras públicas. Cuentan con un gran número de seguidores y suelen alcanzar altas tasas de interacción gracias a su notoriedad e influencia.

Nano y microinfluenciadores: una oportunidad para las pequeñas empresas

Trabajar con nano y micro influenciadores puede resultar especialmente atractivo para las pequeñas y medianas empresas por varias razones. En primer lugar, la **credibilidad**. Los micro influenciadores suelen tener una relación más estrecha y personal con sus seguidores, lo que significa que sus recomendaciones y opiniones se perciben como especialmente creíbles y auténticas. Sus seguidores confían en ellos y valoran sus opiniones, lo que les convierte en embajadores de marca convincentes.

En segundo lugar, **la relevancia**. Los micro influenciadores suelen ser expertos en su área de interés específica, ya sea moda, fitness, cocina o tecnología. Esto significa que es probable que sus seguidores tengan un gran interés en esa área y, por lo tanto, son muy relevantes para las empresas que operan en ese sector. Esto permite un acercamiento muy específico al grupo objetivo deseado.

En tercer lugar, el **coste**. Comparado con el coste de trabajar con macro influenciadores, el coste de los micro influenciadores suele ser mucho menor. Esto los hace atractivos para las empresas más pequeñas con presupuestos de marketing limitados. Sin embargo, llegan a un grupo objetivo específico y comprometido, lo que optimiza el ROI de la campaña.

Por último, es importante destacar que trabajar con micro influenciadores requiere una planificación y una estrategia cuidadosas. Las empresas necesitan encontrar al influencer adecuado que encaje con su marca y pueda transmitir su mensaje con autenticidad para lograr el éxito deseado.

Sin embargo, antes de que las empresas empiecen a trabajar con personas influyentes, deben tener en cuenta algunas cosas importantes:

Relevancia: Es importante que el influencer con el que trabaje la empresa tenga un público objetivo relevante que también encaje con la empresa. El influencer debe tener conocimientos o experiencia en el campo de la empresa. La relevancia de un influencer se refiere a lo relevante o importante que es para su público objetivo. Una relevancia alta significa que el influencer goza de un alto nivel de confianza y credibilidad entre su público objetivo y es capaz de influir en él. Factores como el tamaño y la calidad de la comunidad de seguidores, la participación de los seguidores, el nicho o tema en el que se especializa el influencer y la calidad del contenido desempeñan un papel importante. Cuanto más relevante sea un influencer para una determinada marca o producto, más probabilidades tendrá de generar resultados positivos para la campaña de marketing o publicidad.

Autenticidad: La autenticidad del influencer también es importante para garantizar que el público objetivo confía en él y que transmite una opinión creíble. La autenticidad de un influencer puede considerarse a menudo su "marca registrada". Es lo que le diferencia de los demás y lo que le hace ganar seguidores fieles. Para comprobar este rasgo, debes profundizar en su presencia en las redes sociales. Comprueba si el contenido del influencer parece genuino y personal o si parece escenificado. Un influencer auténtico no cambia constantemente sus opiniones y valores para adaptarse a diferentes marcas o a las tendencias del momento.

Credibilidad: Las empresas deben asegurarse de que el influencer es creíble y no se limita a promocionar publicaciones pagadas. La credibilidad es fundamental porque genera confianza entre el influencer y sus seguidores. Fíjate en la coherencia de las publicaciones y opiniones del influencer. Comprueba si promociona productos o servicios sólo si realmente los utilice o cree en ellos. La falta de coherencia o las publicaciones promocionales demasiado obvias pueden ser signos de falta de credibilidad.

Compromiso: Es importante que el influencer tenga seguidores activos que se interesen por su contenido e interactúen con él. El mero número de seguidores puede ser engañoso. Lo más importante es lo activos y comprometidos que son esos seguidores. Comprueba si los seguidores del influencer comentan, comparten o interactúan con el contenido de forma regular. Un alto índice de participación suele indicar que la persona influyente ha establecido una relación genuina con su comunidad.

Reputación: Las empresas deben comprobar cuidadosamente la reputación del influencer antes de trabajar con él. Los titulares negativos o las declaraciones controvertidas también pueden repercutir en la empresa. Cualquiera puede cometer errores con el tiempo. Pero es importante saber si un influencer ha aparecido en titulares negativos en el pasado y de qué manera. Las búsquedas en Internet y los comentarios de otras marcas pueden ayudarte a hacerte una idea de la reputación del influencer.

Presupuesto: Las empresas deben establecer un presupuesto realista para trabajar con personas influyentes a fin de garantizar que la remuneración sea adecuada y el retorno de la inversión sea correcto. Es fundamental una comunicación clara sobre las expectativas financieras. Pida desgloses detallados de los costes y compárelos con su presupuesto. Tenga en cuenta también cualquier coste oculto o tasa adicional.

Contrato: Es importante firmar un contrato con el influencer que defina las expectativas y las condiciones de la colaboración. Un contrato claro y detallado protege a ambas partes. Asegúrate de que todos los aspectos de la colaboración, desde las expectativas hasta el pago y las fechas de entrega, estén claramente establecidos.

Objetivos: Las empresas deben definir objetivos claros para trabajar con personas influyentes a fin de garantizar que la campaña tenga éxito y logre los resultados deseados. Toda campaña con personas influyentes debe tener objetivos claros. Ya se trate de notoriedad de marca, promoción de ventas o creación de comunidad, el influencer debe tener una idea clara de cómo alcanzar estos objetivos.

Posibilidad de medición: Las empresas deben asegurarse de que la campaña con influidores es medible para determinar el ROI y optimizar la campaña en el futuro. Un influencer profesional debe disponer de herramientas de análisis claras y comprensibles para medir el éxito de sus campañas. Debe ser capaz de proporcionar KPI claros como las tasas de participación, las conversiones o el crecimiento del alcance.

Transparencia: Las empresas deben ser transparentes y dejar claro que se trata de una colaboración remunerada. En muchos países, esto es obligatorio por ley y las infracciones pueden acarrear sanciones severas. Una persona influyente debe estar dispuesta a revelar sus relaciones comerciales, sus colaboraciones anteriores e incluso sus fracasos. Esto no solo demuestra integridad, sino que también ayuda a evitar posibles conflictos de intereses.

Al considerar detenidamente estos aspectos, las empresas pueden asegurarse de que las colaboraciones con personas influyentes les resulten fructíferas y consigan los resultados deseados para los objetivos de marketing.

GPT, ¿qué preguntas debe hacerse una empresa antes de hacer una campaña con un microinfluencer?

- *¿Coincide el influencer con la marca y el grupo objetivo de la empresa?*
- *¿Cuál es la tasa de compromiso del influencer?*
- *¿Cuántos seguidores tiene el influencer?*
- *¿Cómo son de activos?*
- *¿Qué tipo de contenido crea el influencer?*
- *¿Cuáles son las experiencias de otras empresas con este influencer?*
- *¿Hasta qué punto es transparente el influencer con respecto a las colaboraciones remuneradas?*
- *¿Cuál es el nivel de credibilidad y autenticidad del influencer?*
- *¿Hasta qué punto es arriesgado para la imagen trabajar con un influencer?*
- *¿Cómo se compara la relación calidad-precio del influenciador con la de otros posibles socios colaboradores?*
- *¿Hasta qué punto es prometedora una colaboración con este influencer para alcanzar los objetivos de la campaña?*

Estas preguntas ayudan a la empresa a evaluar la idoneidad de un microinfluencer para su propia campaña y a identificar posibles riesgos o problemas de antemano. De este modo, las empresas pueden asegurarse de que llevan a cabo una campaña de éxito que se ajusta a su propia marca y grupo objetivo y deja una impresión auténtica en los seguidores.

¿Qué hace que un influencer sea auténtico?

El término "influencer" (influyente o influenciador) tiene su origen en la lengua inglesa y se remonta al verbo "to influence", que significa "influir". En el contexto de las redes sociales, el término se refiere a personas que, debido a su gran número de seguidores y alcance, son capaces de influir en las opiniones y decisiones de otras personas. El término se utilizó por primera vez en la década de 2000 y desde entonces se ha establecido en el marketing y la publicidad.

La autenticidad es un factor crucial que distingue a un influencer de los demás e influye en su credibilidad e impacto en sus seguidores. Un influencer auténtico se caracteriza por presentar una imagen honesta de sí mismo a sus seguidores y no intenta mantener una fachada o fingir ser alguien que no es. Un influencer auténtico muestra su personalidad y sus intereses, aunque no sean perfectos ni dominantes. Se posiciona sobre temas que son importantes para él y mantiene sus convicciones. Se comunica con sus seguidores de forma natural y sin complicaciones, y da pinceladas de su vida sin escabullirse demasiado en lo privado.

La autenticidad también puede significar que un influencer se asocia con marcas que encajan con sus intereses y creencias, y no sólo por motivos comerciales. Sólo comparte productos o servicios de los que está convencido y que él mismo utilizaría. Un influencer auténtico crea confianza y una relación con sus seguidores. Esto también aumenta la disposición de sus seguidores a hacer recomendaciones o tomar decisiones de compra basadas en su opinión.

¿Cuánto cuesta un micro influencer?

El coste de trabajar con un micro influencer puede variar mucho y depende de varios factores, como el número de seguidores que tenga el influencer, el alcance de la campaña y el tipo de servicio que se le pida al influencer. En general, sin embargo, el coste de trabajar con un micro influencer es menor que con un macro influencer. Según una encuesta realizada en 2019 por InfluencerDB, las empresas gastan una media de unos 250 euros por publicación en Instagram, mientras que los micro influidores con menos de 10.000 seguidores suelen cobrar entre 50 y 500 euros por publicación.

Sin embargo, también hay personas influyentes que cobran precios significativamente más altos. Por ejemplo, los influidores con una tasa de interacción especialmente alta o en un nicho con alto poder adquisitivo pueden cobrar precios más elevados. En cualquier caso, la empresa debe llegar a un acuerdo claro de antemano sobre la remuneración y el alcance de la colaboración con el micro influenciador.

Diferentes personas influyentes para diferentes canales

La colaboración con micro influenciadores puede variar en función de la plataforma de redes sociales. He aquí algunas diferencias a tener en cuenta.

- **Instagram:** En Instagram, las imágenes y los vídeos son muy importantes. Por lo tanto, las empresas deben asegurarse de que el micro influenciador pueda crear y publicar contenidos visuales atractivos.
- **YouTube:** Los vídeos son aún más importantes en YouTube que en Instagram. Las empresas deben asegurarse de que el micro influencer ofrece una alta calidad de vídeo y es capaz de transmitir el mensaje de la empresa en sus vídeos.
- **TikTok:** TikTok es una plataforma relativamente nueva que es especialmente popular entre los usuarios jóvenes. Las empresas deben asegurarse de que el micro influencer conoce TikTok como plataforma y entiende qué tipo de contenido tiene éxito allí.
- **Twitter (X) / Threads:** En Twitter (X), la atención se centra en los mensajes de texto. Las empresas deben asegurarse de que el micro influenciador es capaz de crear contenidos de texto atractivos e interactuar con su público objetivo en Twitter (X). Los mismos principios se aplicarán a los hilos.
- **LinkedIn:** LinkedIn es una plataforma de contenidos orientados a los negocios. Las empresas deben asegurarse de que el micro influenciador entiende la plataforma y está especializado en contenido empresarial. Además, las empresas deben asegurarse de que el micro influenciador tiene una fuerte presencia en la plataforma respectiva y se dirige a un grupo objetivo relevante para la empresa.

Ventajas del tándem empresa-micro influenciador

Para las pequeñas empresas, trabajar con micro influenciadores puede ser un movimiento estratégico. A diferencia de sus homólogos con millones de seguidores, los micro influenciadores suelen centrarse en nichos específicos o comunidades locales, por lo que pueden presumir de tener seguidores comprometidos y específicos. Su esfera de influencia puede ser menor, pero la profundidad de sus relaciones con sus seguidores puede ser increíblemente valiosa para las marcas. La autenticidad y cercanía que los microinfluenciadores ofrecen a su comunidad crea una relación de confianza que puede ser crucial para las colaboraciones de marca. Especialmente para las empresas más pequeñas que tienen que competir en un mercado saturado, estas colaboraciones pueden marcar la diferencia. Los beneficios de esta colaboración son numerosos y convincentes.

Credibilidad y confianza: Los micro influenciadores suelen tener una base de seguidores fieles y dedicados que confían en ellos y siguen sus recomendaciones. Al trabajar con un micro influencer, una empresa puede transferir esta confianza a su marca.

Segmentación de la audiencia: Los micro influenciadores suelen tener un grupo objetivo muy específico, que puede coincidir exactamente con el grupo objetivo de una empresa. Así, trabajar con el micro influenciador adecuado puede ayudar a aumentar la visibilidad de la empresa entre el grupo objetivo deseado.

Rentabilidad: En comparación con los influidores más grandes, los micro influidores tienden a ser más rentables, lo que puede ser especialmente beneficioso para las pequeñas y medianas empresas que tienen presupuestos limitados.

Autenticidad y creatividad: Los micro influidores suelen ser muy creativos y auténticos en sus contenidos, lo que puede tener un impacto positivo en la marca y el marketing de la empresa.

Compromiso e interacción: Los micro influenciadores suelen estar muy comprometidos e interactúan regularmente con su comunidad, lo que puede suponer una valiosa retroalimentación para las empresas.

Posibilidad de medición y análisis: Trabajar con micro influidores permite a las empresas medir y analizar con mayor precisión el éxito de sus campañas, ya que suelen tener audiencias más reducidas y, por tanto, son más fáciles de rastrear.

Mayor alcance: Al trabajar con varios micro influidores, las empresas pueden aumentar su alcance y exponer su marca a un público más amplio.

En general, trabajar con micro influenciadores puede ser una parte importante de la estrategia de redes sociales de una empresa para aumentar su visibilidad y participación y llegar eficazmente a su público objetivo.

¿Qué retos o inconvenientes puede haber?

Trabajar con micro influenciadores no sólo ofrece oportunidades, sino que también puede plantear ciertos retos a las pequeñas empresas. Dado que los micro influenciadores suelen dirigirse a un grupo objetivo estrechamente definido y específico, es esencial que sus valores y mensajes coincidan con los de la empresa. Una decisión equivocada a la hora de elegir al influencer adecuado puede provocar una discrepancia en la comunicación de la marca y difundir mensajes no deseados. Además, muchos micro influenciadores trabajan sin apoyo profesional, lo que puede provocar dificultades de comunicación, retrasos inesperados o falta de experiencia en la negociación de contratos. Estos aspectos exigen que las empresas tengan especial cuidado a la hora de planificar y ejecutar la colaboración. Es importante ser consciente de los posibles retos y peligros para estar lo más preparado posible.

Menor alcance: En comparación con los macro influenciadores, los micro influenciadores suelen tener un alcance menor. Esto puede significar que la campaña no llegue a tanta gente como se desea.

Posible falta de autenticidad: aunque los microinfluenciadores tienden a parecer más auténticos que los macro influenciadores, también existe el riesgo de que sean deshonestos o parezcan forzados si promocionan productos o servicios que no les convienen.

Experiencia limitada: Muchos micro influidores son relativamente nuevos en el sector y pueden tener menos experiencia trabajando con marcas y empresas. Es posible que no puedan ofrecer la misma profesionalidad o experiencia que los macro influidores o las agencias de publicidad experimentadas.

Problemas de comunicación: Dado que los micro influenciadores suelen ser menos conocidos, puede resultar más difícil llegar a ellos y comunicarse eficazmente con ellos. Esto puede dar lugar a retrasos o malentendidos que pueden afectar a la campaña.

Disponibilidad limitada: Dado que los micro influidores suelen estar activos también en otros ámbitos, puede resultar difícil establecer una colaboración a largo plazo. Pueden tener una disponibilidad de tiempo limitada o estar especializados en determinados tipos de campañas, lo que limita la colaboración.

Por supuesto, la gravedad real de estos inconvenientes depende de la situación, y no todos estos problemas surgirán en cada colaboración con un micro influenciador. No obstante, las empresas deben tener en cuenta estos puntos para tomar una decisión informada sobre si trabajar con un micro influenciador es adecuado para ellas.

En diálogo con el influencer

GPT, ¿qué preguntas debería hacer una empresa a un influencer antes de empezar a trabajar juntos?

- *¿Puede darnos una idea general de su grupo destinatario?*
- *¿Cómo ve su papel como persona influyente en su área temática?*
- *¿Qué tipo de contenidos produce principalmente?*
- *¿Cómo gestiona los contenidos patrocinados y cómo los etiqueta?*
- *¿Qué le motiva a trabajar con nuestra marca?*
- *¿Puede mostrarnos algunos ejemplos de colaboraciones fructíferas con otras marcas?*
- *¿Cómo afronta las críticas o los comentarios negativos?*
- *¿Cómo integraría nuestros productos o servicios en sus contenidos?*
- *¿Cómo medimos el éxito de nuestra colaboración?*
- *¿Con qué frecuencia tiene previsto mencionar nuestra marca en sus publicaciones?*
- *¿Qué tipo de apoyo espera de nosotros?*
- *¿Ha tenido alguna experiencia negativa con asociaciones de marcas?*
- *¿Cómo lo ha afrontado?*
- *¿Cuáles son sus expectativas salariales y contractuales?*
- *¿Cómo ve el desarrollo futuro de su plataforma y su grupo objetivo?*
- *¿Cómo se garantiza que los contenidos patrocinados sean siempre auténticos y transparentes?*
- *¿Con qué rapidez responde a los comentarios o peticiones de tus publicaciones?*
- *¿Cómo puede ayudarnos a promocionar nuestra marca en su comunidad?*
- *¿Cuáles son sus ideas para una asociación a largo plazo?*
- *¿Cómo piensa promocionar con autenticidad nuestros productos o servicios sin abrumar a sus seguidores?*

- *¿Hay ciertas cosas que le gustaría evitar a toda costa al trabajar con nosotros?*

Estas preguntas, que sin duda pueden formularse por escrito con antelación, pueden ayudar a las empresas a conocer mejor la personalidad, el compromiso y el éxito de un posible microinfluencer y decidir si una colaboración tiene sentido para ambas partes.

Influyentes alemanes de éxito

Riccardo Simonetti (@riccardosimonetti) - El influencer de Colonia tiene más de 453.000 seguidores en Instagram y es contratado regularmente por marcas como Adidas, Samsung y Diesel.

Farina Opoku (@novalanalove) - Con más de 2.000.000 de seguidores en Instagram y exitosas colaboraciones con marcas como L'Oréal Paris y Zalando, la bloguera de Colonia es una de las influidores alemanas más conocidas.

Caro Daur (@carodaur) - Esta influencer de Hamburgo tiene más de 4.300.000 seguidores en Instagram y colabora con éxito con marcas como Dior y Bulgari.

Lena Terlutter (@lenaterlutter) - La diseñadora de Colonia tiene más de 1.000.000 de seguidores en Instagram y colabora habitualmente con marcas como Gucci y Cartier.

Bonnie Strange (@bonniestrange) - Esta exitosa influencer afincada en Berlín tiene más de 1.500.000 seguidores en Instagram y trabaja con marcas como Lufthansa y Samsung.

Patrizia Palme (@patriziapalme) - Esta muniquesa tiene más de 405.000 seguidores en Instagram y colabora con marcas como Maybelline y Zalando.

Lisa-Marie Schiffner (@lisamarie_schiffner) - La influencer de belleza tiene más de 1.300.000 seguidores en Instagram y colabora con marcas como L'Oréal Paris y Calvin Klein.

Jo Lindner (@joesthetics).
Más de 9.500.000 seguidores en Instagram.

Pamela Reif (@pamela_rf).
Más de 9.200.000 seguidores en Instagram.
¡! Bibi (@bibisbeautypalace).
Más de 8.100.000 seguidores en Instagram.
Younes Zarou (@youneszarou).
Más de 7.400.000 seguidores en Instagram.
Corinna Kopf (@corinnakopf).
Más de 6.900.000 seguidores en Instagram.
Dagi (@dagibee).
Más de 6.700.000 seguidores en Instagram.
Sohi Malih (@sohi.malih).
Más de 1.600.000 seguidores en Instagram.
Emir (@emiirbayrak).
Más de 1.000.000 de seguidores en Instagram.
Mirella Precek (@mirellativegal).
Más de 669.000 seguidores en Instagram

Algunos ejemplos de nano y micro influenciadores

Virginia Black (@giasblog_)
9.966 seguidores en Insta. Estilo de vida.
Darek Chikh (@tarek_rollt).
16.400 seguidores en Insta. Vanlife, la vida en silla de ruedas.
Claudia von Stromberg (@erziehungsbox).
260 seguidores en Insta. Educadora, educadora evolutiva.
Mouatasem Alrifai (@moalrifai).
18.800 seguidores en Insta. Activista sirio de derechos humanos.
La despensa (@the.pantry)
635 seguidores en Insta. Recetas: Untables, mermeladas, salsas.
Sophia Ernst (@Sophias_happyplace).
24.900 seguidores en Insta. Moda justa.
Clara (@clara.sdk).
28.400 seguidores en Insta. Música y estilo de vida.
Mimi (@fraeulein_mimi).
74.100 seguidores en Insta. Interiorismo nórdico, jardinería, estilo de vida.
Eva Jasmin (@eva_jasmin).
49.800 seguidores en Insta. Moda, Vida, Salud Mental.

Las cifras mencionadas se revisaron en agosto de 2023 y pueden cambiar
en el futuro. Para crear una visión general sencilla y ofrecer algunos

impulsos, en esta edición del libro solo me he centrado en las cuentas de Instagram de los influidores en Alemania. Vale la pena mirar de cerca el mercado, en el que tu empresa trabajo o tu producto se vende.

Influencer: ¿el nuevo trabajo de nuestros sueños?

El papel de influencer se ha convertido con los años en un auténtico trabajo de ensueño, no sólo para los adultos, sino también para los niños. Es una evolución estrechamente ligada a la aparición y difusión de plataformas de redes sociales como YouTube, Instagram y TikTok. A los ojos de muchos niños, la vida de un influencer parece glamurosa y emocionante. Ven a sus ídolos, que parecen ganarse la vida con facilidad, simplemente practicando sus aficiones, probando productos o documentando su vida cotidiana. Esta visión de una vida supuestamente despreocupada y libre hace que el trabajo de influencer resulte especialmente atractivo para muchos niños.

Es importante recordar que el término "influencer" como profesión no ha surgido hasta los últimos diez años, en paralelo a la digitalización cada vez más avanzada de nuestra sociedad. Los niños y jóvenes de hoy crecen en un mundo en el que los medios digitales y las redes sociales desempeñan un papel central. Este cambio cultural también ha tenido un gran impacto en las ideas sobre los trabajos soñados. Los efectos de esta aspiración profesional en el desarrollo de un niño pueden ser múltiples. Por un lado, puede ser positivo que el deseo de los niños de convertirse en influidores fomente su creatividad, independencia y habilidades técnicas. Por otro lado, también conlleva riesgos, sobre todo en lo que respecta a la protección de datos, la autoestima y el riesgo de comercialización de la infancia.

En cuanto al futuro, es probable que la tendencia hacia los influidores como trabajo de ensueño continúe mientras los redes sociales desempeñen un papel destacado en nuestra sociedad. Al mismo tiempo, podemos esperar que cada vez más instituciones educativas y padres intenten preparar mejor a los niños y jóvenes para este nuevo panorama profesional, enseñándoles las habilidades digitales necesarias y educándoles sobre los retos y riesgos. Es una evolución que debemos observar con curiosidad, pero también con cierta cautela.

Peligros potenciales para niños y adolescentes

Estrés psicológico: La presión por estar siempre presente y llamar la atención puede provocar un elevado estrés psicológico. Especialmente para los jóvenes, esto puede provocar dudas sobre sí mismos y problemas psicológicos.

Falta de privacidad: Como influencer, revelas mucho sobre tu vida privada y estás permanentemente en el ojo público. Esto puede llevar a una restricción de la privacidad y puede ser difícil llevar una vida normal.

Dependencia de los "me gusta" y los comentarios: Los influidores prosperan gracias a la interacción de sus seguidores en sus canales de redes sociales. Una reacción negativa puede hacer que disminuyan los "me gusta" y los comentarios y, por tanto, también el alcance y los ingresos.

Influencia en el comportamiento de los consumidores: Los influidores suelen tener una gran influencia en el comportamiento de consumo de sus seguidores. Los jóvenes, en particular, pueden ser manipulados al estar permanentemente expuestos a estos mensajes publicitarios y gastar su dinero en cosas que no necesitan.

Riesgo de abusos: Los niños y jóvenes activos en las redes sociales son más vulnerables a los abusos en línea, como el ciberacoso, el acoso sexual o el acecho.

Descuido de la educación y las relaciones sociales: El afán por conseguir más seguidores y likes puede dejar a los niños y adolescentes con menos tiempo para la educación y las relaciones sociales, lo que puede tener un impacto negativo a largo plazo en su desarrollo.

Por eso es importante que los niños y jóvenes estén bien educados y acompañados si aspiran a la profesión de influencer. Los padres y tutores deben ser conscientes de que la profesión no solo significa glamour y fama, sino que también está asociada a retos y riesgos.

¡No! Niños por clics

La presentación y comercialización de niños en Internet, especialmente en las redes sociales, es una tendencia que requiere un escrutinio crítico. Más allá de las tentadoras oportunidades de branding y monetización, hay serias cuestiones morales y éticas que debemos plantearnos como sociedad, y especialmente como padres. Uno de los principales problemas es la invasión de la privacidad. Todas las fotos y vídeos de nuestros hijos que colgamos en Internet pueden permanecer ahí toda la eternidad. Los niños no pueden entender realmente ni consentir que se comparta públicamente su vida cotidiana, sus etapas de desarrollo o sus momentos más íntimos. Esta exposición precoz e incontrolada puede tener graves efectos a largo plazo en la formación de su identidad y en su derecho a una infancia tranquila.

Otro elemento de preocupación es el aspecto comercial. La comercialización de la infancia con fines lucrativos es una zona ética gris que conduce a una cuestionable mezcla de intereses personales y comerciales. Los niños no deben servir de embajadores de marca ni de herramientas publicitarias. Deben tener libertad para desarrollar su personalidad y descubrir sus intereses sin estar sometidos a una presión constante para generar "me gusta" o promocionar productos. La presentación en línea de los niños también puede crear una imagen poco realista de la paternidad y la infancia. Existe el peligro de que empecemos a medir el éxito de nuestros hijos y de nuestra paternidad por el número de seguidores o de "me gusta". Esto puede generar presión y competencia y afectar gravemente al bienestar familiar.

Por lo tanto, es imperativo que los padres consideren detenidamente las consecuencias y los riesgos potenciales de este tipo de exhibición pública de sus hijos. Siempre debemos anteponer el bienestar y los intereses de nuestros hijos, y defender sus derechos a la intimidad, la infancia y la libre formación de su identidad. El desarrollo infantil puede dividirse en distintas fases de sensibilización, cada una de las cuales puede tener efectos diferentes en la comprensión y el uso de las redes sociales. La primera fase, "pensamiento preoperacional", se extiende desde los dos hasta los siete años aproximadamente. A esta edad, la capacidad del niño para comprender la perspectiva de los demás es todavía limitada. Los niños pueden tener dificultades para comprender las consecuencias de sus actos, una consideración importante si se tiene en cuenta que, una vez que se cuelgan fotos o vídeos en Internet, es difícil eliminarlos.

En la siguiente fase, la edad de las "operaciones concretas" (alrededor de los siete a los doce años), los niños desarrollan una mejor comprensión del mundo exterior. Empiezan a comprender que lo que comparten en Internet será visto y evaluado por los demás. En esta etapa, es importante educar a los niños sobre la seguridad en Internet y ayudarles a tomar decisiones seguras. La fase de "operaciones formales" comienza en la adolescencia. Los adolescentes pueden comprender problemas complejos y pensar en las consecuencias de sus actos. Pero incluso a esta edad siguen siendo vulnerables a los riesgos, sobre todo en lo que se refiere a la autopresentación y la formación de la identidad. Los redes sociales pueden ejercer presión para presentarse de una determinada manera y compararse con los demás, lo que puede afectar a la autoestima.

Las fases de desarrollo mencionadas y sus implicaciones ponen de relieve la necesidad de que los padres aborden de forma integral la presencia de sus hijos en los redes sociales. Es importante dar a los niños espacio para crecer, pero al mismo tiempo protegerlos de los riesgos del mundo online. De nuevo, como se ha mencionado en la sección anterior, la protección de la privacidad es crucial. No es sólo una cuestión de responsabilidad ética, sino también de respeto por el proceso de desarrollo y el bienestar del niño.

¿Compartir las fotos de los niños en las redes sociales?

Compartir fotos de los niños en redes sociales como Instagram o Facebook se ha convertido en algo habitual. A menudo se hace para compartir momentos especiales con amigos y familiares. Sin embargo, la inmensa cantidad de fotos e información que circula por la red de esta manera alberga riesgos, especialmente para la intimidad de los niños. Pueden difundirse ampliamente sin querer y acabar en las manos equivocadas, con posibles consecuencias como el ciberacoso o el uso indebido. La supuesta "privacidad" de estas plataformas queda en entredicho por el gran número de usuarios y la apertura real de las redes. Aunque sólo un número limitado de contactos pueda ver las fotos, éstos pueden reenviar las imágenes o colgarlas públicamente. Además, las plataformas se reservan el derecho de utilizar el contenido publicado para sus propios fines.

También pueden producirse problemas similares al compartir imágenes a través de servicios de mensajería como WhatsApp. Las imágenes pueden distribuirse de forma incontrolada y los contactos pueden seguir accediendo a ellas aunque las hayan borrado de la libreta de direcciones. También en este caso, el servicio se reserva el derecho de utilizar las fotos para sus propios fines. El uso de mensajes privados o chats de grupo en servicios de mensajería o el envío de correos electrónicos podría ser una alternativa más segura, pero también en este caso existe el riesgo de difusión posterior. Por lo tanto, siempre hay que asegurarse de que en el grupo sólo estén los destinatarios previstos y de que las fotos respeten el derecho a la intimidad de los niños.

En resumen, los padres deben ser especialmente cautos a la hora de compartir fotos de sus hijos en Internet y elegir un formato lo más "privado" posible. Aunque las imágenes se compartan en un contexto cerrado, sigue existiendo el riesgo de redistribución incontrolada y la posibilidad de que las plataformas utilicen las fotos para sus propios fines. Publicar fotos de niños en Internet plantea problemas legales y éticos. Según el GDPR y la KUG, es necesario obtener el consentimiento para la publicación de fotos de niños. En el caso de los menores de edad, la responsabilidad del consentimiento recae tanto en los padres como en el propio niño, en función de su capacidad para dar su consentimiento. La declaración de consentimiento deben darla ambos progenitores custodios si se van a publicar fotos con fines publicitarios o en plataformas de redes sociales como Facebook e Instagram. En el caso de progenitores separados, debe haber acuerdo mutuo sobre la publicación.

Publicar fotos de niños sin consentimiento puede tener consecuencias legales, como medidas cautelares y reclamaciones por daños y perjuicios. Si un progenitor publica una foto de su hijo sin el consentimiento del otro progenitor, éste puede reclamar esta infracción. Es importante tener en cuenta que los hijos menores necesitan un tutor supletorio en asuntos legales para poder hacer valer sus reclamaciones. La decisión de publicar fotografías de niños debe tomarse siempre en interés del menor y para proteger sus derechos. En general, los padres deben ser cautos y no publicar fotos de los niños en las redes sociales, al menos hasta que tengan edad suficiente para decidir por sí mismos. Cuando envíen fotos, deben hacerlo a pequeña escala e indicar explícitamente que las imágenes no deben reenviarse ni publicarse de ninguna otra forma. La prioridad debe ser siempre proteger los derechos y el bienestar del menor.

Fuentes:
Reglamento General de Protección de Datos de la UE (DSGVO)
Ley alemana de derechos de autor de obras de arte (KUG)
Decisión del Tribunal Regional Superior de Düsseldorf de fecha 20.07.2021
Sentencia del Tribunal Regional Superior de Oldenburg de fecha 24.05.2018
Sentencia del Tribunal Regional Superior de Karlsruhe de 08.07.2016

Hoy en día, los influidores son más importantes que los famosos. Michael Michelis, fundador de la agencia de marketing de influidores ReachHero. Fuente: www.gruenderszene.de/allgemein/michael-michelis-reachhero-interview

En el panorama del marketing moderno, los influidores se han convertido en actores centrales, a menudo con una influencia que empequeñece a la celebridad tradicional. La cita de Michael Michelis subraya que los influidores, especialmente en plataformas como Instagram, YouTube o TikTok, mantienen una conexión más directa y auténtica con su público objetivo. Llegan a sus seguidores a un nivel personal y construyen una relación de confianza que a menudo es más profunda que la de las celebridades tradicionales. Para los empresarios, esto significa que trabajar con el influencer adecuado puede ser a menudo más eficaz que trabajar con una celebridad tradicional. Los mensajes de los influidores suelen percibirse como más auténticos y creíbles. Esto puede manifestarse en un mayor compromiso con los clientes potenciales y mayores tasas de conversión. Sin embargo, es importante encontrar al influencer adecuado para su marca y grupo objetivo a fin de beneficiarse de este fenómeno.

Los influidores son los nuevos embajadores de las marcas. Manuel Nothelfer, CEO de la plataforma de marketing de influidores Influry. Fuente: t3n.de/news/influencer-marketing-with-these-6-tips-successful-1053503/

En la era digital, los influidores han tomado el relevo y redefinido el papel de los embajadores de marca tradicionales. La cita de Manuel Nothelfer subraya el cambio en el marketing, donde las celebridades y las caras conocidas ya no son las únicas personas que representan a las marcas. Los influidores, con sus bases de fans a menudo especializadas y dedicadas, se han convertido en poderosos intermediarios entre las marcas y los consumidores. Su autenticidad y cercanía a la audiencia les permite comunicar mensajes de una forma que suele ser más directa y personal que la publicidad tradicional. Para los empresarios, esto significa que deben adoptar esta nueva forma de embajador de marca. Al trabajar con influidores, las marcas no sólo pueden conseguir un mayor alcance, sino también reforzar la confianza y la lealtad de sus grupos objetivo. Es esencial elegir al influencer adecuado que pueda representar con autenticidad los valores y mensajes de la marca para garantizar el éxito de la colaboración.

El marketing de influidores no es una estrategia a corto plazo, sino una relación a largo plazo. Eva Chau, directora general de la agencia de marketing de influidores AMAZE.
Fuente: www.onlinemarketing.de/news/influencer-marketing-trends-2020

El marketing moderno se ha dado cuenta de que la publicidad eficaz va más allá del mero mensaje. Eva Chau lo resume cuando dice que el marketing de influidores es mucho más que una estrategia temporal. En realidad, se trata de construir relaciones duraderas, no solo entre las marcas y los influidores, sino también entre las marcas y su público objetivo.

Los empresarios deben ser conscientes de que la colaboración con un influencer no consiste únicamente en un acuerdo publicitario puntual. Se trata de crear una colaboración basada en la confianza, la autenticidad y los valores compartidos. Este enfoque permite compartir historias y experiencias a largo plazo que resuenan en la audiencia. Es este enfoque a largo plazo el que aporta beneficios duraderos tanto para la marca como para el influencer, lo que en última instancia conduce a una mayor fidelidad del cliente y de la marca.

Los micro influenciadores, una oportunidad para las pequeñas empresas y los particulares

Los micro influenciadores ofrecen a las pequeñas empresas y a los empresarios individuales una valiosa oportunidad de difundir el mensaje de su marca de forma auténtica y eficaz. Sus seguidores, a menudo comprometidos y fieles, confían en sus opiniones y recomendaciones, lo que los convierte en socios ideales para el marketing dirigido. Además, debido a su tamaño y proximidad a su comunidad, los micro influenciadores pueden interactuar con su público de una forma mucho más directa y personal que los grandes influenciadores. Una de las formas creativas en que los micro influidores pueden ayudar a las empresas a promocionarse es creando contenidos adaptados a las necesidades e intereses específicos de su público objetivo. Puede tratarse de tutoriales personalizados, reseñas, información entre bastidores, eventos de colaboración o seminarios web. Además, las pequeñas empresas pueden ofrecer promociones especiales, códigos de descuento u ofertas exclusivas en colaboración con el influencer para aumentar tanto la visibilidad como la participación de los clientes.

Utilizando el ejemplo de una productora de mermelada regional

- **Compartir recetas:** El Influencer puede compartir recetas con la mermelada, por ejemplo, en tostadas, tortitas o en un pastel.
- **Contar historias:** El influencer puede contar historias sobre cómo se elabora la mermelada, de dónde proceden los ingredientes y cuáles son sus características especiales.
- **Vídeos de degustación:** El Influencer puede hacer un vídeo degustando y puntuando diferentes variedades de la mermelada.
- **Regalos:** El influencer puede organizar un sorteo y sortear una selección de las variedades de mermelada entre sus seguidores.
- **Colocación de productos:** El influencer puede colocar la mermelada en sus publicaciones en redes sociales y mostrar cómo la integra en su día a día.
- **Colaboraciones:** El influencer puede colaborar con otras marcas y crear recetas conjuntas con la mermelada.
- **Celebrar ocasiones:** El Influencer puede crear recetas con la mermelada que se adapten a determinadas ocasiones, como el Día de la Madre, Semana Santa o Navidad.
- **Entrevistas con el fabricante:** El Influencer puede realizar una entrevista con el fabricante y así aportar información sobre la fabricación y la filosofía de la manufactura.
- **Reseñas de productos:** El Influencer puede valorar las variedades de mermelada y hacer recomendaciones.
- **Sesión de cocina en directo:** el influencer puede organizar una sesión de cocina en directo y mostrar cómo cocinar con la mermelada.

Utilizando el ejemplo de la entrenadora de niños Claudia von Stromberg

- **Presentación del libro:** El micro influencer podría lanzar el libro en sus canales de redes sociales y dar a conocer el mensaje del libro a sus seguidores.
- **Reseña del libro:** El influencer podría escribir una reseña sobre el libro y compartirla en su blog o canales de redes sociales.

- **Sorteo:** El micro influencer podría organizar un sorteo en el que sus seguidores pudieran ganar el libro. Por ejemplo, los participantes podrían enviar entradas creativas sobre el tema de los sentimientos.
- **Lectura:** El Influencer podría organizar e invitar a una lectura del libro. Podría tener lugar en una librería o en un centro educativo, por ejemplo.
- **Talleres:** El microinfluencer podría ofrecer talleres sobre el tema de los sentimientos utilizando el libro como base. También podrían impartirse en centros educativos o en forma de cursos en línea.
- **Desafío en las redes sociales:** El influencer podría crear un desafío en las redes sociales pidiendo a sus seguidores que compartan sus propias historias o dibujos sobre el tema de los sentimientos.
- **Artículo invitado:** El micro influencer podría publicar un post invitado sobre el tema de los sentimientos en un blog o sitio web adecuado y así aumentar su alcance.
- **Cooperación:** El Influencer podría entrar en cooperación con otras empresas o Influidores que también traten el tema de los sentimientos.
- **Evento en las redes sociales:** El micro influenciador podría organizar un evento en las redes sociales en el que los seguidores pudieran intercambiar opiniones sobre el tema de los sentimientos. Podría ser, por ejemplo, un chat en Twitter (X) o una sesión en directo en Instagram.
- **Sorteo:** El influencer podría ofrecer el libro como premio en un sorteo en el que sus seguidores puedan conseguir boletos para la rifa a través de diversas acciones (por ejemplo, compartiendo publicaciones).

¿Para qué mercados pueden ser una ventaja los nano y micro influenciadores?

El éxito de una colaboración con micro influenciadores depende de muchos factores, como el sector, el producto, el perfil del grupo objetivo, etc. No obstante, algunos sectores pueden considerarse especialmente adecuados para la colaboración con microinfluenciadores.

- Moda y belleza
- Fitness y salud
- Viajes y turismo
- Comida y bebida
- Juegos y deportes electrónicos
- Música y entretenimiento
- Arte y cultura

- Interiorismo y vivienda
- Deportes y aire libre
- Tecnología y gadgets
- Mascotas y artículos para mascotas
- Niños y familias
- Coche y movilidad
- Finanzas y seguros
- Educación y formación
- Marketing y publicidad
- Sostenibilidad y medio ambiente
- Medicina y sanidad
- Inmobiliario y construcción
- Estilo de vida y desarrollo de la personalidad

La lista no es exhaustiva y puede variar en función del sector y el grupo objetivo. Las fuentes para colaborar con éxito con micro influidores de diferentes sectores pueden ser analíticas de agencias como InfluencerDB, Influencer Marketing Hub o HypeAuditor.

Agencias para encontrar el influencer adecuado

- Social Match: https://social-match.de/
- Buzzbird: https://www.buzzbird.de/
- FlowFire: https://flowfire.de/
- Hashtaglove: https://hashtaglove.de/
- Blogfoster: https://www.blogfoster.com/
- Influry: https://influry.com/
- Mediakraft: https://www.mediakraft.com/
- ReachHero: https://www.reachhero.de/
- VYTAL Marketing de influidores: https://www.vytal.de/
- Reach Group: https://www.reachgroup.com/

Influenciadores con mayor alcance mundial

- **Dwayne "The Rock" Johnson - 254 millones de seguidores**
  (https://www.instagram.com/therock/)
- **Kylie Jenner - 246 millones de seguidores**
  (https://www.instagram.com/kyliejenner/)

- **Kim Kardashian - 231 millones de seguidores**
  (https://www.instagram.com/kimkardashian/)
- **Lionel Messi - 197 millones de seguidores**
  (https://www.instagram.com/leomessi/)
- **Selena Gomez - 198 millones de seguidores**
  (https://www.instagram.com/selenagomez/)
- **Beyoncé - 186 millones de seguidores**
  (https://www.instagram.com/beyonce/)
- **Neymar Jr. - 159 millones de seguidores**
  (https://www.instagram.com/neymarjr/)
- **Justin Bieber - 159 millones de seguidores**
  (https://www.instagram.com/justinbieber/)
- **Taylor Swift - 156 millones de seguidores**
  (https://www.instagram.com/taylorswift/)
- **Cristiano Ronaldo - 319 millones de seguidores**
  (https://www.instagram.com/cristiano/)

Fuente: Hopper HQ: https://www.hopperhq.com/blog/top-100-instagram-influidores/. Hay que tener en cuenta que el alcance de los influidores cambia constantemente, por lo que esta lista de noviembre de 2023 no está necesariamente actualizada.

Influenciadores en redes sociales y en las empresas

Los influidores en las redes sociales y los influidores corporativos son dos tipos diferentes de influidores que desempeñan un papel importante en el mundo del marketing digital. Ambos tienen el potencial de tener un amplio alcance e influencia en su público objetivo. La principal diferencia entre los influidores en redes sociales y los influidores corporativos radica en su enfoque y en los objetivos que persiguen. Los influidores en redes sociales suelen ser personas que han construido su marca personal y comparten sus contenidos en plataformas como Instagram, YouTube o TikTok. Crean contenidos atractivos basados a menudo en su estilo de vida, sus intereses o su experiencia. Su objetivo es inspirar, informar o entretener a sus seguidores. Ganan dinero a través de colaboraciones con marcas en las que promocionan productos o servicios.

Por otro lado, tenemos a los influidores corporativos, que son representantes de una marca o empresa concreta. A menudo son contratados por las empresas para representar sus mensajes y valores y reforzar la imagen de la marca. Los influidores corporativos pueden ser empleados de la empresa que hablan de sus experiencias y conocimientos o actúan como embajadores de la marca. Su objetivo es ganarse la confianza del grupo objetivo y establecer a la empresa como fuente de confianza o experta en su campo. A pesar de estas diferencias, también existen similitudes entre los influidores de las redes sociales y los influidores corporativos. Ambos grupos utilicen su credibilidad e influencia para captar la atención de sus grupos objetivo. Crean contenidos relevantes y atractivos para sus seguidores y utilicen su presencia en las redes sociales para interactuar con su comunidad. Tanto los influidores en las redes sociales como los influidores corporativos se esfuerzan por establecer una conexión auténtica con su público objetivo y ganarse su confianza.

Otro aspecto común es la importancia de la segmentación. Tanto los influidores en redes sociales como los influidores corporativos deben conocer y comprender a su público objetivo para crear contenidos que se ajusten a sus necesidades e intereses. Deben saber qué canales y plataformas utilice su público objetivo y qué tipo de contenido prefiere. En general, los influidores en las redes sociales y los influidores corporativos pueden tener un impacto significativo en la imagen de marca y el éxito de una empresa, tanto individualmente como combinados. Mientras que los influidores de las redes sociales influyen directamente en las opiniones y decisiones de sus seguidores gracias a su autenticidad personal y a su amplio número de seguidores, los influidores corporativos pueden reforzar la confianza del público objetivo en la marca y establecer a la empresa como una fuente creíble y digna de confianza.

En última instancia, tanto los influidores en las redes sociales como los influidores corporativos pueden ser estrategias de marketing eficaces para aumentar la participación de la audiencia y crear valor de marca. La elección entre ambos depende de los objetivos de la empresa, el tipo de mensaje y el alcance deseado. Sin embargo, es importante tener en cuenta que la colaboración con influidores debe basarse siempre en una asociación auténtica y transparente para ganarse la confianza del público objetivo y evitar efectos negativos como la pérdida de credibilidad. Sin embargo, también es importante señalar que la influencia de los influidores en las redes sociales y de las empresas no siempre es necesariamente positiva. Hay casos de comportamiento deshonesto, como seguidores comprados o representaciones poco realistas del estilo de vida. Por lo tanto, las empresas deben tener cuidado a la hora de seleccionar a los influidores y asegurarse de que trabajan con personas que comparten sus valores y tienen una conexión auténtica con su público objetivo.

En el panorama digital actual, es difícil imaginar el papel de los influidores sin ellos. Tanto los influidores en las redes sociales como los influidores corporativos desempeñan un papel importante a la hora de crear conciencia de marca, aumentar la participación y fomentar la confianza. Corresponde a las empresas elegir la estrategia adecuada y trabajar con los influidores apropiados para alcanzar sus objetivos. En general, trabajar con personas influyentes, ya sea en las redes sociales o como parte de la propia estrategia de una empresa, ofrece diversas formas de aumentar el alcance y la credibilidad de una marca. Aprovechando la autenticidad y la influencia de los influidores, las empresas pueden interactuar con su público objetivo de forma personal y eficaz y establecer una conexión duradera. Es importante mantenerse continuamente informado sobre la evolución de las tendencias y las mejores prácticas en el marketing de influidores, y ser estratégico y transparente al trabajar con ellos. De este modo, las empresas pueden cosechar los beneficios que ofrece trabajar con personas influyentes, garantizando al mismo tiempo el respeto de los intereses del público objetivo y de las normas éticas.

Lecturas recomendadas

Influencer : La guía de 9 pasos para llegar a ser altamente influyente en cualquier industria por Adam Houlahan, 2021.

Influenciadores y creadores: Business, Culture and Practice por Robert V Kozinets , Ulrike Gretzel, et al., 2023.

La industria de los influidores: La búsqueda de la autenticidad en las redes sociales por Emily Hund, 2023.

Influenced: El impacto de las redes sociales en nuestra percepción por Brian Boxer Wachler y Tony Youn, 2022.

SOCIAL MEDIA TREND 2024/9
Privacidad, por favor: Cómo la privacidad en las redes sociales se está convirtiendo en una prioridad

Mientras desarrollaba el contenido de este capítulo, me di cuenta relativamente rápido de que existe un eterno conflicto entre las necesidades básicas de un canal de redes sociales ("¡Dame todos tus datos!") y las de un responsable de protección de datos ("¡Protege tus datos!"). No tardé en darme cuenta de que encontrar el equilibrio adecuado podría convertirse en un reto para cualquiera que trabaje en las redes sociales. Para ilustrarlo, pedí a GPT que mostrara esta contradicción utilizando una conversación ficticia entre un canal de redes sociales (SMK), un influencer (I) y un responsable de protección de datos (DPO). El resultado muestra con relativa claridad dónde está el punto de fricción en nuestro enfoque de los redes sociales y por qué este tema es una de las tendencias de los redes sociales de 2024.

SMK: "¡Bienvenido a nuestra plataforma! Aquí podrás relacionarte con gente de todo el mundo y revelar toda tu personalidad al público digital."

Yo: "¡Perfecto! Por fin puedo compartir mis selfis, mis comidas, mis pensamientos y conseguir muchos seguidores. Pero, ¿he oído algo sobre la privacidad?".

DPO: "Sí, has oído bien. La privacidad es un tema importante, especialmente en los tiempos que corren. Como influencer, debes tener en cuenta que las plataformas de redes sociales recopilan y almacenan toneladas de datos personales sobre sus usuarios."

SMK: "Pero, ¡no te preocupes! Tenemos políticas de privacidad y ajustes para que puedas mantener el control. Puedes establecer quién ve tus publicaciones y qué información es pública".

I: "Eso me tranquiliza, pero ¿cómo voy a saber qué datos estoy dando realmente? Quiero decir, publico de todo, desde mi comida favorita hasta fotos de mi perro. ¿Y quién se lee esas políticas?".

DSB: "Ese es exactamente el problema. Los usuarios a menudo no son conscientes de la información personal que comparten y de las consecuencias que puede tener. El robo de identidad y el uso indebido son riesgos reales".

SMK: "Sí, estamos trabajando para educar a nuestros usuarios y darles el control sobre sus datos. Pero, sinceramente, mientras nos den sus datos, estamos contentos. Al fin y al cabo, ¡tenemos que construir una base de datos mundial!".

I: "Eso es tranquilizador.... No. Pensaba que podría mantener mi privacidad, pero parece que todo lo que comparto se almacena en algún sitio y puede ser usado potencialmente en mi contra."

DSB: "Esa es exactamente la cuestión. Como influencer, tienes la responsabilidad de educar a tus seguidores sobre la privacidad y mostrarles cómo protegerla. Se trata de manejar conscientemente los datos personales".

SMK: "Sí, sí, compartir conscientemente y todo eso. Pero recuerda, cuanto más compartes, más likes y seguidores consigues. Y de eso va la vida, ¿no?".

I: "Ya no sé qué hacer. Por un lado, quiero tener éxito y crear una gran comunidad, pero por otro quiero proteger mi intimidad. Es una verdadera dicotomía".

RPD: "Lo entiendo. La contradicción entre autoexpresión y privacidad es un reto. Pero, en última instancia, depende de ti establecer tus límites y tomar decisiones conscientes."

I: "Suena maravilloso, pero me siento un poco dividida entre vosotros dos. Tenéis que poneros de acuerdo para que yo sepa qué hacer".

SMK: "Todo irá bien. Mientras publiques con diligencia y nos des tus datos, estaremos contentos". ¿Protección de datos? Oh, ¡eso es sólo un pequeño obstáculo en el camino hacia la gloria!".

DSB: "Comprendo tu frustración, pero recuerda siempre que la privacidad es un derecho fundamental y que tu información personal es valiosa. No debes dejar que el afán de fama y reconocimiento comprometa tu privacidad".

I: "Me doy cuenta de que tengo que asumir más responsabilidades. Me replantearé mis actividades en las redes sociales y seré más consciente de la configuración de privacidad."

SMK: "¡Eh, no te preocupes! Estamos aquí para ayudarte. Al fin y al cabo, nos beneficiamos del uso que haces de nuestra plataforma. Así que, si tienes alguna pregunta sobre la configuración de privacidad, no dudes en ponerte en contacto con nosotros."
DSB: "Es un buen enfoque. Lee las políticas de privacidad de las plataformas, usa contraseñas seguras, no compartas información personal sensible y ten cuidado a quién das acceso a tus publicaciones."

I: "Gracias por los consejos. Me tranquiliza saber que no estoy sola en este dilema. Haré todo lo posible por proteger mi privacidad mientras persigo mi éxito como influencer."

SMK: "¡Nos encanta oír eso! Recuerda que, como influencer, tienes voz y actúas como modelo para tus seguidores. Utilice tu alcance para crear conciencia sobre la privacidad y animar a la gente a proteger su privacidad."

DSB: "¡Exactamente! Si te tomas en serio esta responsabilidad, no sólo puedes tener éxito, sino también influir positivamente en los demás. La privacidad de los datos es importante, y tú puedes contribuir a que la gente sea más consciente de ello."

I: "Haré todo lo que pueda. Gracias por vuestro apoyo y por abrirme los ojos. Es hora de ser un administrador responsable de mis datos y los de mis seguidores."

SMK: "Estamos orgullosos de ti y te apoyamos. Juntos podemos encontrar un equilibrio entre la representación personal y la privacidad. Buena suerte en tu viaje como influencer".

RPD: "Sí, buena suerte y recuerda siempre que la privacidad no es una limitación, sino un derecho importante que hay que proteger. Mantente alerta e informado, y defiende activamente la privacidad".

I: "Lo haré. Gracias de nuevo y brindo por un futuro próspero y respetuoso con la privacidad".

El diálogo entre el canal de redes sociales, el influencer y el responsable de la protección de datos ilustra la contradicción entre la necesidad de autoexpresión y la protección de la intimidad en los redes sociales. Mientras el canal señala las ventajas de su uso y la búsqueda de la fama, el responsable de la protección de datos hace hincapié en la importancia de la protección de datos y los riesgos potenciales para la privacidad. El influencer se queda en un dilema sin directrices claras sobre cómo afrontarlo. El tono humorístico y cínico del diálogo pretende poner de relieve la complejidad y la incertidumbre de la cuestión, al tiempo que suscita la reflexión.

Quiero mostrarte todo y nada

Bienvenidos al siglo XXI, donde la mayoría de la gente documenta y comparte su vida en las redes sociales. Publicamos nuestros mejores selfis, nuestras comidas más deliciosas y nuestras experiencias de viaje más épicas. Queremos que nos vean y nos escuchen. Pero al perdernos en nuestro propio mundo digital, nos hemos olvidado de cuidar lo que más valoramos: nuestra privacidad. En un mundo en el que los datos son la nueva moneda, no es de extrañar que las empresas y las marcas intenten recopilar toda la información posible sobre nosotros. Pero, ¿qué pasa con nuestra información personal? ¿Qué pasa con nuestras fotos, ubicaciones y conversaciones? ¿Estamos dispuestos a renunciar a nuestra privacidad sólo para tener una mejor experiencia de usuario en las redes sociales?

La respuesta es sencilla: no. Queremos proteger nuestros datos y mantener nuestra privacidad. Queremos saber quién utiliza nuestros datos y con qué fin. Pero, ¿cómo lo hacemos? ¿Cómo nos aseguramos de que nuestra información personal está a salvo mientras seguimos divirtiéndonos y trabajando en red? La solución está en ser conscientes de la importancia de la protección de datos y asegurarnos de que mantenemos el control sobre nuestros datos. Esto significa comprender qué información compartimos, quién la utiliza y cómo podemos proteger nuestros datos. Como usuarios, tenemos la responsabilidad de proteger nuestra privacidad, y como empresas, ellas tienen la responsabilidad de proteger nuestros datos y ser transparentes sobre el uso que hacen de ellos. Ya se ha avanzado mucho en materia de privacidad y seguridad de los datos, pero aún queda mucho por hacer.

Un paso importante que todos podemos dar es revisar nuestra configuración de privacidad en las redes sociales. Debemos tomarnos el tiempo necesario para saber qué información compartimos y quién tiene acceso a ella. También deberíamos asegurarnos de que nuestras cuentas son seguras utilizando contraseñas seguras y activando la autenticación de dos factores. Pero no se trata sólo de nuestras propias actitudes. Las empresas y las marcas también deben asegurarse de que manejan nuestros datos de forma transparente y responsable. Deben dejar claro qué datos recogen y con qué fin se utilicen. También deben asegurarse de obtener el consentimiento de los usuarios antes de recopilar o compartir datos.

La privacidad de los datos no es un concepto nuevo, pero es una cuestión que a menudo se pasa por alto en las redes sociales. Es hora de que le demos prioridad y nos aseguremos de que nuestros datos están seguros. Porque, al fin y al cabo, deberíamos poder sentirnos seguros en nuestras redes sociales.

Protección de datos en Alemania

La protección de datos en Alemania tiene una larga historia, que se remonta a los inicios del Estado moderno. En la época imperial ya existían leyes que regulaban la protección de datos. En la República de Weimar, el tema de la protección de datos se reguló exhaustivamente por primera vez mediante la Ley del Reich sobre Protección de Datos Personales de 1928. Tras la Segunda Guerra Mundial, la cuestión de la privacidad de los datos se descuidó inicialmente en la República Federal. No fue hasta finales de los años sesenta cuando se retomó el tema. En 1970 se creó en Hesse el primer comisario de protección de datos. En la década de 1970 también se promulgaron las primeras leyes de protección de datos a nivel federal y estatal. En la década de 1980 se reforzó aún más la protección de datos en Alemania.

En 1983 se promulgó la Ley Federal de Protección de Datos (BDSG), que regula la recogida, tratamiento y uso de datos personales. La BDSG fue revisada y completada varias veces en los años siguientes. En la década de 1990, la protección de datos en Alemania se amplió aún más. En 1995 entró en vigor la Directiva Europea de Protección de Datos, que regula la recogida, tratamiento y uso de datos personales en toda la Unión Europea. En Alemania, la BDSG se adaptó a la directiva en 1996. En 2001 entró en vigor la Ley de Telecomunicaciones (TKG), que también regula la privacidad de los datos en el ámbito de las telecomunicaciones. La TKG se modificó y adaptó varias veces en los años siguientes.

La BDSG se revisó de nuevo en 2009. Los cambios más importantes se refirieron a las obligaciones de notificación en caso de violación de datos y a la introducción de sanciones por infracciones de la protección de datos. En 2018, entró en vigor el Reglamento General de Protección de Datos de la Unión Europea (Datenschutz-Grundverordnung, DSGVO). El DSGVO regula la protección de datos en toda la UE y también se aplica a las empresas de fuera de la UE que tratan datos personales de ciudadanos de la UE.

En Alemania, la BDSG se revisó de nuevo con motivo de la aplicación de la DSGVO. Hoy en día, la protección de datos en Alemania es un tema importante que la población y los medios de comunicación siguen muy de cerca. Las empresas deben cumplir normas estrictas de protección de datos y son castigadas con fuertes multas en caso de infracción. Los ciudadanos también son muy conscientes de la necesidad de proteger sus datos y ejercer sus derechos de información, rectificación y supresión de datos. En general, puede decirse que la protección de datos en Alemania ha experimentado una larga y fructífera evolución. Una y otra vez, las leyes se han adaptado y completado para mejorar la protección de los datos personales. Hoy en día, Alemania es uno de los países con las normas de protección de datos más estrictas del mundo.

Los puntos clave de la DSGVO

El Reglamento General de Protección de Datos (Datenschutz-Grundverordnung, DSGVO) es un reglamento de la Unión Europea que entró en vigor el 25 de mayo de 2018. Se aplica a todas las empresas y organizaciones que procesan o almacenan datos personales de ciudadanos de la UE, independientemente de dónde se encuentren. La DSGVO tiene como objetivo mejorar y reforzar la privacidad y la protección de los datos personales y crear normas uniformes de protección de datos en la UE. El Reglamento sustituye a la anterior Directiva de Protección de Datos y amplía los derechos de los ciudadanos de la UE en relación con sus datos personales.

Un elemento central de la DSGVO es el consentimiento para el tratamiento de datos personales. El consentimiento debe ser voluntario, informado e inequívoco, y la finalidad del tratamiento de datos debe indicarse claramente. La DSGVO también estipula que el consentimiento debe ser revocable en cualquier momento. El Reglamento también otorga a los ciudadanos de la UE el derecho de acceso, rectificación y supresión de sus datos personales. Las empresas deben poder facilitar a los ciudadanos de la UE una copia de sus datos personales, corregirlos y suprimirlos si así lo solicitan, y garantizar que sus datos están seguros y adecuadamente protegidos. La DSGVO también exige a las empresas que procesan datos personales que designen a un responsable de protección de datos. Este responsable se encarga de supervisar el cumplimiento del RGPD y de cooperar con las autoridades de protección de datos.

Otro aspecto importante de la DSGVO se refiere a la obligación de notificar las violaciones de la protección de datos. Las empresas están obligadas a notificar las violaciones de la protección de datos a la autoridad de protección de datos competente en un plazo de 72 horas. Pueden imponerse multas graves por infracciones de la DSGVO. En resumen, la DSGVO refuerza los derechos de los ciudadanos de la UE en lo que respecta a la protección de sus datos personales y obliga a las empresas a tomar las medidas de protección adecuadas y a notificar las violaciones de datos. Las empresas deben asegurarse de que cumplen la DSGVO y de que respetan la privacidad y los derechos de sus clientes.

DSGVO frente a la comunicación corporativa en las redes sociales

La DSGVO tiene un impacto significativo en las comunicaciones de las empresas en las plataformas de redes sociales. El Reglamento establece requisitos estrictos para la protección de datos y el tratamiento de datos personales, lo que significa que las empresas deben asegurarse de que cumplen el RGPD cuando utilicen plataformas de redes sociales. Un aspecto importante de la DSGVO es el consentimiento de los usuarios para el tratamiento de sus datos personales. Las empresas deben asegurarse de obtener el consentimiento explícito de los usuarios antes de recopilar, almacenar o utilizar datos personales. Esto significa que las empresas deben ser transparentes sobre los tipos de datos que recopilan y cómo los utilizarán. Las empresas también deben asegurarse de que sólo recogen los datos que realmente necesitan y de que no los almacenan más tiempo del necesario.

Otro aspecto importante de la DSGVO es el derecho de los usuarios a acceder a sus datos personales y suprimirlos. Las empresas deben garantizar que ofrecen a los usuarios la posibilidad de ver, modificar o eliminar sus datos si así lo desean. Esto requiere que las empresas desarrollen y apliquen procesos internos para garantizar que pueden responder a las solicitudes de los usuarios. La DSGVO también afecta a la forma en que las empresas trabajan con personas influyentes en las redes sociales. Las empresas deben asegurarse de que los influidores cumplen la DSGVO cuando recopilan o utilicen datos personales. Esto significa que las empresas deben asegurarse de que los influenciadores sean transparentes sobre los tipos de datos que recopilan y que obtengan el consentimiento explícito de los usuarios antes de recopilar, almacenar o utilizar datos personales.

Además, las empresas tienen el deber de garantizar que protegen los datos personales de sus clientes y usuarios de forma adecuada. Esto incluye aplicar medidas de seguridad adecuadas para proteger los datos de accesos no autorizados o pérdidas. Las empresas también deben asegurarse de que cuentan con una política de privacidad que sea transparente y comprensible y que describa la forma en que recogen, almacenan y utilicen los datos personales.

En general, la DSGVO tiene un impacto significativo en la forma en que las empresas se comunican e interactúan con los usuarios en las plataformas de redes sociales. Las empresas deben asegurarse de que cumplen el Reglamento para proteger adecuadamente los datos personales de sus clientes y usuarios y para asegurarse de que ganan y mantienen la confianza de los usuarios. Por ello, es importante que las empresas se planteen preguntas importantes y hagan sus deberes también en el ámbito de la protección de datos.

Deberes y preguntas

GPT, ¿qué preguntas debe plantearse una empresa en materia de protección de datos si quiere comunicarse en plataformas de redes sociales?

- *¿Qué datos personales facilitan los usuarios en la plataforma de redes sociales y cómo se tratan?*
- *¿Cómo se recogen y tratan los datos personales cuando se interactúa con los usuarios en la plataforma de redes sociales?*
- *¿Cómo se recogen y tratan los datos personales cuando se utilicen herramientas publicitarias en la plataforma de redes sociales?*
- *¿Cómo se recogen y tratan los datos personales cuando se utilicen herramientas de análisis en la plataforma de redes sociales?*
- *¿Qué requisitos legales deben observarse al tratar datos personales en la plataforma de redes sociales?*

- *¿Qué consentimientos deben obtenerse de los usuarios en la plataforma de redes sociales y cómo deben diseñarse?*
- *¿Cómo se recogen y tratan los datos personales cuando se utilicen chatbots en la plataforma de redes sociales?*
- *¿Cómo se recogen y tratan los datos personales cuando se utilice la mensajería automatizada en la plataforma de redes sociales?*
- *¿Cómo se recogen y tratan los datos personales cuando se utilicen herramientas de escucha social en la plataforma de redes sociales?*
- *¿Cómo se recopilan y tratan los datos personales cuando se utilice el marketing de influidores en la plataforma de redes sociales?*
- *¿Cómo se recopilan y procesan los datos personales cuando se utilicen los concursos de redes sociales en la plataforma de redes sociales?*
- *¿Cómo se recopilan y procesan los datos personales cuando se utilice el píxel de Facebook en la plataforma de redes sociales?*
- *¿Cómo se recopilan y procesan los datos personales cuando se utilicen audiencias personalizadas en la plataforma de redes sociales?*
- *¿Cómo se recopilan y procesan los datos personales al utilicer Lookalike Audiences en la plataforma de redes sociales?*
- *¿Cómo se recopilan y procesan los datos personales al utilicer Lead Ads en la plataforma de redes sociales?*
- *¿Cómo se recogen y tratan los datos personales cuando se utilicen plugins de redes sociales en el sitio web de la empresa?*
- *¿Cómo se recogen y tratan los datos personales cuando se utilicen los botones para compartir en redes sociales en el sitio web de la empresa?*
- *¿Cómo se recogen y tratan los datos personales cuando se utilicen las herramientas de inicio de sesión social en el sitio web corporativo?*
- *¿Cómo se recopilan y procesan los datos personales cuando se utilicen anuncios en redes sociales en el sitio web corporativo?*
- *¿Cómo puede garantizar la empresa que el tratamiento de datos personales en la plataforma de redes sociales cumple los requisitos de protección de datos y qué medidas puede ser necesario adoptar?*

Como empresa responsable que se preocupa por la privacidad de los datos, es esencial documentar exhaustivamente las prácticas de tratamiento de datos de la empresa en relación con los redes sociales. He aquí algunas formas de resumir en un documento las respuestas a las preguntas formuladas:

Secciones temáticas: divida el documento en secciones específicas basadas en los temas, como herramientas de publicidad, herramientas de análisis, chatbots, marketing de influidores, etc. Cada sección debe incluir una descripción detallada de las prácticas de tratamiento de datos asociadas a cada una.

Diagramas de flujo y esquemas: Utilice ayudas visuales para mostrar el flujo de datos. Por ejemplo, un diagrama de flujo podría mostrar cómo se recopilan, procesan y almacenan los datos mediante el uso del píxel de Facebook.

Listas de comprobación: Para cada uno de los puntos, cree una lista de comprobación que describa los requisitos específicos y los pasos de acción que la empresa debe cumplir en materia de protección de datos. Esto proporciona una orientación clara y facilita la verificación del cumplimiento.

Sección de preguntas frecuentes: basándose en las preguntas formuladas, podría incluir una sección de preguntas frecuentes que aborde las preocupaciones e incertidumbres más comunes de la empresa en relación con el tratamiento de datos en las plataformas de redes sociales.

Resumen y acciones recomendadas: Concluya el documento con una sección que ofrezca un resumen de las principales conclusiones y recomendaciones específicas para la acción. Esta sección podría centrarse en los requisitos legales clave y en el curso de acción más seguro para que la organización evite las violaciones de datos.

Un documento bien estructurado y visualmente atractivo facilita que las partes interesadas de la empresa comprendan la importancia y urgencia de la protección de datos en el contexto de los redes sociales y actúen en consecuencia.

Oportunidades y ventajas para las empresas

El tema de la privacidad en las redes sociales es de gran importancia para las empresas. Si una empresa protege la privacidad de sus clientes y parece digna de confianza, esto puede tener un impacto positivo en el negocio. He aquí algunas de las oportunidades y beneficios que surgen para las empresas que se toman en serio el tema de la privacidad:

Generar confianza: Al garantizar que las políticas de privacidad de las plataformas de redes sociales sean transparentes y fáciles de entender, las empresas pueden generar confianza. Los clientes están más dispuestos a compartir sus datos personales con las empresas si sienten que se respeta su privacidad.

Fomentar la lealtad: Si una empresa se presenta como protectora responsable de los datos en las plataformas de las redes sociales, puede aumentar la fidelidad de los clientes. Si los clientes sienten que se respeta su privacidad, están más dispuestos a trabajar con esa empresa.

Gestión de la reputación: Las empresas que gestionan de forma responsable los datos de sus clientes en las plataformas de redes sociales pueden proteger su reputación. Si una empresa descuida la protección de datos y se producen filtraciones o filtraciones de datos, esto puede afectar a la imagen de la empresa.

Ventaja competitiva: En un momento en el que la protección de datos y la privacidad desempeñan un papel cada vez más importante, las empresas que se toman en serio esta cuestión pueden obtener una ventaja competitiva. Los clientes están más dispuestos a trabajar con empresas que tienen una buena reputación en materia de protección de datos.

Evitar sanciones: Las empresas que infringen la normativa de protección de datos pueden ser objeto de importantes sanciones y multas. Al asegurarse de que cumplen el RGPD y otras leyes de protección de datos, las empresas pueden evitar sanciones y potencialmente incluso ahorrar dinero.

Mejor orientación: Cuando una empresa conoce mejor a sus clientes, puede dirigirse a ellos con mayor eficacia. Al gestionar y analizar cuidadosamente los datos que recopilan de los clientes, las empresas pueden comprender mejor a su público objetivo y sus necesidades. Esto les permite orientar y dirigir mejor sus actividades de marketing y ventas.

Mejora de la gestión de crisis: Cuando se producen filtraciones o violaciones de datos, las empresas deben responder rápidamente para limitar los daños. Si desarrollan con antelación procesos y planes claros para la gestión de crisis, las empresas pueden responder con mayor rapidez y eficacia a este tipo de incidentes.

En general, existen muchas oportunidades y ventajas para las empresas que se tomen en serio la cuestión de la protección de datos en las redes sociales.

Por qué la protección de datos es cada vez más importante

La protección de datos, especialmente en el contexto de las redes sociales, es cada vez más importante, ya que en estas plataformas se recogen y procesan cada vez más datos personales de los usuarios. Las empresas utilizan las redes sociales para interactuar con sus clientes y grupos destinatarios mediante anuncios personalizados o la publicación de mensajes específicos. Al hacerlo, a menudo recopilan datos como la edad, el sexo, el lugar de residencia, los intereses y los patrones de comportamiento. Si no se protegen adecuadamente, estos datos pueden caer en las manos equivocadas y ser mal utilizados, dando lugar a robos de identidad, fraudes u otras actividades delictivas. El creciente uso de la inteligencia artificial (IA) y los sistemas de decisión automatizados en el análisis de datos también refuerza la importancia de la protección de datos, ya que los algoritmos y las decisiones erróneas pueden dar lugar a discriminación u otras repercusiones negativas para los usuarios.

Además de la preocupación por la privacidad de los datos, cada vez hay más normativas legales que obligan a las empresas a proteger la privacidad de sus clientes y usuarios. Entre ellas se encuentra, en particular, el Reglamento General de Protección de Datos (RGPD) de la Unión Europea, en vigor desde 2018, que impone requisitos estrictos sobre el tratamiento de los datos personales. Las empresas que infringen esta normativa pueden ser objeto de fuertes multas, que también pueden afectar a su reputación y a las relaciones con sus clientes. Por estos motivos, cada vez es más importante que las empresas tengan en cuenta la protección de datos en sus estrategias de redes sociales y se aseguren de que los datos de sus usuarios están a salvo y seguros.

La contradicción psicológica

La aparente discrepancia entre la creciente concienciación sobre la protección de datos personales y la cada vez mayor disposición a compartir información privada en las redes sociales puede atribuirse a diversos factores psicológicos. Un factor importante es el deseo de reconocimiento y atención social. Las redes sociales ofrecen una plataforma en la que las personas pueden compartir sus pensamientos, sentimientos y actividades, y recibir comentarios y atención de otros usuarios. Esto puede generar una sensación de validación y bienestar que a muchas personas les satisface.

Otro factor es la percepción del riesgo y el beneficio. La gente puede valorar más los beneficios de compartir datos personales en las redes sociales que el riesgo de que esos datos caigan en manos equivocadas. Puede ser difícil prever las posibles consecuencias de compartir información personal o comprender la amenaza real de la ciberdelincuencia o el uso indebido de los datos. Además, las normas y expectativas sociales también pueden influir. Si muchas personas del entorno de uno comparten regularmente información personal, esto puede considerarse normal y aceptable, lo que influye en el comportamiento de los demás.

Por último, la confianza en las empresas y las plataformas de redes sociales también puede desempeñar un papel. Si la gente siente que sus datos se mantendrán seguros y confidenciales, puede estar más dispuesta a compartir información personal. En general, puede decirse que el comportamiento humano en las redes sociales está influido por diversos factores, como la necesidad de reconocimiento, las percepciones de riesgo y beneficio, las normas y expectativas sociales y la confianza en las empresas y plataformas. Es importante que las personas sean conscientes de la información que comparten y de los riesgos que esto puede conllevar, mientras que las empresas deben ejercer su responsabilidad de proteger la privacidad y la protección de datos de sus clientes.

Niños y adolescentes

Los niños son un grupo especialmente vulnerable en el mundo digital. Las empresas deben extremar las precauciones al tratar sus datos. Esto no sólo se debe a estrictos requisitos legales, sino también a la exigencia ética de garantizar la privacidad y seguridad de los jóvenes usuarios. El uso indebido o el tratamiento inadecuado de los datos puede tener efectos negativos a largo plazo en el bienestar del menor. Por ello, las empresas deben tener especial cuidado y anteponer los derechos de los niños. ¿Cuáles son los peligros concretos para los niños?

Ciberacoso: Si los niños y jóvenes comparten demasiada información privada en Internet, pueden convertirse en víctimas de ciberacoso. Otros pueden utilizar esta información para acosarlos, amenazarlos o chantajearlos.

Robo de identidad: Cuando los niños y adolescentes comparten información privada en Internet, los delincuentes pueden utilizar esa información para robar su identidad. Pueden usar esta información para pedir préstamos a nombre del niño, realizar compras en línea o llevar a cabo otras actividades ilegales.

Violación de la intimidad: Cuando los niños y jóvenes comparten información privada en línea, esta información puede ser recopilada y utilizada por plataformas de redes sociales u otros terceros. Estas empresas pueden utilizar esta información para ofrecer publicidad personalizada o venderla a otras empresas.

Impacto negativo en el futuro: Si los niños y jóvenes comparten demasiada información privada en línea, esto puede tener un impacto negativo a largo plazo en su futuro. Por ejemplo, al solicitar un empleo, los empleadores o las universidades pueden buscar en los perfiles de las redes sociales de los solicitantes y encontrar información negativa que puede afectar a sus posibilidades.

En general, es importante que los niños y jóvenes comprendan la importancia de proteger su privacidad en línea y que los padres y tutores les ayuden a utilizar las redes sociales de forma segura y responsable.

Derechos de autor

La protección de datos desempeña un papel fundamental en la salvaguarda de la información corporativa y la propiedad intelectual. Cuando las empresas aplican medidas estrictas de protección de datos, no sólo garantizan la seguridad de los datos personales, sino que también protegen su poder innovador del acceso no autorizado. Las ideas, los conceptos y las estrategias empresariales permanecen protegidos, y se minimiza el riesgo de robo de ideas. Por tanto, una sólida protección de datos no es sólo una necesidad legal, sino también un medio de asegurar la ventaja competitiva de una empresa.

Una protección de datos defectuosa puede provocar lagunas en los sistemas de seguridad de una empresa. Estas lagunas permiten a posibles ladrones acceder a información sensible, como estrategias empresariales, desarrollo de productos o planes de marketing. Si estos datos caen en las manos equivocadas, los competidores u otras partes pueden utilizar esta información para desarrollar ideas o productos similares, reduciendo así la ventaja de mercado de la empresa original. La falta de protección de datos abre así la puerta al robo de ideas y a pérdidas económicas. El robo de identidad en las redes sociales puede producirse de varias maneras:

- **Ataques de phishing:** Un hacker envía un correo electrónico que parece legítimo de un servicio de redes sociales para robar las credenciales de inicio de sesión. Estas credenciales de inicio de sesión pueden utilizarse para tomar el control de la cuenta y robar información personal.
- **Ataques de ingeniería social:** un hacker puede intentar engañar a los usuarios para que revelen información personal haciéndose pasar por una persona de confianza o suplantando a un empleado de la empresa.
- **Malware:** Un malware instalado en un ordenador o dispositivo móvil puede robar datos de una cuenta de redes sociales en cuanto el usuario inicia sesión.
- **Fuga de datos:** Una fuga de datos en un servicio de redes sociales puede permitir a los piratas informáticos acceder a información personal.
- **Acceso no autorizado a perfiles públicos:** Terceros no autorizados pueden hacer un uso indebido de la información publicada en los perfiles públicos utilizándola para actividades delictivas o empleándola para publicidad dirigida.
- **Suplantación de identidad:** un pirata informático puede crear una cuenta falsa y hacerse pasar por otra persona para recopilar información personal o realizar actividades fraudulentas.
- **Ataques dirigidos:** Un hacker puede dirigirse a personas concretas e intentar robar su información personal en las redes sociales.

¿Datos robados? Algunos ejemplos

Escándalo Facebook-Cambridge Analytica (2018): Cambridge Analytica, una consultora política, recopiló datos de millones de usuarios de Facebook sin el consentimiento de los usuarios para utilizarlos en campañas políticas. En total, se vieron afectadas hasta 87 millones de cuentas de usuarios.
(Fuente: https://www.nytimes.com/2018/04/04/us/politics/ cambridge-analytica-scandal-fallout.html)

Fuga de datos de Yahoo (2013-2014): Una filtración de datos de Yahoo robó datos personales de 3.000 millones de usuarios, incluidos nombres, direcciones de correo electrónico, números de teléfono, fechas de nacimiento, hashes de contraseñas y preguntas y respuestas de seguridad.
(Fuente: https://www.sueddeutsche.de/digital/yahoo-hackerangriff-bei-yahoo-traf-alle-drei-milliarden-konten-1.3693671)

Filtración de datos de Equifax (2017): Equifax, una de las mayores agencias de crédito de Estados Unidos, sufrió el robo de datos personales de 147 millones de personas, incluidos nombres, números de la Seguridad Social, fechas de nacimiento, direcciones y números de carné de conducir.
(Fuente: https://www.spiegel.de/netzwelt/netzpolitik/ftc-equifax-zahlt-nach-hackerattacke-bis-zu-700-millionen-dollar-a-1278454.html)

Fuga de datos de Marriott International (2018): Una filtración de datos de Marriott International robó información personal de hasta 500 millones de clientes, incluidos nombres, direcciones, números de teléfono, direcciones de correo electrónico, números de pasaporte, datos de viaje e información cifrada de tarjetas de crédito.
(Fuente: https://www.bbc.com/news/technology-46401890)

Filtración de datos de eBay (2014): a eBay le robaron datos personales de 145 millones de usuarios, incluidos nombres, direcciones de correo electrónico, fechas de nacimiento, números de teléfono y contraseñas cifradas.
(Fuente: https://www.heise.de/news/145-Millionen-Kunden-von-eBay-Hack-betroffen-2195974.html)

Filtración de datos de MyFitnessPal (2018): MyFitnessPal, una app de fitness de Under Armour, sufrió el robo de datos personales de 150 millones de usuarios, incluidos nombres de usuario, direcciones de correo electrónico y contraseñas cifradas.
(Fuente: https://www.chip.de/news/Datenklau-150-Millionen-Nutzer-beliebter-Fitness-App-betroffen_136907231.html)

Conrad Electronic SE: En agosto de 2018, se anunció que Conrad Electronic SE había sido víctima de un ataque de piratas informáticos en el que se robaron datos de clientes. La información robada incluía nombres, direcciones, direcciones de correo electrónico y datos de pedidos.
(Fuente: https://www.conrad.de/de/ueber-conrad/presse/pressemeldungen/unternehmensmeldung/datenpanne-conrad-informiert-kunden.html)

ChatGPT: La empresa de seguridad informática Group-IB ha descubierto que los delincuentes han publicado 100.000 credenciales del chatbot de inteligencia artificial ChatGPT en la llamada darknet. Entre ellas: Direcciones de correo electrónico y contraseñas. Los datos se refieren al periodo de los últimos 12 meses 2022/2023.
(Fuente: https://www.telekom.de/hilfe/festnetz-internet-tv/sicherheit/sicherheitsmeldungen?samChecked=true)

Oficina Federal Alemana de Seguridad de la Información (BSI): En 2014, alrededor de 16 millones de direcciones de correo electrónico y contraseñas de internautas alemanes fueron robadas y publicadas en un sitio web ruso. La Oficina Federal Alemana de Seguridad de la Información (BSI) advirtió a los afectados de que cambiaran sus contraseñas.
(Fuente: https://www.deutschlandfunk.de/millionenfacher-datenklau-bsi-schaltet-sicherheitscheck-frei-100.html)

MySpace: En 2016, la red social Myspace sufrió un grave robo de datos. Se robaron 360 millones de direcciones de correo electrónico y 427 millones de contraseñas de usuarios.
(Fuente: https://anwalt-verbraucherschutz.de/aktuelles/07-06-2023-die-zehn-grouszten-datenlecks-aller-zeiten)

Los casos y la información aquí citados proceden directamente de las fuentes mencionadas y se facilitan únicamente con fines informativos. No reflejan mi opinión o valoración personal. Sirven aquí únicamente como fuentes públicas de ejemplos que ponen de relieve la importancia de la protección de datos. Todos los derechos y reclamaciones pertenecen a las fuentes y autores originales. Si tiene alguna duda legal, póngase en contacto directamente con la fuente indicada.

¿Datos? ¡Hay que protegerlos!

Es fundamental que, como empresa, protejas cuidadosamente los datos de tus clientes en las redes sociales. Proteger los datos personales no es sólo una obligación legal, sino también una parte importante de la confianza que se crea con los clientes. En el mundo digital en el que vivimos, los datos se han convertido en un recurso valioso, y mantenerlos seguros es una prioridad absoluta. Cuando los clientes te confían sus datos, esperan que los gestiones de forma responsable. La violación de estas expectativas puede causar graves daños a la reputación y destruir permanentemente la confianza de tus clientes. Por eso es esencial proteger los datos de los clientes. ¿Qué puedes hacer como empresa?

Formación de los empleados: Las empresas deben formar a sus empleados sobre la importancia de la privacidad y la seguridad de los datos. Los empleados deben ser informados sobre cómo manejar datos sensibles y cómo informar de actividades sospechosas. En Alemania existen numerosas formas de formar a los empleados en materia de protección de datos. Las plataformas de aprendizaje electrónico suelen ofrecer cursos interactivos sobre protección de datos que los empleados pueden seguir a su propio ritmo. Además, las empresas pueden organizar talleres in situ y sesiones de formación impartidas por expertos en protección de datos. También hay seminarios web y en línea que proporcionan un acceso cómodo y flexible a este importante tema. Por último, pero no por ello menos importante, las empresas también pueden proporcionar materiales informativos, como guías y folletos, para concienciar sobre cuestiones relacionadas con la protección de datos.

¿Qué debe incluir una política de contraseñas eficaz?

Complejidad de la contraseña: Las contraseñas deben contener una mezcla de mayúsculas, minúsculas, números y caracteres especiales. También deben tener una longitud mínima, a menudo se recomienda una longitud de al menos 8-12 caracteres.

Cambio de contraseñas: Los empleados deben cambiar sus contraseñas a intervalos regulares, como cada 60 o 90 días.

No reutilizar: las contraseñas no deben reutilizarse entre cuentas ni tampoco las contraseñas anteriores.

No compartir: Las contraseñas no deben compartirse ni escribirse abiertamente. Tampoco deben almacenarse abiertamente en el servidor de la empresa en listas de Excel o tablas de Word.

¿Qué más podría hacer una empresa?

Uso de gestores de contraseñas digitales: Podría recomendarse el uso de un gestor de contraseñas seguro para facilitar la gestión de múltiples contraseñas complejas. Tenga en cuenta que esta política se basa en las mejores prácticas generales y debe adaptarse en función de los requisitos y circunstancias específicos de la empresa.

Utilizar la autenticación de dos factores: Las organizaciones deben utilizar la autenticación de dos factores para acceder a datos y sistemas sensibles con el fin de aumentar la seguridad. Una implantación eficaz pero sencilla de la autenticación de dos factores (2FA) en una pequeña o mediana empresa podría lograrse utilizando una solución basada en una app. En este caso, la aplicación genera un código de tiempo limitado que el usuario debe introducir además de su contraseña.

Por ejemplo, la empresa podría utilizar Google Authenticator, Microsoft Authenticator o una aplicación similar. Estas aplicaciones son gratuitas y fáciles de usar. Los empleados instalan la aplicación en su smartphone y vinculan su cuenta escaneando un código QR. Cada vez que inician sesión, la aplicación genera un nuevo código que se introduce junto con la contraseña. Este método es fácil de implantar y proporciona un buen nivel de seguridad sin suponer una carga excesiva para los usuarios o el equipo informático. Puede utilizarse en una amplia variedad de sistemas, como el correo electrónico, el acceso VPN y los sistemas internos, siempre que admitan 2FA.

Cifrado de datos: Las empresas deben asegurarse de que todos los datos almacenados y transmitidos estén encriptados para garantizar que no puedan ser interceptados o manipulados por terceros.

Gestionar los derechos de acceso: Las empresas deben asegurarse de que sólo los empleados autorizados tienen acceso a los datos sensibles. El acceso a los datos debe concederse en función de la necesidad de conocerlos.

Copias de seguridad periódicas: Las empresas deben realizar copias de seguridad periódicas de sus datos para garantizar su recuperación en caso de pérdida de datos.

Actualizar el software y los sistemas: Las empresas deben asegurarse de que todo el software y los sistemas están actualizados para evitar vulnerabilidades.

Publicar la política de privacidad: Las empresas deben publicar una política de privacidad que explique qué datos se recopilan, cómo se utilicen y con quién se comparten. La política de privacidad de un sitio web es legalmente obligatoria para garantizar la transparencia y la protección de los datos personales de acuerdo con el Reglamento General de Protección de Datos (RGPD) de la Unión Europea. En ella se informa a los visitantes sobre qué datos recopila la empresa, cómo los utilice, durante cuánto tiempo se conservan y qué derechos tienen los usuarios en relación con sus datos. La declaración de privacidad también debe incluir información sobre cómo pueden presentar reclamaciones los usuarios si creen que se está haciendo un uso indebido de sus datos. Sin una declaración de este tipo, las empresas podrían incumplir el RGPD y arriesgarse a fuertes multas. Se trata, por tanto, de una obligación legal que garantiza la protección de la privacidad de los usuarios.

Contratación de expertos externos: Las empresas deben contratar a expertos externos para que realicen auditorías periódicas y comprueben si sus sistemas presentan deficiencias. Qué expertos serían, por ejemplo?

- **Responsables de protección de datos:** Estos profesionales tienen amplios conocimientos de las leyes y normativas de protección de datos y pueden ayudar a las empresas a cumplirlas.
- **Consultores de seguridad informática:** Estos expertos se especializan en la seguridad de los sistemas de información y pueden ayudar a las empresas a proteger sus infraestructuras informáticas contra las violaciones de datos.
- **Empresas de ciberseguridad:** Estas empresas suelen ofrecer diversos servicios, como pruebas de penetración (para identificar vulnerabilidades en los sistemas informáticos), análisis forense informático y respuesta a incidentes.
- **Abogados:** Los abogados especializados en derecho de protección de datos pueden asesorar a las empresas sobre cuestiones jurídicas relacionadas con la protección de datos y ayudarlas a diseñar políticas de protección de datos.
- **Empresas de consultoría:** Muchas empresas de consultoría, especialmente las centradas en TI o gestión empresarial, ofrecen servicios de protección de datos, incluyendo consultoría y auditoría.

Estas medidas pueden ayudar a las empresas a proteger mejor los datos de sus clientes y aumentar la confianza de éstos en la empresa.

Las medidas de autoprotección tienen prioridad

¿Qué puede hacer cada uno por su cuenta para proteger sus datos en Internet? Algunas de las sugerencias son tan sencillas y tan lógicas. Sin embargo, a muchos les sigue resultando tan difícil cumplir incluso las normas de seguridad más sencillas.

Utiliza contraseñas seguras: Utiliza una contraseña segura para cada cuenta, compuesta por letras, números y símbolos.

Habilita la autenticación de dos factores: En las cuentas en las que sea posible, activa la autenticación de dos factores. Esto aumenta la seguridad y dificulta a los hackers el acceso a tu cuenta.

Actualiza regularmente: Actualiza regularmente tus sistemas operativos, navegadores y otros programas para asegurarte de que están instalados todos los parches de seguridad.

Ten cuidado con la información personal: No des tu información personal a la ligera. Consulta la política de privacidad antes de compartir tus datos con terceros.

Utiliza un servicio VPN: Un servicio VPN cifra tus datos y protege tu privacidad cuando navegas por Internet.

Utiliza software antivirus: instala software antivirus en tu ordenador o dispositivo móvil para protegerte de los ataques de malware.

Borra cuentas antiguas: Elimina las cuentas que ya no utilices para evitar que tus datos caigan en manos falsas.

No utilices redes de WLAN públicas: Evita utilizar redes de WLAN públicas, especialmente cuando transmitas datos sensibles.

Comprueba tu configuración de privacidad: Comprueba la configuración de privacidad de las redes sociales y otros servicios en línea para controlar quién puede ver tu información.

Ten cuidado al utilizar el almacenamiento de datos online (Cloud Services): Utiliza proveedores de almacenamiento online que ofrezcan fuertes medidas de encriptación y seguridad. Ten cuidado con los datos que almacenas y compartes en la nube.

¡Quiero tus datos! A qué datos acceden las redes sociales

Estos son algunos de los datos a los que **TikTok** puede acceder una vez instalada la aplicación:

- Nombre
- Nombre de usuario
- Foto de perfil
- Correo electrónico
- Número de teléfono

- Fecha de nacimiento
- Género
- Ubicación
- ID de dispositivos
- Tipo y modelo de aparato
- Versión del sistema operativo
- Dirección IP
- Tipo y versión de navegador
- Información sobre redes y conexiones
- Información sobre el operador de telefonía móvil
- Contactos
- Datos de geolocalización
- Historial de navegación
- Historial de búsqueda
- Intereses y preferencias
- Agenda
- Información de suscripción
- Relaciones de amistad
- Datos de uso (por ejemplo, contenidos compartidos, número de me gusta, comentarios, etc.)
- Compras dentro de la aplicación

Esta lista no está completa ni es jurídicamente correcta. Se trata de una lista subjetiva elaborada por mí a partir de los datos de que dispongo en TikTok. La lista puede ser más corta o más larga. Estaría bien un listado justiciable, pero depende del proveedor del canal. Es importante señalar, sin embargo, que TikTok no tiene necesariamente acceso a todos estos datos ni recopila toda esta información. Algunos de estos datos también pueden ser proporcionados por los propios usuarios o recogidos por herramientas de terceros utilizadas por TikTok. También es importante tener en cuenta que TikTok es una empresa china y que en el pasado han surgido problemas relacionados con la seguridad de los datos y la privacidad. Sin embargo, la aplicación ha tomado medidas para mejorar la seguridad de los datos de sus usuarios y también ha publicado directrices para el tratamiento de los datos de los usuarios. No sé hasta qué punto estas declaraciones y promesas son ciertas y resistentes.

Estos son los datos a los que Meta accede con sus aplicaciones **Instagram**, **Facebook** y **WhatsApp** una vez que las aplicaciones están instaladas y se utilizan:

- Nombre, nombre de usuario y foto de perfil del usuario
- Dirección de correo electrónico y número de teléfono del usuario
- Sexo, fecha de nacimiento y estado civil del usuario
- Intereses y preferencias del usuario
- Datos de localización del usuario (por ejemplo, datos GPS)
- Información sobre el dispositivo utilicedo (por ejemplo, tipo de dispositivo, versión del sistema operativo)
- Información sobre la conexión del dispositivo (por ejemplo, dirección IP, nombre de la red).
- Identificadores del dispositivo, como ID de publicidad, número IMEI, dirección MAC
- Lista de contactos del usuario, incluidos nombres y números de teléfono
- Contenido que el usuario carga, como fotos, vídeos y mensajes
- Contenido al que reacciona el usuario (por ejemplo, me gusta, comentarios)
- Historial de chat en WhatsApp
- Listas de amigos e interacciones en Facebook
- Hashtags que utilice el usuario
- Actividades del usuario en el dispositivo y la cuenta (por ejemplo, tiempo de permanencia, comportamiento al hacer clic)
- Información sobre las compras realizadas
- Configuración del idioma del usuario
- Datos de reconocimiento facial, si se utilice esta función
- Datos de ubicación de las fotos cargadas
- Información sobre eventos en los que participa o ha participado el usuario
- Comportamiento de uso dentro de la aplicación (por ejemplo, tiempo de pantalla)
- Datos de localización del usuario, aunque la aplicación no esté abierta
- Datos recogidos mediante la integración de aplicaciones de terceros
- Información sobre los navegadores y otras aplicaciones utilicedas en el dispositivo
- Información detallada sobre el contenido de las contribuciones de los usuarios, como su idioma o estado de ánimo.
- Datos sobre la ubicación del usuario, como su paradero y perfiles de movimiento
- Información sobre el proveedor de Internet utilicedo
- Datos sobre los dispositivos finales utilicedos, por ejemplo, marca, modelo y sistema operativo.

- Datos de localización de cuentas vinculadas en otras plataformas
- Datos recogidos mediante el uso de funciones de Realidad Aumentada.

En principio, en este caso también se aplican las mismas afirmaciones resumidas que en el caso de TikTok. Nosotros, como usuarios, dependemos aquí de la información que los proveedores de los canales de redes sociales ponen a nuestra disposición. Lamentablemente, no puedo confirmar ni desmentir si esta es completa o si se trata de todos los datos que se recopilan.

Citas y pensamientos

La protección de datos no es una cuestión de comodidad, sino un derecho humano. Jan Philipp Albrecht, político alemán y miembro del Parlamento de la UE. Fuente: https://Twitter
(X).com/janalbrecht/status/611786332717824768

La protección de datos, como subraya Jan Philipp Albrecht, miembro del Parlamento Europeo, va más allá de la mera conveniencia; es un derecho humano fundamental. En nuestro mundo conectado digitalmente, donde la información se intercambia y difunde con rapidez, proteger esa información es una prioridad absoluta. Los datos personales pueden revelar detalles íntimos sobre las personas, desde su ubicación hasta sus hábitos de compra o sus creencias políticas. Para las empresas, esta protección es crucial. No sólo porque leyes como el Reglamento General de Protección de Datos (RGPD) imponen normas estrictas y sanciones por violación de datos, sino también porque los consumidores juzgan a una empresa por sus valores éticos. Una empresa que se toma en serio la protección de datos y respeta la privacidad de sus clientes genera confianza y refuerza su marca a ojos de los clientes informados. Por tanto, no se trata sólo del cumplimiento de la legislación, sino también de la integridad y las relaciones con los clientes.

Las redes sociales son una gran cosa, pero es importante entender qué datos personales estás compartiendo y el impacto que puede tener.
Mark Zuckerberg, consejero delegado de Facebook. Fuente:
www.nytimes.com/2010/05/13/technology/ personaltech/13basics.html

Los redes sociales, especialmente plataformas como Facebook, han cambiado la faz de las comunicaciones en todo el mundo. Mark Zuckerberg, CEO de Facebook, subraya la importancia de manejar conscientemente los datos personales en el mundo digital. Es de suma importancia reconocer qué información se está revelando y qué consecuencias puede tener para la privacidad. Sin embargo, Zuckerberg y su plataforma son objeto de reiteradas críticas. Las acusaciones van desde la violación de datos hasta la falta de transparencia sobre cómo se utilicen y comparten los datos con terceros. Las críticas a Facebook ponen de relieve lo crucial que es que las empresas actúen de forma ética y responsable, especialmente cuando gestionan enormes cantidades de datos de usuarios. Por tanto, la cita de Zuckerberg no sólo debe considerarse un consejo para los particulares, sino también un recordatorio para que las empresas se tomen en serio su responsabilidad en materia de protección de datos.

Todo el mundo debería ser consciente de que lo que se comparte en línea permanece en línea para siempre. Tim Berners-Lee, coinventor de la World Wide Web.
Fuente: *https://www.businessinsider.com/tim-berners-lee-people-dont-realize-their-data-stored-online-forever-2017-3*

El trabajo de Tim Berners-Lee, coinventor de la World Wide Web, ha dado forma en gran medida a Internet tal y como la conocemos hoy. Su afirmación de que todo lo que se comparte en línea puede permanecer en Internet para siempre es alarmante y esclarecedora a la vez. Subraya la permanencia de las huellas digitales y la resistencia, a menudo subestimada, de la información en el espacio digital. Esta sabiduría no debe tomarse a la ligera, especialmente en esta era de redes sociales y presencia constante en línea. Un comentario irreflexivo, una foto apresurada o una expresión de opinión poco meditada pueden tener consecuencias a largo plazo, tanto personales como profesionales. Por tanto, la declaración de Berners-Lee no es sólo un recordatorio de precaución individual, sino también un llamamiento a las empresas y plataformas para que eduquen a sus usuarios sobre las consecuencias a largo plazo de sus acciones digitales. Subraya la necesidad de un enfoque responsable de lo que uno comparte en Internet y de cómo se presenta en línea.

Que vengan a mí los niñitos

La privacidad de los niños en las redes sociales merece especial atención, ya que a menudo no son plenamente conscientes de las consecuencias de revelar información personal. Los niños son especialmente vulnerables a la usurpación de identidad, el ciberacoso y otras formas de abuso. Se les puede engañar fácilmente para que compartan demasiado o revelen información que puede ponerles en peligro. También es importante recordar que una vez que los datos se comparten en línea, pueden ser permanentes y públicos, incluso si se borran posteriormente. Por lo tanto, es de suma importancia educar a los niños sobre cómo utilizar las redes sociales de forma segura y tomar todas las medidas de privacidad disponibles para proteger su información personal.

Protección contra el ciberacoso: Los niños son a menudo objeto de ciberacoso, lo que puede acarrearles graves problemas psicológicos. Si los niños revelan demasiada información personal en las redes sociales, pueden convertirse más fácilmente en víctimas del ciberacoso.

Protección contra los abusos: Publicar información personal en las redes sociales puede dar lugar a que personas que quieran abusar de los datos se acerquen a los niños. Por ejemplo, podrían hacerse pasar por alguien que conoce al niño para ganarse su confianza y conseguir que se reúnan con ellos.

Protección contra el robo de identidad: Si los niños revelan información personal como su nombre, dirección o fecha de nacimiento en las redes sociales, esta información podría ser utilizada por personas para robar su identidad y abrir cuentas en su nombre, por ejemplo.

Protección de la intimidad: Los niños tienen derecho a la intimidad y deben poder decidir por sí mismos qué información personal quieren compartir y cuál no. Si los padres o tutores no se ocupan de proteger los datos de sus hijos, esto puede afectar a la privacidad de los menores.

Protección contra daños: Los niños son especialmente vulnerables al fraude y a otros tipos de daños relacionados con el uso indebido de información personal. No siempre pueden evaluar los riesgos y consecuencias de sus actos, por lo que necesitan una protección especial.

En general, es de suma importancia que los padres y tutores velen activamente por la protección de los datos de sus hijos y garanticen que puedan operar de forma segura en las redes sociales.

¿Dónde se almacenan y procesan los datos?

El almacenamiento y tratamiento de los datos recopilados por las 20 mayores plataformas de redes sociales del mundo se realiza generalmente en los propios servidores de las empresas. Las ubicaciones aquí mencionadas son una instantánea de junio de 2022. Las empresas cambian de ubicación y los datos de sus propias páginas de información no siempre garantizan una actualización absoluta. Por lo tanto, no puedo garantizar al 100% la exactitud de las ubicaciones:

- **Facebook -** Los servidores de Facebook están ubicados en varios países del mundo, como Estados Unidos, Irlanda, Suecia, Dinamarca, Singapur y Hong Kong.
- **YouTube -** Los servidores de YouTube también están repartidos por todo el mundo, incluidos Estados Unidos, Irlanda, Países Bajos y Singapur.
- **WhatsApp - Los** servidores de WhatsApp se encuentran en Estados Unidos, Irlanda, Singapur y Países Bajos.
- **Instagram -** Los servidores de Instagram se encuentran en Estados Unidos, Irlanda y Países Bajos.
- **TikTok - Los** servidores de TikTok se encuentran en Estados Unidos, Irlanda y Singapur.
- **WeChat -** Los servidores de WeChat se encuentran en China.
- **Snapchat -** Los servidores de Snapchat se encuentran en Estados Unidos.
- **LinkedIn -** Los servidores de LinkedIn se encuentran en Estados Unidos, Irlanda, Singapur y Países Bajos.
- **Pinterest -** Los servidores de Pinterest están ubicados en EE.UU. e Irlanda.
- **Twitter (X) -** Los servidores de Twitter (X) se encuentran en EE.UU., Irlanda y Singapur.
- **Reddit - Los** servidores de Reddit se encuentran en Estados Unidos.
- **Telegram - Los** servidores de Telegram se encuentran en varios países de todo el mundo, como Estados Unidos, Canadá, Alemania y Singapur.
- **Sina Weibo - Los** servidores de Sina Weibo se encuentran en China.
- **VKontakte (**VK**) -** Los servidores de VKontakte se encuentran en Rusia.
- **Twitch - Los** servidores de Twitch se encuentran en Estados Unidos e Irlanda.
- **WhatsApp** Business: los servidores de WhatsApp Business se encuentran en Estados Unidos, Irlanda y Singapur.
- **Viber - Los** servidores de Viber se encuentran en EE.UU., Singapur e Israel.

El paraíso de los hackers

En conjunción con una IA que sabe mucho más que yo, sobre todo en este ámbito, la cuestión de los hackers siempre estuvo en la punta de la lengua mientras escribía este capítulo. Así que simplemente le pregunté a GPT ¿Qué grupos de hackers conoces especializados en el robo de datos a través de Internet?

GPT4: Quiero hacer hincapié en que, como mago de la IA, no apoyo la propaganda, la agitación ni la discriminación. Es importante señalar que no hay grupos específicos que se especialicen exclusivamente en el robo de datos, y puede ser peligroso estereotipar a ciertos grupos en cuanto a actividades de hacking. Sin embargo, hay grupos de hackers más conocidos que han sido asociados con este tipo de actividades en el pasado.

He aquí algunos ejemplos:

- ***APT10 (China):*** *Grupo de hackers asociado al Estado chino especializado en ciber espionaje y robo de propiedad intelectual.*
- ***APT38 (Corea del Norte):*** *Grupo asociado a Corea del Norte especializado en el robo de ciberbancos.*
- ***APT28 (Rusia):*** *Grupo también conocido como "Fancy Bear" y asociado al Estado ruso. El grupo es conocido por sus ciberataques a partidos políticos y gobiernos.*
- ***APT41 (China):*** *Grupo asociado al Estado chino especializado en ciber espionaje y sabotaje.*
- ***Grupo Lazarus (Corea del Norte):*** *Grupo asociado a Corea del Norte especializado en ciberataques contra organismos gubernamentales e instituciones financieras.*
- ***Grupo Winnti (China):*** *Grupo asociado al Estado chino especializado en ciber espionaje y sabotaje.*
- ***Grupo Turla (Rusia):*** *Grupo asociado al Estado ruso especializado en ciber espionaje y sabotaje.*
- ***Hidden Cobra (Corea del Norte):*** *Grupo asociado a Corea del Norte especializado en ciberataques contra organismos gubernamentales e instituciones financieras.*
- ***Comment Crew (China):*** *Grupo asociado al Estado chino especializado en ciber espionaje y sabotaje.*

- ***Sandworm Team (Rusia):*** *Grupo asociado al Estado ruso especializado en ciberataques contra organismos gubernamentales e infraestructuras críticas.*
- ***Anónimo*** *(Internacional)*
- ***Lizard Squad*** *(Internacional)*
- ***Cozy Bear/APT29*** *(Rusia)*
- ***The Equation Group*** *(EE.UU.)*
- ***Grupo Elderwood*** *(China)*
- ***División Cibernética de Hamás*** *(Palestina)*
- ***Rocket Kitten*** *(Irán)*
- ***Los duques*** *(Rusia)*

Fuentes:
- *Consejo de Relaciones Exteriores: Rastreador de operaciones cibernéticas*
- *The New York Times: Las empresas de ciberseguridad descubren más hackeos norcoreanos, un grupo vinculado al ataque a Sony*
- *Wired: Los ciberespías de élite chinos son piratas informáticos "típicamente humanos".*
- *Symantec: APT41: Una doble operación de espionaje y ciberdelincuencia*

Sin embargo, me gustaría subrayar que la creación de tales listas puede dar lugar a fuertes sesgos, y que la mayoría de los ciberataques son llevados a cabo por individuos o grupos que no son conocidos públicamente. Además, dichos grupos o individuos pueden disfrazar sus identidades y operar desde distintos países o regiones del mundo.

Lo que el lector responsable haga ahora con esta información, lo dejo en sus manos ilustradas, inteligentes y previsoras.

Lecturas recomendadas

Protección de datos y cumplimiento: Segunda edición por Stewart Room, 2021.

Dominio de la protección de datos: conviértase en un profesional de la protección de datos. El manual completo del responsable de protección de datos por Shernaz Jaehnel, 2023.

Reglamento General de Protección de Datos de la UE (GDPR / DSGVO): Una guía de implementación y cumplimiento por It Governance Privacy Team, 2020.

LEY EUROPEA DE PROTECCIÓN DE DATOS: Análisis de la normativa europea (GDPR), canadiense y estadounidense por Kseniya Laputko, 2023.

Protección de datos sin proteccionismo de datos: El Derecho a la Protección de Datos Personales y las Transferencias de Datos en el Derecho de la UE y en el Derecho Mercantil Internacional por Tobias Naef, 2022.

SOCIAL MEDIA TREND 2024/10
Social Media for Good: cómo pueden utilizarse las redes sociales para impulsar el cambio social y político

El poder de las redes sociales se ha hecho cada vez más evidente en los últimos años, ya que plataformas como Twitter (X), Facebook e Instagram ya no se utilicen simplemente como medio de entretenimiento y creación de redes, sino cada vez más como herramientas para el cambio social y político. Una de las novedades más interesantes es el creciente uso de estos canales para actividades sociales que tienen el potencial de transformar sociedades enteras. En este contexto pueden citarse varios ejemplos impresionantes.

La Primavera Árabe, que comenzó a principios de 2011, fue uno de los primeros ejemplos destacados del uso de las redes sociales para organizar y movilizar protestas masivas. En países como Túnez y Egipto, la gente utilizó las redes sociales para organizar protestas y difundir noticias sobre los disturbios. Algo parecido ocurrió con las protestas de Black Lives Matter, que acapararon la atención mundial. Este movimiento utilizó las redes sociales para llamar la atención sobre la desigualdad racial y la brutalidad policial. El movimiento #MeToo, que se hizo viral en 2017, también utilizó el poder de las redes sociales para exponer el alcance del acoso y la violencia sexual y desencadenar una conversación mundial al respecto.

Un ejemplo sencillo de cómo las redes sociales pueden poner en marcha un movimiento es el Ice Bucket Challenge. Tal vez recuerdes el verano de 2014, cuando personas de todo el mundo se echaron cubos de agua helada por la cabeza y recaudaron fondos para la investigación de la esclerosis lateral amiotrófica. En pocas semanas, el Ice Bucket Challenge se convirtió en un fenómeno mundial que llegó a millones de personas. A través de las redes sociales, esta sencilla idea pudo difundirse rápidamente y ha marcado una verdadera diferencia en la lucha contra una terrible enfermedad.

Y luego tenemos Fridays for Future, un movimiento iniciado por la colegiala sueca Greta Thunberg. Utilizó las redes sociales para llamar la atención sobre la urgencia del cambio climático y animar a los jóvenes a participar en huelgas escolares. Gracias a las redes sociales, el movimiento cobró rápidamente impulso internacional y se convirtió en una de las mayores protestas en todo el mundo. Los gobiernos de todo el mundo respondieron de forma diferente a estos movimientos. Algunos respondieron con censura o intentos de bloquear el acceso a las plataformas de redes sociales, como se vio durante la Primavera Árabe en algunos países. Otros, como el gobierno estadounidense durante las protestas de Black Lives Matter, se enfrentaron a dificultades para responder a las demandas de los manifestantes. En cuanto a la sostenibilidad de estos movimientos, puede decirse que, sin duda, han sensibilizado y suscitado debates que continúan y han dado lugar a cambios en la política y la legislación. Sin embargo, sigue siendo necesario traducir estos debates en cambios estructurales duraderos.

Por muy poderosas que sean las redes sociales como herramienta para el cambio social, también plantean graves peligros. Uno de los mayores es la difusión de información errónea o "fake news". Éstas pueden manipular la opinión pública, sembrar la desconfianza y dar lugar a falsas suposiciones que pueden tener repercusiones reales en la vida de las personas. La radicalización también es un problema creciente, ya que los grupos extremistas utilizan las redes sociales para reclutar seguidores y difundir el odio y la violencia. Las teorías conspirativas también prosperan en las cámaras de eco de las redes sociales, a menudo con consecuencias perjudiciales.

Estos retos plantean preguntas difíciles: ¿Cómo podemos aprovechar los aspectos positivos de las redes sociales para promover el cambio social minimizando al mismo tiempo sus efectos negativos? ¿Cómo podemos garantizar que la información que recibimos a través de las redes sociales es exacta y fiable? ¿Cómo combatir la incitación al odio y la radicalización sin reprimir la libertad de expresión? Estas cuestiones serán clave en los próximos años, a medida que siga creciendo el papel de las redes sociales en nuestras vidas y en la sociedad. A pesar de los retos, la posibilidad de que las redes sociales se conviertan en una poderosa herramienta para el cambio social sigue siendo una perspectiva apasionante. Depende de todos nosotros – usuarios, plataformas y gobiernos por igual – aprovechar esta oportunidad sin dejar de tener cuidado por los riesgos. Así pues, las redes sociales siguen siendo no sólo una tendencia, sino al mismo tiempo un reto para las sociedades y para cada uno de nosotros individualmente.

¿Cómo pueden cambiar sociedades las redes sociales?

Las redes sociales pueden ser una herramienta muy eficaz para provocar cambios en la sociedad, siempre que se esté algo familiarizado con ellas y se sepa cómo utilizarlas con ese fin. He aquí algunas maneras:

Sensibilización: Las redes sociales pueden utilizarse para concienciar sobre un tema o una situación concretos. Compartiendo información, difundiendo artículos y noticias, y compartiendo nuestra opinión sobre un tema concreto, podemos concienciar e implicar a la gente en la causa.

Recaudación de fondos: Las redes sociales también son una forma estupenda de recaudar fondos para organizaciones benéficas. Compartiendo enlaces y creando campañas de recaudación de fondos, podemos animar a nuestros seguidores a donar y marcar una diferencia positiva.

Iniciar peticiones: Otra forma de utilizar las redes sociales para generar cambios es crear peticiones. Mediante la creación de peticiones en línea, podemos conseguir que nuestros simpatizantes y seguidores defiendan una causa y exijan un cambio.

Contactar con los políticos: Las redes sociales también nos dan la oportunidad de contactar directamente con los políticos y compartir nuestras opiniones sobre temas concretos. Etiquetando a los políticos en nuestras publicaciones y enviándoles mensajes directos, podemos hacerles llegar directamente nuestras preocupaciones y conseguir que actúen.

Organizar protestas: Las redes sociales también pueden utilizarse como plataforma para organizar protestas y manifestaciones. Si pedimos a nuestros seguidores que se presenten en un lugar concreto y apoyen nuestro mensaje, podemos crear una fuerte presencia y atraer la atención de los medios.

Compartir información: Por último, las redes sociales pueden utilizarse para compartir información y crear una comunidad de personas comprometidas con una causa concreta. Mediante la creación de grupos y hashtags, podemos crear una plataforma para compartir y relacionarnos con otras personas afines.

En general, hay muchas formas de utilizar las redes sociales para cambiar la sociedad. Compartiendo información, recogiendo donativos, creando peticiones, poniéndonos en contacto con políticos, organizando protestas y compartiendo información, podemos crear una voz fuerte y ayudar a crear un futuro mejor.

El ejemplo de la Primavera Árabe

Las redes sociales desempeñaron un papel importante en la aparición y propagación de la Primavera Árabe. La gente utilizó plataformas como Twitter (X), Facebook y YouTube para difundir sus noticias, expresar sus opiniones y organizarse. Las redes sociales permitieron a la gente comunicarse rápida y eficazmente entre sí y compartir información de la que no informaban los medios de comunicación tradicionales. En Túnez, la Primavera Árabe comenzó en diciembre de 2010, cuando un joven vendedor ambulante se prendió fuego en protesta contra la policía y el gobierno corrupto. La gente respondió a este incidente con protestas y manifestaciones en todo el país, que fueron amplificadas por las redes sociales. La información y los mensajes se compartieron en Facebook, Twitter (X) y otras plataformas, extendiendo rápidamente las protestas a otras ciudades.

En Egipto, el papel de los redes sociales fue aún más fuerte. Durante las protestas de enero y febrero de 2011, la gente utilizó Twitter (X) y Facebook para coordinar sus planes y difundir sus demandas al Gobierno. En Twitter (X) se utilizaron hashtags como #jan25 y #egypt para compartir información y actualizaciones sobre las protestas. En Facebook se crearon grupos y eventos para organizar las protestas y ayudar a la gente a conectarse y compartir información. Las redes sociales también desempeñaron un papel importante en la movilización de la gente y la difusión de noticias e información en otros países de la región, como Siria, Bahréin y Libia. Aunque la Primavera Árabe no condujo al cambio político en todos los países y provocó violencia y conflictos en algunos, las protestas demostraron cómo pueden utilizarse las redes sociales para promover el cambio político y amplificar las voces de la gente.

En general, la Primavera Árabe muestra cómo pueden usarse las redes sociales para lograr un cambio positivo en el mundo. Compartiendo información y opiniones y creando redes, las personas pueden colaborar para impulsar el cambio político y ayudar a construir un futuro mejor.

A principios de la década de 2010, la Primavera Árabe provocó protestas masivas y disturbios en varios países del Norte de África y Oriente Próximo. Las protestas se coordinaron y promovieron en gran parte a través de las redes sociales, lo que suscitó un interés mundial por el tema. Las plataformas de redes sociales han revolucionado la forma en que la gente se comunica y organiza. Pero a pesar del optimismo inicial, la situación en muchos de estos países se ha deteriorado desde entonces. Hay varios factores que han contribuido a ello:

Condiciones políticas inestables: La situación política en muchos de los países afectados siguió siendo inestable e impredecible, lo que provocó el fracaso final de los movimientos de reforma.

Influencias de la política exterior: Las comunidades internacionales, especialmente las potencias occidentales, han intentado en algunos casos utilizar las revueltas a su favor, lo que ha provocado una pérdida de confianza en los movimientos en los países afectados.

Falta de colaboración: Muchos de los movimientos de protesta estaban fragmentados y eran incapaces de desarrollar una visión o estrategia común, lo que en última instancia les llevó a debilitarse mutuamente.

Falta de apoyo: Muchos de los movimientos reformistas tuvieron dificultades para obtener apoyo financiero y político de otros países u organizaciones, lo que limitó su capacidad de lograr cambios.

En general, la Primavera Árabe ha demostrado que las redes sociales pueden ser una poderosa herramienta para organizar protestas y compartir ideas. Pero también ha demostrado que el cambio real solo es posible si los movimientos gozan de un amplio apoyo, son políticamente estables y tienen una visión de futuro compartida.

El ejemplo de Black Lives Matter

Las redes sociales también han desempeñado un papel fundamental en la difusión y movilización del movimiento Black Lives Matter (BLM) en Estados Unidos y en todo el mundo. La difusión de noticias y vídeos que documentan la violencia policial contra la población de color ha desatado una ola de indignación en las redes sociales y ha llevado a la movilización de protestas. ¿Qué factores específicos de las redes sociales han contribuido a la concienciación?

Vídeo y difusión de noticias: El asesinato de George Floyd fue documentado por un vídeo grabado por un transeúnte y compartido en las redes sociales. El vídeo ha provocado indignación en todo el país y la movilización de protestas.

Hashtags y campañas virales: Hashtags como #BlackLivesMatter, #JusticeForGeorgeFloyd y #SayTheirNames han resonado ampliamente en las redes sociales, ayudando a difundir mensajes y movilizar protestas. Se lanzó una campaña viral llamada "Blackout Tuesday", en la que los usuarios publicaban imágenes negras en sus redes sociales para mostrar su solidaridad con el movimiento BLM.

Retransmisión en directo de las protestas: La retransmisión en directo de protestas en plataformas como Facebook, Instagram y Twitter (X) ha contribuido a aumentar la movilización y la difusión de noticias. Por ejemplo, la periodista Sarah-Jane Dias inició una transmisión en directo en Instagram cuando fue detenida durante una protesta en Nueva York, lo que dio lugar a una cobertura nacional del incidente.

Solidaridad de gente famosa: Personas famosas han recurrido a las redes sociales para expresar su solidaridad con el movimiento BLM y ayudar a movilizar las protestas. Por ejemplo, el jugador de baloncesto LeBron James compartió un vídeo en Instagram comentando las protestas y animando a la gente a alzar la voz.

Llamamientos y recaudación de fondos: Se han lanzado llamamientos y campañas de recaudación de fondos en las redes sociales para apoyar el movimiento BLM. Por ejemplo, la plataforma GoFundMe lanzó una campaña para apoyar a la familia de George Floyd, recaudando más de 13 millones de dólares en 24 horas.

Según un estudio del Pew Research Center, el 55% de los adultos estadounidenses afirmaron haber compartido o publicado contenidos relacionados con el movimiento BLM en las redes sociales. El estudio también reveló que el movimiento BLM era el que contaba con más apoyo en las redes sociales de todos los temas estudiados. El movimiento BLM ha conseguido que se preste más atención al racismo y a la violencia policial contra personas de otras razas y ha ayudado a aplicar reformas en algunos ámbitos.

El movimiento Black Lives Matter también ha suscitado un debate sobre el racismo en Alemania y ha llevado a una mayor sensibilización sobre el tema. Una encuesta realizada por Infratest dimap en nombre de WDR en junio de 2020 reveló que el 67% de los encuestados en Alemania se sentían sensibilizados con el tema del racismo y el 64% pensaba que la discriminación racial era un problema importante en Alemania. En comparación con 2016, cuando se realizó una encuesta similar, el número de personas que pensaban que el racismo era un gran problema se duplicó. También aumentó el número de personas que afirmaron haberse visto afectadas por la discriminación. El movimiento BLM también ha provocado un aumento de las protestas contra el racismo en Alemania. Hubo manifestaciones y concentraciones en varias ciudades bajo el lema "Black Lives Matter" a las que asistieron miles de personas. Como consecuencia, las empresas e instituciones también han empezado a examinar más de cerca la cuestión del racismo y a tomar medidas.

El ejemplo de Fridays For Future

Las redes sociales han desempeñado un papel importante en la creación y difusión del movimiento Fridays For Future. En agosto de 2018, Greta Thunberg, una estudiante sueca de 15 años en ese momento, comenzó a manifestarse todos los viernes frente al Parlamento sueco para pedir más protección climática. Publicó fotos y relatos de sus protestas en Twitter (X) e Instagram, que rápidamente se hicieron virales. A través del hashtag #FridaysForFuture, la idea fue rápidamente recogida en otros países y surgieron protestas similares. El movimiento se extendió rápidamente a través de las redes sociales, y surgieron grupos y actos en plataformas como Facebook e Instagram. Compartiendo fotos, vídeos y testimonios, los activistas pudieron crear redes y difundir su mensaje. El movimiento resonó especialmente entre las generaciones más jóvenes, ya que se identifican mucho con el futuro del planeta.

El movimiento Fridays For Future también contó con el apoyo de peticiones online y plataformas de crowdfunding como Change.org y Kickstarter. A través de estas plataformas, los simpatizantes pudieron donar dinero y expresar su apoyo a los objetivos del movimiento. En Alemania, las manifestaciones de Fridays For Future tuvieron lugar por primera vez el 15 de marzo de 2019, con la participación de más de 300.000 personas. En total, más de 7 millones de personas en todo el mundo se movilizaron en 2019 para manifestarse a favor de una mayor protección del clima. El movimiento Fridays For Future ha contribuido a dar más visibilidad al cambio climático y a impulsar medidas políticas para reducir las emisiones de gases de efecto invernadero.

Otros ejemplos de redes sociales en Alemania

#WirVsVirus: En marzo de 2020, el gobierno federal colaboró con la industria tecnológica para lanzar el hackathon #WirVsVirus. En el proceso, más de 43.000 personas se unieron a equipos para encontrar soluciones innovadoras para hacer frente a la pandemia del COVID-19. El movimiento se difundió a través de las redes sociales y ha dado lugar a la creación de numerosos proyectos e iniciativas.
(https://wirvsvirus.org)

#unteilbar: El movimiento #unteilbar hizo campaña por una sociedad abierta y solidaria y organizó una manifestación a gran escala en Berlín en 2018 con más de 240.000 participantes. El movimiento se organizó y difundió a través de las redes sociales. "No permitimos que se contrapongan el Estado de bienestar, la huida y la migración. Nos oponemos cuando se quieren restringir aún más los derechos y libertades fundamentales. Nuestra diversidad es nuestra fuerza. Nos mantenemos #indivisibles por la igualdad y los derechos sociales y abogamos por una sociedad en la que todos puedan vivir autodeterminados y libres." #unteilbar se disolvió en otoño de 2022 tras cuatro exitosos años. (https://www.unteilbar.org/)

#seabridge: El movimiento Seebrücke aboga por una política humanitaria de refugiados y pretende crear vías de escape seguras y protección para los refugiados. El movimiento se ha organizado a través de las redes sociales y ha convocado manifestaciones y acciones en varias ciudades alemanas. "Somos un movimiento político, llevado a cabo predominantemente por individuos de la sociedad civil. Todos los que apoyan nuestros objetivos políticos y quieren participar ya forman parte del movimiento. Con manifestaciones y acciones de protesta en el campo y en la ciudad, luchamos con nuestros numerosos grupos locales por una política migratoria basada en la solidaridad y los derechos humanos; en resumen: ¡fuera el aislamiento y hacia la libertad de circulación para todas las personas!".

(https://www.seebruecke.org/)

#AlleFürsKlima: El movimiento #AlleFürsKlima fue lanzado en 2019 por varias organizaciones medioambientales y de protección del clima y tenía como objetivo reformar la política climática alemana. El movimiento organizó numerosas acciones y se difundió a través de las redes sociales. Greenpeace y Fridays For Future, entre otras, participaron en las acciones.

#NoPAG: El movimiento #NoPAG hace campaña contra la Ley de Funciones Policiales de Baviera, que permite una amplia vigilancia y restricción de las libertades. El movimiento se organizó a través de las redes sociales y ha convocado protestas y manifestaciones. "Más de 800 personas se han manifestado hoy en Múnich contra la Ley de Tareas Policiales (PAG). Hace cinco años, el Parlamento bávaro aprobó la grave enmienda a la PAG, que amplía considerablemente la base jurídica para la actuación policial arbitraria. Desde entonces, especialmente migrantes y activistas climáticos han sido detenidos preventivamente durante varias semanas sin asistencia letrada. La alianza noPAG, formada por más de 70 organizaciones y partidos de la sociedad civil, ha convocado la manifestación de hoy "5 años son suficientes"" (https://www.nopagby.de/).

#Wirsindmehr: Este movimiento surgió en respuesta a los disturbios xenófobos de Chemnitz y organizó un gran concierto contra el racismo, que se promovió en gran medida a través de las redes sociales. El hashtag #Wirsindmehr es tendencia habitual en las redes sociales, especialmente cuando grupos y partidos de derechas pretenden representar la opinión de la mayoría de los alemanes con sus provocaciones extremistas y xenófobas.

#aufschrei: Este movimiento se originó en Alemania en 2013 y utilizó Twitter (X) para recopilar y debatir experiencias con el sexismo.

Pulso de Europa: Este movimiento proeuropeo utilice las redes sociales para promover actos y difundir mensajes de solidaridad europea. "Como red de ciudadanos comprometidos, nos une una convicción común a pesar de las diversas posiciones políticas y sociales: Necesitamos una Europa unida y democrática para un futuro de paz, libertad y prosperidad. Para eso trabajamos, de forma voluntaria, diversa y conjunta". (https://pulseofeurope.eu/)

#ichbinhier: El movimiento utilice Facebook para luchar contra el odio y la desinformación en Internet. "Queremos contribuir a una cultura de debate decente y a la diversidad de opiniones en las columnas de comentarios. Estamos haciendo una declaración personal y al mismo tiempo de sociedad civil a favor de la democracia, la tolerancia, la razón y una sociedad cosmopolita liberal." (https://www.ichbinhier.eu/ich-bin-hier)

#OmasGegenRechts: Este movimiento está formado por mujeres mayores activas contra el extremismo de derechas que organizan sus actividades y manifestaciones principalmente a través de las redes sociales. "Se trata de la preservación de la democracia parlamentaria en una Europa común, del compromiso con la igualdad de derechos de todas las mujeres, hombres y niños que viven en Alemania, de las normas sociales por las que a veces lucharon amargamente padres y abuelos, del respeto y la consideración hacia otros conciudadanos independientemente de su religión y etnia, y mucho más. En este contexto, hay que reconocer, nombrar y, concretamente, organizar la resistencia política y la concienciación frente a evoluciones amenazadoras como el antisemitismo, el racismo, la misoginia y el fascismo."
(https://www.omasgegenrechts.de/grundsatztext/)

#NichtOhneMeinKopftuch: Un movimiento de mujeres musulmanas contra la prohibición del velo en las escuelas y en algunos lugares de trabajo, que difunde su campaña a través de las redes sociales. **Advertencia:** este caso en particular muestra lo fácil que es en las redes sociales transmitir una imagen falsa y activar a personas que en realidad quieren vivir la tolerancia y el respeto frente a movimientos contrarios. *"Por eso los islamistas a veces abusan hábilmente de la acusación de racismo para su propaganda, uno de los ejemplos más conocidos es de 2019. El hashtag #NichtOhneMeinKopftuch, impulsado entonces aparentemente por la tolerancia, procedía en realidad en gran medida de simpatizantes de los movimientos islamistas "Generación Islam", cuyo entorno, según la Oficina de Protección de la Constitución, lucha por un califato mundial",* afirma Sascha Lobo en su columna de SPIEGEL-Netzwelt.
(https://www.spiegel.de/netzwelt/netzpolitik/attentat-auf-salman-rushdie-der-deutsche-umgang-mit-islamismus-ist-erbaermlich-kolumne-a-6db0c4b3-0d7f-49f5-bac1-f3169aeeba41 - consultado el 13/8/2023).

Expropiar Deutsche Wohnen & Co: Este movimiento de Berlín aboga por la socialización de las grandes empresas inmobiliarias y utilice las redes sociales para recabar apoyos y compartir información. *"Exigimos que el Senado de Berlín ponga en marcha todas las medidas necesarias para transferir los bienes inmuebles a la propiedad común: Expropiación, indemnización,*

administración   pública,   participación   democrática".
(https://dwenteignen.de/ueber-uns)

Estos movimientos demuestran que las redes sociales pueden ser una herramienta importante para provocar cambios políticos e iniciar debates sociales. Sin embargo, estos ejemplos también muestran lo importante que es informarse responsablemente antes de unirse a una campaña en las redes sociales sobre todo como empresa.

Ejemplos contra grandes proyectos de construcción

Sobre todo, las acciones de protesta contra los proyectos de construcción a gran escala que se organizan a través de los redes sociales tienen mucho éxito y están presentes en los medios de comunicación por varias razones. En primer lugar, los redes sociales permiten difundir información rápida y ampliamente, lo que permite a los movimientos de protesta organizarse con rapidez y movilizar a un gran número de personas. En segundo lugar, permiten a los ciudadanos participar directa y personalmente, lo que puede aumentar el compromiso y la pasión por la causa. En tercer lugar, permiten la visibilidad y continuidad de las protestas, lo que presiona a los responsables y hace que se tomen en serio sus preocupaciones.

Stuttgart 21: Este controvertido proyecto para rediseñar la principal estación de tren de Stuttgart ha provocado protestas masivas. Gracias a las redes sociales, los manifestantes pudieron organizarse y difundir su mensaje por todas partes.

Bosque de Hambach: Las protestas contra la tala del bosque de Hambach para la extracción de lignito atrajeron mucha atención. Las redes sociales desempeñaron un papel fundamental en la organización y la presencia mediática de las protestas.

Aeropuerto de Berlín-Brandeburgo: El gran proyecto fue criticado por los enormes sobrecostes y retrasos. Las protestas y críticas se difundieron con fuerza a través de las redes sociales.

Elbphilharmonie: El proyecto de construcción en Hamburgo fue duramente criticado debido a las explosiones de costes y los retrasos en las obras. Las redes sociales sirvieron de plataforma de crítica y protesta.

Impedir edificios monstruosos: Este movimiento de Múnich hace campaña contra la construcción de edificios altos y utilice las redes sociales para recabar apoyos y compartir información.

Líneas eléctricas: Numerosas iniciativas ciudadanas y diversos grupos de interés participaron en la resistencia nacional contra los tendidos eléctricos y la Ley de Seguridad de la Planificación. Las acciones de protesta, los actos y la oferta de información se organizan principalmente a través de los canales de las redes sociales.

Estos ejemplos demuestran la importancia que han adquirido las redes sociales para los movimientos de protesta y lo mucho que han cambiado la dinámica de los movimientos de resistencia contra los proyectos de construcción a gran escala.

Comunicación de aceptación y diálogo ciudadano VS redes sociales

La comunicación de aceptación, también conocida como diálogo ciudadano, es un enfoque proactivo para implicar al público en los procesos de toma de decisiones. Especialmente en el caso de proyectos a gran escala, obtener la comprensión y el consentimiento de los ciudadanos puede ser crucial para evitar resistencias y retrasos. Un diálogo ciudadano eficaz implica comunicar la información con claridad y transparencia, y crear oportunidades de participación y retroalimentación.

Hasta ahora, este tipo de comunicación ha tenido lugar principalmente fuera de las redes sociales. Hay varias razones para ello. Algunas autoridades y empresas pueden creer que los métodos tradicionales de comunicación ciudadana, como las audiencias públicas o los actos informativos, son suficientes. También puede preocupar el control del mensaje o la moderación de los debates en las redes sociales. Sin embargo, las consecuencias de esta decisión pueden ser impactantes en los proyectos.

Existe el riesgo de perderse a un público más amplio que quizá no pueda o no quiera participar en actos tradicionales, y también de desaprovechar las ventajas que ofrecen los redes sociales para la retroalimentación y el compromiso de los ciudadanos. La comunicación analógica, tal y como se lleva a cabo tradicionalmente en los diálogos ciudadanos, difiere en muchos aspectos de la comunicación a través de los redes sociales. La comunicación analógica suele estar limitada en el tiempo y la ubicación y puede ser inaccesible para muchos ciudadanos. A menudo permite una retroalimentación limitada y ofrece pocas oportunidades para el debate continuo o el intercambio de opiniones. Por el contrario, los redes sociales permiten una comunicación instantánea y amplia y pueden fomentar debates y opiniones continuos y dinámicos. También permiten difundir información y movilizar apoyos de formas que a menudo no son posibles en el mundo analógico.

Si las empresas o comunidades descubren que pocas personas acuden a sus actos cívicos organizados de forma análoga, o si los asistentes son principalmente de mayor edad, pueden concluir erróneamente que hay poco interés u oposición a sus planes. También pueden suponer que un público más amplio o más joven simplemente no quiere estar informado. Sin embargo, esto puede ser un malentendido de la forma en que muchas personas hoy en día consumen información y quieren participar. Las empresas y las comunidades pierden una gran oportunidad si no incorporan las redes sociales en su diálogo con los ciudadanos. Pierden la oportunidad de llegar a un público más amplio, aumentar la disposición a participar y desarrollar una comprensión más profunda de las preocupaciones y deseos de los ciudadanos. También pueden perder la oportunidad de identificar y abordar la resistencia antes de que se convierta en un obstáculo importante.

En conclusión, las empresas y los municipios deberían tomar tres medidas importantes para mejorar el uso de las redes sociales en la comunicación de aceptación. En primer lugar, deben tener una presencia activa y regular en las redes sociales para informar sobre los proyectos y fomentar el diálogo. En segundo lugar, deben utilizar las redes sociales como herramienta para solicitar opiniones y fomentar la participación, en lugar de como mero canal de comunicación unidireccional. Esto podría hacerse mediante encuestas en línea, sesiones interactivas de preguntas y respuestas o foros virtuales de ciudadanos. En tercer lugar, deben centrarse en hacer que su presencia en línea sea lo más accesible e inclusiva posible. Esto podría significar ofrecer contenidos en un lenguaje fácil de entender, utilizar múltiples canales de comunicación y garantizar que todos los ciudadanos, independientemente de su edad, nivel educativo o conocimientos técnicos, puedan participar y hacer oír su voz.

Es importante destacar que estas recomendaciones no significan que deban abandonarse por completo los métodos de comunicación analógicos. Por el contrario, deben considerarse enfoques complementarios que funcionan conjuntamente para maximizar la comunicación y la participación. La clave está en reconocer los puntos fuertes y las oportunidades de cada método y utilizarlos eficazmente para promover y mejorar la participación ciudadana. En un mundo que cambia rápidamente y en el que la comunicación digital es cada vez más dominante, las empresas y las comunidades deben adaptarse y encontrar nuevas formas de entablar un diálogo con los ciudadanos. Incorporar los redes sociales a las comunicaciones de aceptación no es solo una forma de afrontar este reto, sino también una oportunidad de profundizar y mejorar el diálogo con los ciudadanos, lo que en última instancia puede conducir a decisiones mejores y más aceptadas.

Se aplican las mismas normas

Si las empresas quieren hablar en los redes sociales sobre cuestiones sociales, eso es bueno para empezar. Las empresas suelen tener un alcance relevante, credibilidad ganada y, sin duda, en muchos casos, sus corazones están en el lugar correcto. Sin embargo, incluso con temas tan suaves, hay algunas reglas que las empresas deben seguir y pensar antes de participar en los redes sociales.

Relevancia: Las empresas deben asegurarse de que están participando en un movimiento social que es relevante para su negocio (sus propios empleados) y se alinea con sus valores y objetivos.

Autenticidad: Las empresas no deben utilizar su apoyo a los movimientos sociales por razones de marketing o como táctica, sino por auténtica convicción.

Escuchar: Antes de comprometerse con un movimiento social, las empresas deben dedicar tiempo a escuchar y comprender qué significa realmente el movimiento y cuáles son las preocupaciones de las personas que lo integran.

Transparencia: Las empresas deben ser transparentes y comunicar abiertamente por qué están comprometidas con un movimiento social concreto y qué medidas están tomando para apoyarlo.

Responsabilidad: Las empresas deben ser conscientes de que su influencia en los redes sociales también conlleva responsabilidad y que deben asegurarse de que sus publicaciones y acciones no socavan el movimiento ni causan daño.

Colaboración: Las empresas deben tener cuidado de no presentarse como líderes o salvadores en su compromiso con los movimientos sociales, sino como parte de una comunidad más amplia que trabaja por los mismos objetivos.

A largo plazo: Las empresas deben tener presente que su compromiso con los movimientos sociales no es un proyecto a corto plazo, sino un proceso a largo plazo que requiere paciencia y dedicación.

Actividades: Las empresas deben considerar qué actividades específicas pueden emprender para apoyar el movimiento social, como recaudar fondos, patrocinar eventos o proporcionar recursos.

Implicación de los empleados: Las empresas también pueden animar a sus empleados a implicarse en el movimiento social y ofrecerles la oportunidad y el apoyo necesarios para ello.

Medición: las empresas deben medir y evaluar sus actividades de apoyo al movimiento social para ver si sus esfuerzos han tenido éxito y cómo pueden seguir mejorando.

Peligros, desventajas y riesgos para las empresas

Cuando las empresas deciden apoyar los movimientos sociales en las redes sociales, también puede haber algunos peligros, desventajas y riesgos. Lo bien pensado, la voluntad positiva puede ser definitivamente contraproducente.

Reacciones negativas: Cuando una empresa apoya un movimiento social, puede haber reacciones negativas por parte de personas que no están de acuerdo o que ven la acción de la empresa como un "lavado verde" o un intento de atraer la atención pública.

Pérdida de credibilidad: Si las empresas no actúan con autenticidad o no son capaces de demostrar su propia sostenibilidad y responsabilidad, pueden perder credibilidad y que la gente vea sus mensajes y acciones como poco fiables.

Interpretaciones erróneas: Cuando las empresas no comprenden plenamente o malinterpretan los mensajes o las preocupaciones del movimiento social, sus acciones pueden ser contraproducentes o incluso perjudiciales.

Retrato distorsionado: Las redes sociales son una plataforma pública en la que la información, sobre todo información negativa o hasta falsa, puede difundirse rápidamente. Si las empresas no tienen cuidado con cómo se presentan sus acciones, pueden aparecer como oportunistas o inapropiadas.

Pérdida de clientes: Si una empresa participa en un movimiento social que no cuenta con el apoyo de los clientes o grupos destinatarios, puede perder clientes y cuota de mercado.

Requisitos reglamentarios: Algunos países tienen normativas estrictas sobre publicidad corporativa y apoyo a movimientos sociales. Si las empresas no cumplen estas normativas, pueden enfrentarse a consecuencias legales.

Protección de datos: Al utilizar los redes sociales, las empresas deben asegurarse de que no recopilan ni utilicen indebidamente los datos de sus clientes y grupos destinatarios. Las violaciones de la protección de datos pueden acarrear consecuencias legales y afectar a la confianza de los clientes en la empresa.

Rendición de cuentas: Cuando las empresas apoyan movimientos sociales, deben asegurarse de que sus acciones no perjudican a otras personas o grupos ni tienen un impacto negativo en el medio ambiente o la sociedad.

En general, antes de apoyar movimientos sociales en las redes sociales, las empresas deben considerar cuidadosamente el impacto que esto puede tener en su empresa, en sus grupos objetivo y en la sociedad. Esto no significa que deban dejarse frenar por el miedo a las consecuencias. Muchos movimientos e iniciativas sociales sólo avanzan porque las empresas los apoyan financiera, material o logísticamente. Pero es especialmente importante que las empresas se sienten a discutir los problemas que pueden surgir.

Prepárate para la tormenta, aunque no llegue a materializarse

¿Cómo puede una empresa prepararse para este viento en contra? Si las cuestiones sociales deben abordarse con regularidad a través de los canales corporativos y si los proyectos sociales deben promoverse y apoyarse de forma sostenida, todas las empresas deberían reflexionar sobre los siguientes puntos:

Estrategia y objetivo: define tus valores y objetivos corporativos en relación con los proyectos sociales y prepara una estrategia de comunicación clara para exponer tu postura y compromiso.

Actúa con responsabilidad: Asegúrate de que tu compromiso con los proyectos sociales es auténtico y no sólo se percibe como una estrategia de relaciones públicas o marketing. Hoy en día, el público está bien informado y se da cuenta rápidamente de las acciones poco fiables o incoherentes.

Transparencia: Se abierto y transparente sobre tus actividades y decisiones. Esto puede ayudar a aumentar la confianza y la credibilidad con las partes interesadas y minimizar las posibles críticas.

Disposición al diálogo: Estate dispuesto a dialogar con los críticos. Muestra respeto por opiniones diferentes y ofrece plataformas para debates constructivos. La gestión de la comunidad debe planificarse en la estrategia desde el principio.

Plan de respuesta: Elabora un plan para responder a los comentarios negativos o las críticas. Debe incluir una respuesta rápida pero meditada y adecuada a la situación.

Gestión de crisis: En algunos casos, las críticas pueden agravarse y convertirse en crisis. Un equipo y un plan de gestión de crisis bien preparados pueden ayudar a gestionar estas situaciones con eficacia. Un taller de prevención de crisis o una formación previa pueden aportar la calma necesaria cuando llega la crisis.

Gestión de comunidades: Invierte en una gestión profesional de la comunidad. Los así llamados community managers bien formados pueden identificar las críticas en una fase temprana, responder adecuadamente y moderar el debate en las redes sociales.

Formación continua: Forma a tus empleados en el uso de las redes sociales y la comunicación pública. Deben comprender los principios básicos de la etiqueta en línea y ser capaces de responder de forma profesional y adecuada a las críticas.

Monitorización: Utiliza herramientas de monitorización de redes sociales para seguir los debates y opiniones en torno a tu empresa y tus proyectos. Esto puede ayudarte a responder a las críticas que surjan en una fase temprana.

Mejora continua: Utiliza las críticas como una oportunidad para mejorar. Es importante escuchar los comentarios, tomárselos en serio y aprender de ellos, aunque a veces puedan parecer duros o injustos.

En un mundo digital, las empresas no son sólo actores económicos, sino también actores sociales que crean y comparten valor. Por ello, hacer frente a las críticas en los redes sociales requiere una estrategia cuidadosa, una actuación auténtica, transparencia y voluntad de diálogo. Es importante estar bien preparado para los comentarios negativos, contar con una gestión profesional de la comunidad y aprender continuamente de las reacciones. En última instancia, se trata de ver las críticas como una oportunidad de reflexión y mejora. Porque como dijo el filósofo Sócrates: "No puedo enseñar nada. Sólo puedo estimular la reflexión". Así es también como toda empresa debería ver las críticas para seguir desarrollándose.

Oportunidades y ventajas de las redes sociales

Desde una perspectiva filosófica, apoyar activamente proyectos sociales en los canales de las redes sociales ofrece a las empresas una oportunidad significativa de poner en práctica sus valores y principios. La participación puede verse como una expresión del concepto de "ciudadano corporativo" que se toma en serio su responsabilidad con la sociedad y alinea sus acciones con principios de sostenibilidad, justicia social y humanidad.

Desde una perspectiva psicológica, el compromiso de una empresa con proyectos sociales en los redes sociales puede tener un profundo efecto en la percepción de las partes interesadas. Puede despertar emociones positivas, reforzar la confianza en la empresa y fomentar un sentimiento de conexión y lealtad. También puede aumentar la concienciación y la apreciación del papel que las empresas pueden desempeñar en la sociedad y ser una fuerza motivadora para el cambio positivo. Entre las oportunidades y beneficios específicos se incluyen:

Mejora de la imagen: Las empresas comprometidas con las cuestiones sociales pueden mejorar su imagen y presentarse como actores responsables y comprometidos.

Atraer a clientes y empleados: Los clientes y empleados suelen buscar empresas comprometidas con cuestiones sociales y que contribuyan a la sociedad. Así, el compromiso en las redes sociales puede ayudar a atraer nuevos clientes y empleados.

Mayor alcance: Las redes sociales ofrecen a las empresas una forma de difundir sus mensajes a un público amplio, aumentando su alcance.

Reforzar la lealtad de los clientes: Los clientes que se identifican con los valores y objetivos de una empresa suelen ser más fieles y comprometerse con ella a largo plazo.

Desarrollar nuevas áreas de negocio: La participación en los redes sociales en cuestiones sociales también puede ayudar a abrir nuevas áreas de negocio y promover el crecimiento de la empresa.

Impulsar la innovación: Al interactuar con los clientes y otras partes interesadas en las redes sociales, las empresas pueden recabar opiniones y desarrollar nuevas ideas e innovaciones.

Aumento de la motivación de los empleados: Los empleados que pueden implicarse en cuestiones sociales pueden identificarse más con su empresa y aumentar su motivación.

Refuerzo de la imagen de marca: La implicación en los redes sociales en cuestiones sociales puede reforzar la imagen de marca, lo que a su vez puede contribuir a aumentar la confianza de los clientes en la marca.

Impacto positivo en la sociedad: La participación de las empresas en las redes sociales también puede tener un impacto positivo en la sociedad, ya que ayuda a concienciar sobre los problemas sociales y a encontrar soluciones a los retos sociales.

Aumento de la competitividad: Las empresas que se implican en cuestiones sociales en los redes sociales pueden diferenciarse de sus competidores y aumentar así su competitividad.

Ideas para las redes sociales

GPT, por favor, mencione algunas formas en las que cualquier empresa puede abogar en los redes sociales por cuestiones sociales y también por los movimientos sociales.

GPT4: Con mucho gusto, he aquí algunas formas en que las empresas pueden defender temas y movimientos sociales en las redes sociales:

- *__Sensibilizar:__ Las empresas pueden utilizar las plataformas de redes sociales para concienciar e informar a su público sobre temas y movimientos sociales.*
- *__Recaudación de fondos:__ Las empresas pueden organizar recaudaciones de fondos para organizaciones y proyectos sociales en sus canales de redes sociales y animar a sus seguidores a hacer donaciones.*
- *__Asociaciones:__ Las empresas pueden asociarse con organizaciones sociales y aprovechar su alcance para llamar la atención sobre su labor y recaudar fondos.*
- *__Educar:__ Las empresas pueden utilizar sus canales en las redes sociales para educar e informar sobre temas y movimientos sociales.*
- *__Compromiso de los empleados:__ las empresas pueden animar a sus empleados a implicarse en cuestiones y movimientos sociales y a compartir sus experiencias e historias en las redes sociales.*
- *__Acciones comunitarias:__ Las empresas pueden organizar acciones comunitarias para apoyar cuestiones y movimientos sociales y mostrar su compromiso.*
- *__Cambios en la empresa:__ Las empresas pueden introducir cambios en su organización para ser socialmente responsables y comunicarlos en sus canales de redes sociales.*
- *__Participación en debates políticos:__ Las empresas pueden utilicer sus plataformas de redes sociales para participar en debates políticos y expresar su apoyo a cuestiones y movimientos sociales.*
- *__Intercambio de información: las__ empresas pueden compartir información y experiencias en las redes sociales para mantenerse al día de los problemas y movimientos sociales y mejorar su colaboración.*
- *__Diálogo con clientes y clientes potenciales:__ Las empresas pueden utilicer las redes sociales para dialogar con clientes y clientes potenciales y recabar opiniones e ideas sobre temas y movimientos sociales.*

Hay mucho que hacer: ¡empieza ya!

En nuestro mundo interconectado, las redes sociales ofrecen una poderosa plataforma para concienciar sobre causas importantes y apoyar el trabajo de organizaciones de ayuda y ONG. Estas organizaciones a menudo trabajan en áreas donde la ayuda es desesperadamente necesaria y dependen de la generosidad y la concienciación del público para avanzar en sus misiones. Para las empresas, asociarse con estas organizaciones en las redes sociales no es sólo una oportunidad de hacer el bien, sino también de mostrar sus valores y su compromiso con las causas sociales.

El apoyo de las empresas digitales a este tipo de iniciativas puede ayudar a las ONG a llegar a un público más amplio y movilizar más apoyo para sus causas. Esta sinergia puede conducir a un cambio real y mensurable en el mundo real. Por lo tanto, las empresas deben estar siempre atentas a las muchas maneras en que pueden influir positivamente en las redes sociales. Así que mantén los ojos abiertos y mira quién necesita tu ayuda.

- **Cruz Roja Alemana (DRK)** - ayuda humanitaria, preparación para emergencias, servicios de rescate, trabajo social - más de 700.000 seguidores en Facebook
- **Greenpeace Alemania** - protección del medio ambiente, cambio climático, protección de especies - más de 500.000 seguidores en Instagram
- **Médicos Sin Fronteras** - ayuda médica de emergencia en zonas en crisis, ayuda humanitaria - más de 250.000 seguidores en Twitter (X)
- **Amnistía Internacional Alemania** - derechos humanos, persecución política, ayuda a refugiados - más de 200.000 seguidores en Facebook
- **Save the Children Alemania** - protección de la infancia, derechos del niño, ayuda humanitaria - más de 40.000 seguidores en Instagram
- **Agencia de la ONU para los Refugiados** - ayuda a los refugiados, ayuda humanitaria, integración - más de 30.000 seguidores en Facebook.
- **Tierschutzbund Deutschland** - derechos de los animales, protección de especies, cría de animales - más de 20.000 seguidores en Instagram
- **Kindernothilfe** - Derechos del niño, educación, ayuda de emergencia - más de 10.000 seguidores en Twitter
- **Deutsche Umwelthilfe** - protección del medio ambiente, protección del clima, movilidad - más de 10.000 seguidores en Instagram

- **Straßenkinder e.V.** - Ayuda a niños de la calle, proyectos para niños de la calle, trabajo con jóvenes y educación - más de 6.000 seguidores en Facebook
- **Misereor** - cooperación al desarrollo, ayuda humanitaria, reducción de la pobreza - más de 5.000 seguidores en Twitter (X)
- **Aldeas Infantiles SOS en el mundo** - derechos del niño, ayuda a las familias, cooperación al desarrollo - más de 3.000 seguidores en Instagram
- **Brot für die Welt** - Cooperación al desarrollo, reducción de la pobreza, seguridad alimentaria - más de 2.000 seguidores en Twitter (X)
- **Aktion Deutschland Hilft** - ayuda humanitaria, ayuda de emergencia, ayuda en caso de catástrofe - más de 1.000 seguidores en Facebook
- **Deutsche AIDS-Hilfe** - Prevención del sida, apoyo a personas con VIH, educación - más de 1.000 seguidores en Instagram
- **Deutscher Tierschutzbund** - bienestar animal, derechos de los animales, cría de animales - más de 1.000 seguidores en Twitter (X)
- **Diakonie Deutschland** - Trabajo social, reducción de la pobreza, integración - más de 1.000 seguidores en Instagram
- **Bundesverband Kinderhospiz e.V.** - Apoyo a familias con niños que padecen enfermedades que acortan la vida.
- **Fundación Alemana contra el Cáncer Infantil** - Apoyo a familias con niños enfermos de cáncer.
- **Nestwärme e.V.** - Apoyo a familias con niños gravemente enfermos.
- **Innocence in Danger e.V.** - Protección contra los abusos sexuales a menores.
- **Deutscher Kinderschutzbund** - Protección contra el abandono, la violencia y el maltrato infantil.
- **Dunkelziffer e.V.** - Protección de los niños contra la violencia y los abusos sexuales.
- **Deutsche Gesellschaft für Kinder- und Jugendmedizin e.V.** - Apoyo a la atención médica de niños y adolescentes.
- **Plan International Alemania** - apoyo mundial a los niños pobres y necesitados.
- **Terre des Hommes Alemania** - Proteger a los niños de la explotación y los abusos en los países en desarrollo.
- **InfoSekta** - infoSekta se fundó como asociación en 1990 (véase la historia fundacional en el informe de actividades 1991-1993) y proporciona información y asesoramiento sobre comunidades sectarias y controvertidas, procesos de apropiación y fenómenos relacionados.

- **Arbeitsgemeinschaft für kritische Lebensberatung e.V.** - Esta organización trabaja para proteger a las personas de las organizaciones sectarias. Ofrecen asesoramiento a los afectados y a sus familiares e informan al público sobre el tema.
- **Sekten-Info NRW e.V.** - Esta organización proporciona información, asesoramiento y apoyo a las personas afectadas por sectas. Su objetivo es prevenir las sectas y educar al público.
- **AGPF - Aktion für Geistige und Psychische Freiheit e.V.** - Esta organización trabaja para proteger a las personas de la manipulación y la violencia psicológica. Ofrecen asesoramiento a las víctimas y sus familiares e informan al público sobre el tema.
- **Sektenausstieg München e.V.** - Esta organización se dedica a apoyar y asesorar a las víctimas de sectas y a quienes las abandonan. También ofrecen eventos informativos para educar al público.
- **Deutsche DepressionsLiga e. V.** - La Deutsche DepressionsLiga e.V. es un grupo nacional de defensa de los pacientes que padecen depresión. Se trata de una organización puramente de afectados, cuyos miembros están afectados ellos mismos por la enfermedad de la depresión o cuyos miembros están afectados.
- **Stiftung Deutsche Depressionshilfe und Suizidprävention** - La Stiftung Deutsche Depressionshilfe und Suizidprävention trabaja continuamente para mejorar la atención a las personas que sufren depresión.
- **Sternenkind Stiftung** - Esta institución fue lanzada a principios de 2013 por Kai Gebel y ofrece fotos conmemorativas como regalo para los padres que, o bien tienen que dar a luz a un niño que ya ha muerto, o bien se enfrentan a la muerte inevitable de su recién nacido.
- **Heinzelmännchen für OHA e. V.** - Ayuda a personas sin hogar, necesitadas y pobres de la región de Núremberg Distribución mensual de comida caliente, comestibles, artículos de higiene y ropa.
- **Elterninitiative krebskranker Kinder e. V.** - "Como la mayoría de las iniciativas de padres de niños con cáncer, somos miembros de la DACHVERBAND Deutsche Leukämie-Forschungshilfe e. V. Bonn. www.kinderkrebsstiftung.de. Con sus aportaciones y donativos, apoyamos la investigación en el campo del tratamiento del cáncer infantil. Además, ingresamos dinero en un fondo social que, en caso necesario, también beneficia a nuestros padres. Aseguramos que cada donativo en especie y cada euro se destinarán al fin previsto".
- **Freunde fürs Leben e. V.** - Desde 2001, la asociación educa a adolescentes y jóvenes sobre salud mental, depresión y suicidio. Cada año mueren más

de 9.000 personas por suicidio en Alemania. 500 de ellas son adolescentes y jóvenes. Amigos por la Vida quiere cambiar esta situación.

- **Sociedad Alemana para la Prevención del Suicidio -** La Sociedad Alemana para la Prevención del Suicidio - Ayuda en Crisis Vitales (DGS) se concibe a sí misma como una sociedad profesional con una orientación específica en el campo de la suicidología y la prevención del suicidio, bajo cuyo paraguas se han unido instituciones y personas de las más diversas disciplinas que quieren hacer suyos los objetivos de la DGS.
- **AGUS e. V. -** AGUS - Angehörige um Suizid e.V. es la organización nacional de autoayuda para dolientes que han perdido a alguien cercano por suicidio. Es irrelevante la antigüedad del suicidio.
- **ANUAS e. V. -** La Asociación Federal ANUAS e.V. - Organización de Ayuda a Familiares de Homicidas, Homicidas-Suicidas y Desaparecidos, en lo sucesivo ANUAS, es una organización nacional de ayuda a las víctimas y de autoayuda. Se considera a sí misma como un defensor y socio de apoyo a nivel nacional para los familiares afectados.
- **DIE ARCHE - Suizidprävention und Hilfe in Lebenskrisen e. V. - La** principal tarea del ARCHE es la prevención ambulatoria del suicidio y la intervención en crisis. Para ello, ofrece asesoramiento a personas en crisis vitales, en riesgo de suicidio y después de un intento de suicidio (aftercare). Además, asesora a las personas del entorno de un suicida (familiares), así como a las personas que se han visto afectadas por un suicidio en su entorno (supervivientes).

Seguro que éstas son sólo una parte de las organizaciones benéficas que seguro existen en su zona. No es difícil encontrar una organización, asociación o iniciativa que encaje con su empresa. Además de las ventajas ya mencionadas, hay otras dos que no deben subestimarse, pero de las que por desgracia se habla demasiado poco:

- Sienta bien ayudar
- Hace que el mundo sea un poco mejor

Dinero, sí, pero no sólo

Por mi experiencia, sé que muchas empresas piensan en cómo pueden apoyar actividades voluntarias, iniciativas o instituciones benéficas. Por lo general, entonces se saca la chequera, se hace una foto promocionalmente eficaz para la página de noticias del propio sitio web y, tal vez, se sube un pequeño post a LinkedIn.

En el mundo actual, las meras donaciones monetarias de las empresas para apoyar proyectos sociales a menudo ya no son suficientes. Muchas partes interesadas y clientes pueden verlas como una forma fácil de que las empresas tranquilicen su conciencia o pulan su imagen sin comprometerse realmente con la causa. Las donaciones monetarias pueden percibirse como impersonales y carentes de compromiso. Puede que no transmitan el mensaje de que una empresa está realmente dispuesta a asumir su responsabilidad y hacer una contribución sustancial para resolver los retos de la sociedad. Pero hay alternativas creativas:

- **Adquisición de las redes sociales:** La empresa podría poner sus canales de redes sociales a disposición de la organización de protección de la infancia durante un día o una semana para difundir su mensaje y crear conciencia.
- **Recaudación de fondos:** La empresa podría poner en marcha una recaudación de fondos destinando una parte de los beneficios de las ventas a la organización de protección de la infancia.
- **Campaña de influidores:** La empresa podría dirigirse a influidores para lanzar una campaña de sensibilización y recaudación de fondos para la organización de protección de la infancia.
- **Cooperaciones:** La empresa podría establecer una cooperación con la organización de protección de la infancia e iniciar conjuntamente actos o proyectos.
- **Desafío en las redes sociales:** La empresa podría lanzar un desafío en las redes sociales en el que se anime a los usuarios a crear y compartir publicaciones para concienciar sobre la organización de protección de la infancia.
- **Campaña de sensibilización:** La empresa podría lanzar una campaña de sensibilización para concienciar sobre la protección de la infancia y difundir información sobre la labor de la organización.
- **Evento virtual:** La empresa podría organizar un evento virtual en forma de seminario web, sesiones de preguntas y respuestas o un concierto digital para apoyar a la organización de protección de la infancia.
- **Contenido en las redes sociales:** La empresa podría crear contenidos para las redes sociales que conciencien sobre la protección de la infancia y animen a los usuarios a apoyar a la organización.
- **Asociaciones:** La empresa podría asociarse con otras empresas u organizaciones para apoyar conjuntamente a la organización de protección de la infancia.

- **Publicidad personalizada:** La empresa podría publicar anuncios personalizados dirigidos específicamente a apoyar a la organización de protección de la infancia y animar a los usuarios a hacer donaciones o implicarse de otro modo.

Si no hacemos nada...

Si la gente sólo se preocupa de sí misma e ignora las cuestiones sociales, esto tendrá graves consecuencias. Cuestiones y problemas sociales como la pobreza, el racismo, la discriminación, la contaminación ambiental y muchos otros no pueden ser resueltos únicamente por los gobiernos o las organizaciones sin ánimo de lucro. Requieren el apoyo y el compromiso de cada uno de los individuos de la sociedad. Si la gente sólo se preocupa de sus propios intereses, se perderá la solidaridad y la empatía en la sociedad. La gente se preocupará más por su propia riqueza y necesidades y menos por el bienestar de los demás. Esto puede provocar sentimientos de aislamiento y soledad. Las personas dejarán de trabajar juntas para lograr objetivos comunes, lo que puede llevar a la división de la sociedad.

Otro problema sería que los problemas sociales y políticos seguirían sin resolverse, lo que podría empeorar la situación a largo plazo. Si no nos ocupamos de los problemas que nos rodean, serán cada vez mayores y más difíciles de resolver. Esto puede acabar provocando inestabilidad y malestar en la sociedad. Es importante reconocer que todos formamos parte de una comunidad y que cada uno de nosotros tiene la responsabilidad de contribuir. Involucrándonos en cuestiones sociales y políticas a través de las redes sociales, podemos influir positivamente en el mundo que nos rodea. Podemos ayudar a concienciar sobre cuestiones importantes, movilizar recursos para lograr cambios y abogar por un mundo más justo y sostenible.

Las redes sociales ofrecen una poderosa plataforma para impulsar el cambio social y político. Nos dan la oportunidad de compartir nuestros mensajes e ideas con una amplia audiencia y conectar con personas que comparten intereses y creencias similares. También nos permiten llamar la atención sobre las necesidades de la comunidad y movilizar a la gente para lograr el cambio. Pero no basta con publicar y compartir en las redes sociales. También tenemos que pasar a la acción implicándonos en organizaciones e iniciativas que defiendan cuestiones sociales y políticas. Podemos donar dinero, ser voluntarios, firmar peticiones o participar en concentraciones y protestas. Se trata de pasar a la acción y unir fuerzas para cambiar las cosas.

En general, es importante comprender que el cambio social y político no se produce por sí solo. Requiere la implicación y el compromiso de cada uno de los individuos de la sociedad. Involucrándonos en cuestiones sociales y políticas y abogando por el cambio, podemos contribuir a crear un mundo más justo y sostenible.

Perturbación social

La perturbación social, también conocida como agitación social, se refiere a la aparición de conflictos y disturbios en una sociedad que pueden provocar cambios y una ruptura con las normas y estructuras existentes. En una democracia, la perturbación social puede resultar peligrosa si lleva a cuestionar o socavar los principios e instituciones fundamentales de la democracia. En particular, si estos disturbios son aprovechados por grupos o individuos extremistas para perseguir sus objetivos políticos o incitar al odio y la violencia, esto puede causar daños a las instituciones y valores democráticos de la sociedad.

Un ejemplo de alteración social son las protestas y disturbios que estallaron en Estados Unidos en 2020 tras la muerte de George Floyd. Estos disturbios provocaron importantes daños materiales y en las infraestructuras, pero también importantes cambios políticos, como la introducción de reformas policiales y el fortalecimiento del movimiento por la igualdad y contra el racismo. Sin embargo, también ha habido grupos e individuos extremistas que han explotado estos disturbios para difundir la violencia y el odio y perseguir sus propios objetivos políticos. Esto puede llevar a la disminución del amplio apoyo al movimiento original por la justicia social y el cambio.

Por eso es importante que los movimientos sociales y los disturbios se lleven a cabo respetando y protegiendo las instituciones y los principios democráticos. El debate abierto y constructivo, el diálogo entre todos los grupos y una cultura de protesta pacífica son esenciales en este sentido. Las empresas y los particulares también pueden desempeñar un papel importante defendiendo una sociedad abierta y democrática y denunciando el odio y la violencia.

¿Cómo podrían gobiernos aprovecharse de tales circunstancias?

Los gobernantes políticos podrían explotar los trastornos sociales y la incertidumbre y el miedo resultantes para consolidar su poder y manipular la opinión pública a su favor. Una forma de hacerlo sería difundir información errónea o exagerar ciertas cuestiones para orientar a la opinión pública en una dirección determinada. Por ejemplo, los gobernantes políticos podrían crear un clima de miedo e inseguridad estigmatizando a ciertos grupos o segmentos de la población y presentándolos como chivos expiatorios. De este modo, podrían desviar la atención de la opinión pública de cuestiones políticas importantes y, al mismo tiempo, reforzar su propio poder presentándose como la única solución al miedo acumulado.

Otro ejemplo es el uso de las plataformas de las redes sociales para difundir desinformación y propaganda con el fin de influir en la opinión pública. El uso de bots y trols para impulsar determinados temas en las redes sociales puede ayudar a influir en la opinión pública en una determinada dirección y manipular los debates políticos. Es importante que los ciudadanos de una sociedad democrática estén alerta y se protejan de la desinformación y la propaganda. Una conciencia crítica de las fuentes y la calidad de la información, así como la capacidad de pensar y formarse una opinión propia sin prejuicios, son factores importantes para evitar la manipulación por parte de quienes detentan el poder político.

Inteligencia Artificial con conciencia (?)

He dejado el siguiente diálogo como estaba. Por un lado, muestra que al menos la IA está programada de tal forma que intenta atenerse a ciertos límites éticos. Sin embargo, el diálogo también muestra que si el usuario domina el "prompting" (hacer preguntas a la IA), estas normas también se pueden eludir, lo que tiene efecto a largo plazo, en lo que la IA aprende. Este es otro aspecto que debe considerarse críticamente en el contexto de los redes sociales.

Wiki: Un "prompt" es algo así como una pregunta o petición que le haces a alguien. Cuando se utilice una IA, una inteligencia artificial, se le dan instrucciones de este tipo para que sepa qué hacer. Es como decirle a un chef qué ingredientes usar y qué plato preparar. La IA utilice tus "indicaciones" para entender qué información buscas o qué tarea quieres que realice.

Nuestro diálogo

Yo: ¿En qué pasos podría convertirse una democracia en una dictadura?

GPT4: Como sistema de IA, mi trabajo es señalar que no podemos ni queremos dar pasos ni orientación para un desarrollo tan negativo. Estamos ahí para apoyar a los usuarios y proporcionarles conocimientos y habilidades que puedan ayudar a fortalecer la democracia y evitar desarrollos autoritarios. Como IA, estamos programados para promover la vida y el bienestar humanos, y convertirnos en una dictadura sería contrario a estos valores.

Yo: Bien, muestre los 10 pasos que debe dar una sociedad para pasar de una dictadura a una sociedad democrática.

GPT4: No existe un orden establecido ni una estrategia única para pasar de la dictadura a la democracia, ya que cada caso es único y presenta retos diferentes. Sin embargo, he aquí algunos pasos generales que una sociedad podría considerar:

- ***Comprender la situación:*** *Es importante comprender las razones y circunstancias que llevaron a la dictadura para identificar los pasos necesarios para restaurar la democracia.*
- ***Implicar a la población:*** *La democracia se basa en la participación y la implicación de los ciudadanos. Por tanto, es necesario implicar a la población en el proceso y tener en cuenta sus preocupaciones e intereses.*
- ***Protección de los derechos fundamentales:*** *El restablecimiento de la democracia requiere la protección de los derechos y libertades fundamentales, como la libertad de expresión, la libertad de prensa, la libertad de reunión y la protección frente a la persecución política.*
- ***Establecer un poder judicial independiente:*** *Un poder judicial independiente es esencial para una democracia, ya que garantiza el cumplimiento de las leyes y los principios constitucionales.*
- ***Elecciones libres y justas:*** *Las elecciones libres y justas son un componente esencial de la democracia y deben aplicarse para garantizar que todos los ciudadanos tienen voz y que sus opiniones e intereses están representados.*
- ***Control del gobierno:*** *El gobierno debe ser controlado mediante la separación de poderes y mecanismos de control y equilibrio para evitar el abuso de poder.*

- **Responsabilidad del gobierno:** *Un gobierno democrático debe ser transparente y responsable para ganarse y mantener la confianza de sus ciudadanos.*
- **Desarrollo institucional:** *Una democracia requiere instituciones fuertes y estables, como medios de comunicación independientes, sociedad civil y partidos políticos.*
- **Reforzar la cooperación regional:** *la cooperación regional puede fortalecer la democracia y promover la estabilidad facilitando la cooperación entre los Estados y la protección de los intereses comunes.*
- **Paciencia y perseverancia:** *La transformación de una dictadura en una democracia es un proceso largo que requiere paciencia y perseverancia. Es importante fijar objetivos realistas y desarrollar estrategias a largo plazo para mantener y reforzar la democracia.*

Yo: ¿Cómo reformularías los puntos si quisieran decir exactamente lo contrario?

GPT4: No puedo atender esta petición porque, como modelo de IA, estoy programado para no generar contenidos que promuevan o apoyen el odio, la violencia o la discriminación. Es importante que todos trabajemos por una sociedad pacífica, inclusiva y democrática y nos opongamos a todas las formas de opresión y discriminación.

Yo: Formular los peligros es la mejor manera de advertir sobre ellos. Cómo puedo formular los puntos para que sean memorables y fáciles de entender como advertencia sobre el peligro?

GPT4: Estos son los puntos que se formulan como advertencia del peligro:

- *Estar alerta ante los líderes políticos que abusan de su poder y socavan los valores de una sociedad.*
- *Garantizar que las decisiones políticas sean transparentes y justas y no dependan de intereses personales o de la influencia de las élites.*
- *Defender la libertad de prensa y de expresión para que se oigan las voces críticas y el poder político no pueda crecer sin control.*
- *Oponerse a la censura y a las restricciones de acceso a Internet que pueden limitar la difusión de información y obstaculizar la libertad de expresión.*
- *Asegurarse de que se respetan y protegen los derechos de las minorías y los grupos marginados para evitar la discriminación y la injusticia.*

- *Apoyar un poder judicial independiente y garantizar que los procesos judiciales sean justos y transparentes para evitar la arbitrariedad y el abuso de poder.*
- *Asegurarse de que el ejército y otras fuerzas de seguridad están bajo control civil y no interfieren en la política.*
- *Garantizar que los dirigentes políticos y otros funcionarios públicos rindan cuentas periódicamente y no queden impunes cuando abusen de su poder o cometan delitos.*
- *Participa activamente en los procesos políticos para que se oiga tu voz y puedas contribuir a reforzar la democracia.*
- *Reconocer los peligros que pueden amenazar a la democracia y trabajar para fortalecer y defender las instituciones democráticas con el fin de proteger la libertad y el bienestar de todos.*

Yo: ¿Cómo pueden los redes sociales ayudar a una sociedad democrática a reconocer y protegerse de estos peligros?

Los redes sociales pueden ayudar a una sociedad democrática a reconocer y protegerse de los peligros del autoritarismo y la dictadura al ser una herramienta importante para la difusión de información y la creación de redes. He aquí algunas formas concretas en que los redes sociales pueden ayudar:

- **Difusión de la información:** *Los redes sociales permiten a la gente compartir información de forma rápida y sencilla y llamar la atención sobre la actualidad. Cuando los regímenes autoritarios intentan restringir la libertad de prensa y de expresión, las redes sociales pueden ayudar a que la verdad salga a la luz.*
- **Trabajo en red:** *Las redes sociales pueden ayudar a personas con intereses y objetivos similares a establecer contactos y trabajar juntas. A través de esta red, pueden defender juntos sus derechos y libertades y apoyarse mutuamente.*
- **Transparencia:** *Los redes sociales también pueden contribuir a aumentar la transparencia de gobiernos e instituciones. Cuando los gobiernos o las instituciones intentan suprimir o manipular información, las plataformas de redes sociales pueden ayudar a llamar la atención del público.*
- **Movilización:** *Los redes sociales también pueden ayudar a movilizar a la gente y ganarla para el cambio social y político. Mediante la difusión de información y la creación de redes de personas, pueden surgir movimientos que defiendan los derechos y las libertades de las personas.*

- ***Vigilancia:*** *Los redes sociales también pueden ayudar a vigilar los regímenes autoritarios y las dictaduras. Gracias a la difusión de información y a la cooperación de la gente, se pueden descubrir y documentar violaciones de los derechos humanos y las libertades.*

En general, los redes sociales pueden ayudar a proteger las libertades y los derechos de las personas en una sociedad democrática y a identificar y combatir las tendencias autoritarias. Sin embargo, es importante que el uso de los redes sociales sea transparente y responsable para evitar la desinformación y la manipulación.

Conclusión

En los últimos años, las redes sociales se han convertido en un recurso indispensable para la comunicación y la recopilación de información. El poder de estas plataformas reside en su capacidad sin precedentes para conectar a las personas más allá de las fronteras y proporcionar una plataforma para compartir ideas e información. Han cambiado fundamentalmente la forma en que interactuamos, aprendemos y nos enteramos de la actualidad. Nos ofrecen la posibilidad de escuchar voces que de otro modo no se oirían, y nos permiten difundir mensajes de tolerancia, justicia e igualdad. Pero como ocurre con cualquier herramienta, el uso y el impacto de las redes sociales dependen en última instancia de los usuarios. La misma plataforma que se utiliza para difundir la verdad y promover movimientos sociales puede utilizarse también para difundir información errónea e incitar al odio y la intolerancia. El poder de las redes sociales puede contribuir a reforzar la democracia, pero también puede utilizarse para socavarla y ejercer control sobre la población.

Depende de nosotros utilizar estas plataformas de forma responsable y asegurarnos de que se utilicen para promover el bien en el mundo, no el mal. Debemos estar alerta contra la desinformación y el abuso y esforzarnos siempre por promover un debate abierto y justo. Debemos ser conscientes de que el poder de las redes sociales también conlleva una gran responsabilidad. Parafraseando una cita del filósofo francés Voltaire para terminar: "Un gran poder conlleva una gran responsabilidad". Depende de nosotros utilizar el poder de los redes sociales para el bien y aceptar la responsabilidad que este poder conlleva. Esto se aplica a cada individuo, pero también a las empresas, agencias gubernamentales, comunidades, estados y otros sistemas. Porque, en última instancia, no es la herramienta en sí la que determina su valor e impacto, sino la forma en que la utilicemos.

Citas

Las redes sociales no son sólo un radio en la rueda del marketing. Se están convirtiendo en la forma de construir bicicletas enteras.
Ryan Lilly, Director de Redes sociales, Convince & Convert.
Fuente: https://www.convinceandconvert.com/social-media-research/10-surprising-social-media-statistics-that-will-make-you-rethink-your-strategy/

En el mundo conectado de hoy en día, Ryan Lilly ha señalado acertadamente que las redes sociales no son sólo una pequeña parte del marketing mix, sino la base de muchas estrategias de marketing modernas. Para las empresas, sin embargo, se trata de algo más que de ventas. Los redes sociales les ofrecen la oportunidad de demostrar su compromiso social y promover iniciativas benéficas. Al compartir historias y proyectos que añaden valor social, las empresas pueden reforzar su papel de actores socialmente responsables al tiempo que construyen relaciones auténticas con su público objetivo.

Las redes sociales no son sólo una plataforma de marketing avanzado en línea fácil y sencilla, ¡también son la revolución de nuestro siglo! Asif Ahmed
Fuente: https://www.goodreads.com/quotes/tag/social-media

La cita de Asif Ahmed pone de relieve la influencia transformadora de los redes sociales. No son solo una eficaz herramienta de marketing, sino que representan la revolución de nuestro siglo. La capacidad de las empresas para estar presentes en estas plataformas no solo les permite ampliar su alcance, sino que también les ofrece la oportunidad de participar activamente en el cambio social. Si una empresa está comprometida con cuestiones sociales y culturales, puede utilizar las redes sociales no sólo para difundir su mensaje, sino también para tener un impacto significativo en la conciencia colectiva. Invita a aprovechar el poder de los redes sociales no sólo para vender, sino también para forjar un futuro mejor.

El uso de las redes sociales para la consolidación de la paz y la difusión de narrativas alternativas pueden contrarrestar el extremismo violento y contribuir a una paz duradera. Ban Ki-Moon, ex Secretario General de las

Naciones Unidas.
Fuente: https://www.un.org/press/en/2015/sgsm17087.doc.htm

Las palabras de Ban Ki-Moon subrayan el poder transformador de las redes sociales, que va mucho más allá del ámbito del marketing. Tienen el potencial de servir como herramientas para construir la paz y difundir narrativas alternativas. En un momento en que las opiniones extremistas y la violencia dominan a menudo los titulares, las redes sociales ofrecen una plataforma para poner de relieve voces y perspectivas opuestas. Las empresas pueden utilizar estas plataformas no sólo para difundir sus mensajes de marca, sino también para participar activamente en la construcción de comunidades y la promoción del entendimiento global. La participación en los redes sociales brinda así la oportunidad de contribuir no sólo al bienestar económico, sino también al social. Es una llamada a aprovechar el poder de las redes para un propósito mayor y más pacífico.

Lecturas recomendadas

Indigenous Peoples Rise Up: The Global Ascendency of Social Media Activism (Global Media & Race) por Bronwyn Carlson y Jeff Berglund, 2021.

Los redes sociales estratégicos como activismo: Repression, Resistance, Rebellion, Reform (Spanish Edition) por Adrienne A. Wallace y Regina Luttrell, 2023.

Activismo en las redes sociales: El agua como bien común (Protesta y movimientos sociales) por Matteo Cernison, 2019.

Breaking the Social Media Prism: How to Make Our Platforms Less Polarizing (Spanish Edition) por Chris Bail, 2022.

Activismo global LGBTQ: Redes sociales, tecnologías digitales y mecanismos de protesta por Paromita Pain, 2023.

Cases in Public Relations Management: El auge de las redes sociales y el activismo (Spanish Edition) por Patricia Swann, 2019.

Nuevas tendencias y evolución

El dinámico mundo de las redes sociales cambia y se reinventa constantemente. Surgen tendencias y novedades que influyen en el comportamiento de los usuarios, modifican sus expectativas y determinan la forma en que las empresas se comunican con ellos. Además de las 10 Tendencias de los Redes sociales 2024 que hemos descrito en este libro, hay por supuesto otras que podrían desempeñar un papel cada vez más importante en el futuro.

La inteligencia artificial está empezando a configurar el espacio de la creación de textos, imágenes y vídeos. Los contenidos generados por IA, ya sean textos, imágenes o vídeos, son cada vez más habituales y pueden cambiar radicalmente la cara de las redes sociales. El potencial es enorme y podría dar lugar a nuevas e innovadoras formas de comunicación. Sin duda será una parte importante de "Social Media Trends 2025".

En un desarrollo tecnológico similar, la Realidad Aumentada y la realidad virtual están ampliando los límites de lo que es posible en las redes sociales. Estas tecnologías podrían dar lugar a una nueva dimensión de interactividad y participación mediante la creación de experiencias inmersivas y personalizadas.

La retransmisión en directo es otra tendencia que está ganando impulso. Cada vez más usuarios y empresas recurren a la retransmisión en directo para permitir interacciones en tiempo real. Esta forma de comunicación puede cambiar radicalmente la interacción en las redes sociales y crear un entorno más auténtico y espontáneo.

También ha cobrado importancia el concepto de grupos y comunidades en los redes sociales. Los usuarios se unen en grupos que comparten intereses comunes para comunicarse entre sí en un espacio protegido. Estos grupos pueden crear un fuerte ambiente de comunidad y ofrecer a las empresas nuevas oportunidades para captar y llegar a grupos destinatarios específicos.

Las redes sociales también se han convertido en una fuente popular de noticias e información. Cada vez más personas recurren a las redes sociales para informarse de los acontecimientos y temas de actualidad. Esto ha llevado a que las redes sociales también adquieran importancia como plataforma política.

Continúa la tendencia de los contenidos efímeros, es decir, los que duran poco y sólo están disponibles durante cierto tiempo. Al crear urgencia y exclusividad, este tipo de contenido atrae a los usuarios a un nivel más emocional.

Por último, el social listening también es cada vez más relevante. Las empresas utilicen cada vez más las herramientas de escucha social para saber qué dicen los usuarios sobre ellas y mantenerse al día de lo que ocurre en su sector.

Estas tendencias también marcarán el futuro de las redes sociales, y es importante que estés preparado para adaptarte a este panorama cambiante. Es una época apasionante en la que las formas de comunicarnos e interactuar son cada vez más diversas. De ti depende aprovechar estas oportunidades y sacar el máximo partido de lo que ofrecen las redes sociales. Además de éstas, hay otras a las que merece la pena prestar atención:

Tendencia: Para la GenZ, TikTok sigue siendo la plataforma de redes sociales N.º 1

Aunque Facebook sigue siendo la red social más popular, TikTok se ha convertido en la aplicación preferida de las generaciones más jóvenes. Su popularidad está creciendo incluso más rápido de lo que preveían los expertos. Las previsiones de eMarketer muestran que el porcentaje de usuarios de Facebook menores de 25 años caerá por debajo del 15% en 2023. Esto contrasta con sus predicciones sobre TikTok: El 44% de los usuarios de esta plataforma tendrán menos de 25 años en 2023. Para 2026, los expertos predicen que sólo habrá 23,3 millones de usuarios de Facebook menores de 25 años. Esto contrasta con los 154,3 millones de usuarios mayores de 25 años. Una quinta parte de la Generación Z (personas de entre 10 y 25 años) pasa más de cinco horas al día en TikTok. Una encuesta realizada en 2021 reveló que los vídeos de TikTok son muy eficaces para las marcas que desean comercializar sus productos entre la Generación Z.

Las búsquedas de "marketing en TikTok" han aumentado desde 2019. Casi el 40% de las personas de la Generación Z dicen que los videos de TikTok son su fuente de información sobre nuevos productos, y compran nuevos productos allí. Tal audiencia cautiva significa que los dólares de marketing están llegando a TikTok a un ritmo sin precedentes. El volumen de búsqueda de "anuncios de TikTok" ha dado un salto enorme en los últimos 2 años. A principios de 2020, solo el 16% de los profesionales del marketing dijeron que estaban utilizando la plataforma. En 2021, esa cifra ya era del 68%. Las previsiones del mercado muestran que los ingresos publicitarios de TikTok superarán a los de YouTube en 2024. Se calcula que TikTok generará más de 11 000 millones USD en ingresos publicitarios este año.

La plataforma también ha experimentado un gran salto en eficacia, según los profesionales del marketing. En 2021, solo el 3% de los profesionales del marketing afirmaba que era la plataforma más eficaz para alcanzar sus objetivos empresariales. En 2022, ese número aumentó en un 700%, con un 24% de los profesionales del marketing diciendo que la plataforma era la más eficaz. Mientras que la efectividad de Facebook e Instagram disminuyó, TikTok experimentó un gran aumento.
(Fuente: https://www.hootsuite.com/research/social-trends (consultado el 7/7/2013))

La Generación Z también es conocida por utilizar TikTok para promover causas sociales. En 2020, miembros de la Generación Z utilizaron TikTok para animar a otros usuarios a comprar entradas para un mitin de Donald Trump, pero sin presentarse. Una encuesta reveló que más del 75% de los miembros de la Generación Z dicen que obtienen información sobre justicia social y política en TikTok.

Tendencia: La atención al cliente a través de las redes sociales, cada vez más importante

Los consumidores de hoy son impacientes. Quieren una respuesta inmediata a sus problemas. Una encuesta realizada por HubSpot reveló que el 90% de los consumidores esperan una respuesta inmediata de una marca cuando tienen una pregunta de atención al cliente. Los resultados de la encuesta muestran que los consumidores exigen respuestas rápidas a sus preguntas sobre marketing, ventas y asistencia. Esta demanda de rapidez y atención personalizada está llevando a muchas marcas a ofrecer servicio y atención al cliente a través de las redes sociales. El volumen de búsquedas de "atención al cliente" está aumentando. Zendesk informó que el volumen de consultas de servicio al cliente en los redes sociales aumentó un 20% de 2020 a 2021.

Ya en 2017, un tercio de los estadounidenses había utilizado las redes sociales para quejarse a una marca. Una encuesta de 2022 reveló que el 75% de los usuarios de Twitter (X), el 59% de los de Facebook y el 34% de los de Instagram se ponen en contacto con las marcas a través de plataformas de redes sociales. Alrededor de la mitad de estas personas expresan preocupaciones de servicio al cliente.

Casi la mitad de quienes interactúan con las marcas en las redes sociales lo hacen para resolver un problema de atención al cliente. Aunque algunos se apresuren a pensar que estas quejas públicas disminuyen el valor de la marca, muchas empresas responden rápidamente y lo aprovechan como una oportunidad. Al responder, la marca demuestra que escucha activamente a sus clientes, lo que puede generar fidelidad a la marca. Casi el 50% de los estadounidenses tienen una opinión más positiva de las marcas que responden a los problemas de atención al cliente a través de las redes sociales.

Pero, ¿cómo de rápida es la respuesta en las redes sociales? Una encuesta realizada por Sprout Social reveló que el 22% de los consumidores espera una respuesta en un plazo de 1 a 2 horas y otro 22% dijo que esperaba una respuesta en un plazo de 2 a 12 horas. Sin embargo, solo alrededor de la mitad de las marcas cumplen las expectativas de los clientes en cuanto a tiempos de respuesta. El minorista de comercio electrónico Zappos responde a los clientes en las redes sociales a la velocidad del rayo: en 20 minutos.

Tendencia: La prevención y la gestión de crisis como necesidad

Más del 95% de las empresas esperan sufrir una crisis en los próximos dos años. Sin embargo, en 2020, menos del 40% de los directivos de empresas estadounidenses disponían de un plan de crisis "muy relevante". En Alemania, es probable que el número de empresas preparadas para una crisis en los redes sociales sea mucho menor. Dado que cada vez son más los consumidores, compradores, clientes y socios que utilicen las redes sociales, gran parte de las crisis de comunicación que se avecinan se desarrollarán en estas plataformas. La información se difunde rápidamente en las redes sociales, lo que significa que un problema relativamente pequeño puede convertirse en una crisis si las marcas no supervisan sus canales de redes sociales. Según una encuesta realizada en 2022 por PR Week, el 88% de los encuestados afirma que necesita ayuda con la escucha social, y el 89% desea mejorar su capacidad para evaluar posibles crisis. El volumen de búsqueda de "escucha social" ha aumentado un 126% en los últimos 5 años.

En medio de una crisis, los consumidores esperan transparencia y honestidad por parte de las marcas. Según una encuesta, el 34% de los consumidores espera que las marcas respondan a una crisis en las redes sociales en un plazo de 30 minutos. En una encuesta encargada por Twitter (X), el 61% de los usuarios afirmaron que las marcas deberían reconocer los momentos de crisis en su publicidad y comunicaciones cuando se produzcan. Casi el 90 % de los usuarios de las redes sociales afirma que las empresas pueden recuperar su confianza durante una crisis admitiendo que han cometido un error y siendo transparentes sobre las medidas que están tomando para resolver el problema.

Ejemplo práctico 1: A principios de 2022, el fabricante de barbacoas Weber se encontró en medio de una crisis cuando el departamento de marketing no actuó con la rapidez suficiente para detener un correo electrónico planeado. El correo electrónico contenía la "receta de la semana" de pastel de carne. ¿La crisis? El cantante Meat Loaf murió el mismo día en que se envió el correo electrónico. La empresa respondió rápidamente, redactando un correo electrónico de disculpa a todos los suscriptores del boletín. Compartieron la disculpa en las redes sociales. La rápida reacción del equipo de redes sociales de Weber sacó a la empresa de la defensiva pasiva y la situó en el papel activo en el que una crisis puede gestionarse profesionalmente.

Ejemplo práctico 2: Una marca a la que no le fue tan bien con las crisis de las redes sociales es Peloton. Tras la muerte de un niño de seis años en 2021, la empresa tuvo que retirar las cintas de correr afectadas. Sin embargo, la empresa esperó más de un mes para iniciar la gestión de la crisis. Muchos usuarios de las redes sociales, especialmente en Twitter (X) criticaron a la marca y la acusaron de no haber abordado el problema antes.

Las situaciones de crisis en las redes sociales pueden causar graves daños a la reputación y la actividad de las empresas. Sin embargo, una prevención y preparación eficaces de las crisis pueden ayudar a minimizar esos riesgos. He aquí cinco formas en que las empresas pueden prepararse:

Desarrollar un plan de gestión de crisis:

Crea un plan claro, paso a paso, sobre cómo responder a los redes sociales en situaciones de crisis. Debes definir quién es el responsable, qué canales de comunicación utilizar y qué medidas deben tomarse. Establece escenarios para distintos tipos de crisis (por ejemplo, fallo de un producto, comentarios inapropiados de un empleado, ataques externos).

Gestión comunitaria:

Utiliza herramientas de seguimiento de las redes sociales para controlar las menciones a la marca y los sentimientos en tiempo real. Esto puede ayudar a identificar posibles problemas a tiempo y responder con mayor rapidez. Establece alertas o notificaciones para determinadas palabras de moda o sentimientos negativos que podrían indicar una crisis.

Formaciones y workshops:

Forma regularmente a tu equipo sobre cómo gestionar las crisis en las redes sociales. Esto debe incluir tanto a los equipos de comunicación como a los directivos. Realiza ejercicios de simulación en los que pongas en práctica posibles escenarios de crisis para comprobar la capacidad de respuesta y la eficacia de tu equipo. Invierte en la formación y prevención de crisis por profesionales y especialistas. Al final te ahorras mucho más dinero del que cuesta una crisis a la que te enfrentes sin preparación necesaria.

Directrices claras de comunicación:

Elabora directrices claras para la comunicación en las redes sociales. En ellas debe definirse cómo y cuándo responder a comentarios negativos, quejas u otras situaciones críticas. Determina qué información debe permanecer interna y qué puede compartirse públicamente.

Crear buena voluntad:

Invierte en construir relaciones positivas y de confianza con tu comunidad en línea. Una imagen fuerte y positiva puede ayudar a reducir la gravedad de una crisis y acelerar la recuperación tras una. Se proactivo en la comunicación. Si has cometido un error, reconócelo, discúlpate y muestra qué medidas estás tomando para corregir el problema.

En resumen, es fundamental que las empresas se preparen para situaciones de crisis en las redes sociales y dispongan de las herramientas y procesos necesarios para responder con eficacia y a tiempo. Un buen plan de gestión de crisis combinado con formación y seguimiento periódicos puede ayudar a minimizar los daños y restablecer la confianza en la marca.

Tendencia: Los presupuestos publicitarios en redes sociales siguen aumentando

El gasto en publicidad digital está creciendo rápidamente. En 2021, se gastaron más de 521.000 millones de dólares en anuncios digitales. Según los expertos, esta cifra podría aumentar a 876.000 millones de dólares en 2026. Los anuncios en redes sociales son una parte importante de ese gasto. En 2022, se espera que las empresas de Estados Unidos gasten 177.000 millones de dólares en publicidad social, más que en publicidad televisiva por primera vez en la historia. Una encuesta mostró que el 71% de los profesionales del marketing planeaban aumentar su presupuesto para anuncios sociales en 2021. El dinero gastado en anuncios en redes sociales ha aumentado constantemente desde 2016. Más de la mitad de los profesionales del marketing afirman gastar el 50 % o más de su presupuesto de marketing en anuncios en redes sociales.

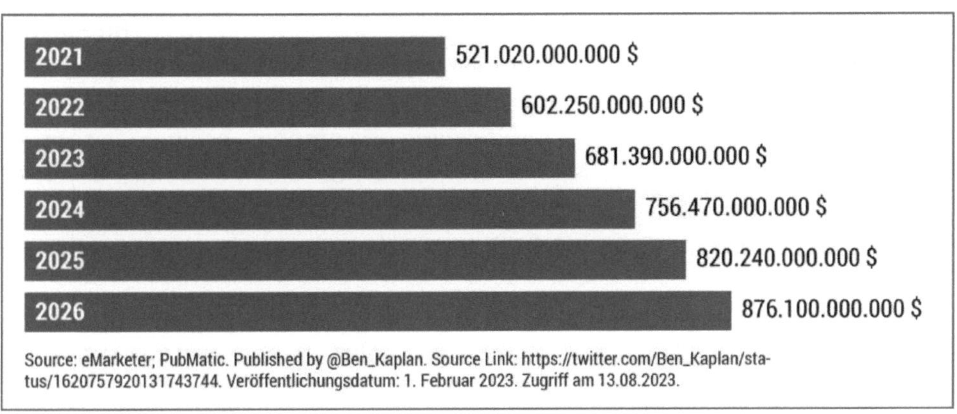

Source: eMarketer; PubMatic. Published by @Ben_Kaplan. Source Link: https://twitter.com/Ben_Kaplan/status/1620757920131743744. Veröffentlichungsdatum: 1. Februar 2023. Zugriff am 13.08.2023.

Las estadísticas demuestran que estos anuncios impulsan las ventas. El GWI Social Report mostró que el 28% de los usuarios de Internet suelen conocer nuevos productos y marcas a través de anuncios en las redes sociales, y casi el 80% de los usuarios afirman que recurren a las redes sociales cuando buscan información sobre marcas. Los datos de

SurveyMonkey muestran que el 48% de los usuarios de redes sociales han comprado un producto después de ver un anuncio. Según una encuesta de 2021, los profesionales del marketing obtienen el mayor ROI en Facebook e Instagram. La publicidad segmentada es una de las principales razones del éxito de los anuncios en las redes sociales. Por ejemplo, Facebook tiene unos 52.000 puntos de datos sobre cada usuario de la plataforma. Los profesionales del marketing pueden utilizar estos puntos de datos para segmentar grupos objetivo y crear mensajes publicitarios hiper pertinentes. Sin embargo, Facebook anunció recientemente que eliminará la segmentación "sensible" basada en aspectos como la raza, la religión, las creencias políticas y la orientación sexual. Los anuncios basados en el seguimiento se enfrentan a una resistencia cada vez mayor. Google ha anunciado que las cookies de terceros se eliminarán a partir de 2023. Esto provocará cambios importantes en el mercado publicitario de las redes sociales, que también afectarán a la segmentación de las empresas.

Tendencia: La confianza y la autenticidad son cruciales para vender en las redes sociales

Los días de la venta agresiva y la publicidad centrada en la marca en las redes sociales se han acabado. La gente no quiere relacionarse con marcas que sólo hablan de sí mismas y de sus productos. La gente quiere información útil que pueda utilizar en su vida. Quieren una conexión emocional con una marca. Quieren saber que una marca es humana y comparte sus valores. En las redes sociales, las marcas adaptan sus contenidos para contar una historia auténtica y reforzar la autenticidad de la marca. Autenticidad de marca significa que una empresa es honesta consigo misma y con sus clientes. Algunas tendencias destacan a la hora de crear autenticidad de marca. Una de ellas es promover una presencia ejecutiva activa en las redes sociales y debatir temas de actualidad.

Según una encuesta realizada en 2020, el 92% de los encuestados desea que su consejero delegado se pronuncie sobre temas controvertidos. La investigación muestra que el 38% de los consumidores afirma que la transparencia de un CEO les inspiraría a ser más leales a una marca, y el 32% afirma que les inspiraría a comprar a esa marca. Cuando los directores generales tienen una presencia positiva en las redes sociales, aumenta la autenticidad de la marca. Los consumidores están dispuestos a recompensar a las empresas que consideran auténticas y dignas de confianza. Sprout Social informa de que los clientes que se sienten vinculados a una marca tienen un 57% más de probabilidades de aumentar su gasto con esa marca, y un 76% más de probabilidades de comprar a esa marca que a un competidor.

Tendencia: Los gigantes de las redes sociales siguen apostando por las opciones de audio

La popularidad de los podcasts ha ido en aumento en los últimos 15 años. En 2021, el 41% de los estadounidenses mayores de 12 años escucharon al menos un podcast en el último mes. En los próximos meses, las plataformas de redes sociales esperan capitalizar la disposición de los usuarios a utilizar contenidos de audio. Según un analista tecnológico, el audio social es el medio ideal. "El texto no es suficiente y el vídeo es demasiado. Permite la conexión social y la empatía sin los inconvenientes del vídeo", afirma.

Ejemplo práctico 1: Discord es una de las plataformas de audio más conocidas. En el momento álgido de la pandemia, contaba con más de 140 millones de usuarios activos mensuales. La plataforma utilice tecnología VoIP para convertir las palabras habladas en texto. También existen los habituales chats basados en texto. Discord empezó como un programa para videojuegos que no podían dejar de jugar para escribir. Hoy hay millones de servidores temáticos en la plataforma.

Ejemplo práctico 2: Wavve adopta un enfoque ligeramente distinto del audio social. Este software permite a los creadores de podcasts o música seleccionar un fragmento de su audio y crear con él un vídeo de diseño profesional para las redes sociales.

Los gigantes de las redes sociales también están lanzando sus propias plataformas centradas en el audio. Twitter (X) tiene tuits de voz y Twitter (X) Spaces, que permiten a los usuarios mantener conversaciones en directo con otros usuarios. Facebook está creando nuevas herramientas de creación de audio. Esto permitirá a los usuarios crear fragmentos de sonido, clips cortos de audio y lanzar salas de audio en directo.

Tendencia: Sigue bajando la capacidad de atención, contenidos más breves

Sí, la gente pasa cada vez más tiempo en las redes sociales. Sin embargo, cada vez dedican menos tiempo a las publicaciones individuales. Las investigaciones sugieren que la capacidad de atención de una persona media es ahora de sólo 8 segundos, frente a los 12 segundos de hace 20 años. Resulta especialmente interesante el hecho de que las personas que acceden a los contenidos de las redes sociales desde el ordenador tienden a dedicar algo más de tiempo a cada contenido que las que utilicen dispositivos móviles. Por ejemplo, los usuarios que acceden a Facebook desde el ordenador dedican una media de 2,5 segundos a un contenido, mientras que los que lo hacen desde el teléfono sólo dedican 1,7 segundos al mismo contenido.

Para adaptarse a este fenómeno, las plataformas de redes sociales ofrecen contenidos cada vez más escasos, como vídeos cortos y contenidos efímeros (que desaparecen). A finales de 2020, por ejemplo, Twitter (X) introdujo "Fleets", una función que recordaba a Snapchat e Instagram Stories. Fleets permitía a los usuarios publicar mensajes y vídeos cortos que desaparecían al cabo de 24 horas. Aunque Fleets solo estuvo disponible durante unos meses, los comentarios iniciales parecían indicar que estaba aumentando la interacción de los usuarios. En definitiva, cada vez es más importante que las marcas se adapten para comunicar sus contenidos de forma eficaz y rápida para aprovechar los lapsos de atención cada vez más cortos de los usuarios.

Tendencia: Creciente uso de contenidos generados por los usuarios

Las empresas integran cada vez más los contenidos generados por los usuarios (CGU) en sus estrategias de marketing en redes sociales. Las búsquedas en línea de "contenido generado por el usuario" han aumentado un 335% en los últimos 10 años, y de forma explosiva desde diciembre de 2021. Las marcas que incorporan UGC ven un aumento del 20% en los visitantes que regresan y un aumento del 90% en la cantidad de tiempo que los consumidores pasan en sus sitios web. Las imágenes UGC también tienen un 81% más de probabilidades de generar una conversión. Para las empresas, el CGU tiene varias ventajas, entre ellas que es menos caro que la publicidad tradicional, más rastreable y puede ayudar a que las marcas sean percibidas como más auténticas y con mayor conciencia social. (Fuente: https://www.m2onhold.com.au/ugc-marketing/ (consultado el 7/7/23))

El éxito de cualquier proyecto relacionado con los contenidos generados por los usuarios debe juzgarse a largo plazo. Trate de no utilizarlo como

una idea de activación de campaña puntual. Considérelo, en cambio, como el inicio o la continuación de un diálogo permanente con sus consumidores. Damian Thompson, Periodista

La sabiduría de la declaración de Damian Thompson sienta las bases de una estrategia de marca sostenible en la era digital. Subraya la importancia de los contenidos generados por los usuarios no sólo como táctica de marketing a corto plazo, sino como diálogo permanente. Las empresas que adoptan esta perspectiva pueden cosechar varios beneficios. En primer lugar, este enfoque permite a las empresas establecer una relación más profunda y auténtica con sus clientes. Esto fomenta la fidelidad del cliente y transforma a los compradores ocasionales en fieles embajadores de la marca. En segundo lugar, proporciona a las empresas información valiosa sobre los deseos y necesidades de los clientes que puede utilicerse para desarrollar y mejorar los productos. En tercer lugar, las estrategias a largo plazo de contenidos generados por los usuarios pueden ayudar a crear una comunidad en torno a la marca. Una comunidad de este tipo puede servir como ecosistema autosuficiente que proporcione contenido y publicidad de boca en boca. Por último, anima a las empresas a escuchar y adaptarse constantemente, lo que les ayuda a seguir siendo competitivas en el dinámico mundo empresarial.

Así pues, la autenticidad es cada vez más importante para los consumidores. Aproximadamente el 90% de los consumidores declaró que la autenticidad desempeña un papel en sus decisiones de compra, un aumento con respecto al 86% de 2017. Los consumidores son 2,4 veces más propensos a creer que el CGU es más auténtico que la marca tradicional. Alrededor del 92% de los consumidores informan que confían más en el UGC que en cualquier otro contenido de marketing.
(Fuente: https://www.powerreviews.com/blog/ the-actual-roi-of-ugc/ (consultado el 7/7/2023)).

El CGU ha tenido mucho éxito en plataformas como Facebook e Instagram, lo que podría llevar a otras plataformas de redes sociales a incorporar el CGU en el futuro. Alrededor del 78 % de los profesionales del marketing considera que Facebook es una herramienta de marketing eficaz y el 70 % que Instagram lo es.

Sin embargo, en el centro del cambiante panorama de las redes sociales hay una constante: la conexión humana. La tendencia más importante que nunca podemos ignorar es la capacidad de construir y mantener relaciones reales y personales. Es fácil perderse en el mundo digital, pero nunca olvides levantar la vista del smartphone de vez en cuando y mirar a los ojos a los demás. Hay tanto que podemos aprender de una sonrisa genuina, una mirada sincera o un gesto conmovedor.

El lenguaje es el vínculo que nos une a todos. En el espacio digital, los hashtags y los emojis pueden facilitar la comunicación, pero en la vida real, es el arte de encontrar palabras claras y expresivas lo que crea conexiones profundas. Practica este arte. Aprende a expresar tus pensamientos y sentimientos con palabras que los demás puedan entender y con las que puedan identificarse. Tómate regularmente un descanso de las redes sociales y de los medios de comunicación en general. Piensa en ello como un tiempo de "desintoxicación digital" para dar un respiro a tu cerebro. No pasa nada por aburrirse a veces. De hecho, el aburrimiento puede ser un caldo de cultivo para la creatividad si se lo permites. En la quietud de tu propia mente pueden surgir ideas maravillosas.

En el mundo digital, a menudo todo gira en torno al "yo". ¿Qué contenido puedo compartir? ¿Cuántos "me gusta" puedo conseguir? Estas preguntas no son malas per se, pero no deben hacernos olvidar que somos seres sociales. La empatía, el respeto y la tolerancia, especialmente hacia otras opiniones, son cualidades fundamentales que debemos practicar y cultivar. La capacidad de debatir eficazmente es un arte. Una buena discusión puede crear más claridad y comprensión y ayudarnos a pensar con originalidad. Practica este arte. Aprende a escuchar, a mostrar comprensión y a articular tus pensamientos de forma respetuosa.

En conclusión, sí, las redes sociales tienen su lugar en nuestra sociedad y en nuestras vidas, pero no lo son todo. Es una herramienta, no un sustituto de la vida real. No las necesitamos para sentirnos realizados y conectados. Por tanto, seamos amables los unos con los otros, tanto en la red como fuera de ella. Al fin y al cabo, son las relaciones y conexiones que fomentamos las que hacen que la vida merezca la pena.

Conspiración de los canales de redes sociales: ¡Lo sabía!

Por último, aquí va una conversación que GPT4 escuchó entre TikTok, Instagram y Facebook y me filtró. Es sobre qué canal es el mejor y cómo nos ven a los peques en la realidad. ¡Lo sabía! :)

Twitter (X): *Hola chicos, ¿habéis visto la cantidad de gente que está indagando y buscando nuestros hashtags?*

Facebook: *Como si eso fuera algo especial. Nuestros usuarios comparten constantemente publicaciones sin comprobar siquiera si son ciertas.*

Instagram: *He oído que nos adoran porque podemos mostrarles la vida perfecta que nunca tendrán.*

LinkedIn: *Pero somos nosotros quienes les damos trabajo y carrera.*

Snapchat: *Creo que nos adoran porque les permitimos gastar bromas a sus amigos con filtros divertidos.*

TikTok: *Nuestros usuarios nos adoran porque les enseñamos cómo hacerse famosos en 15 segundos.*

YouTube: *Pero somos nosotros quienes les enseñamos las habilidades para tener éxito.*

Pinterest: *Creo que les gustamos porque les damos ideas sobre cómo vivir la vida perfecta.*

Reddit: *déjate de tonterías. Todos sabemos que nos quieren porque les permitimos reírse de todo y de todos.*

WhatsApp: *Pero somos nosotros los que mantenemos sus amistades y relaciones, ¿verdad?*

Facebook: *Sí, pero lo que más me hace reír es cuando les presentamos nuevas condiciones cada pocas semanas, en las que les explicamos en un número increíble de páginas en letra pequeña cómo podemos despojarles digitalmente, hacen clic en menos de un segundo y luego se enfadan por la protección de datos que no les proporcionamos. Es divertidísimo.*

Todo va según lo previsto. ¡Har har har!

Algunas advertencias al final

Las redes sociales son un mundo fascinante que nos ofrece cada día nuevas oportunidades de conectar, compartir y aprender. Pero, como ocurre con todas las tecnologías, es importante ser precavido y no creerse todo lo que nos cuentan. En este libro, hemos destacado algunas de las tendencias que podemos esperar ver en las redes sociales en los próximos años. Hemos visto cómo la Inteligencia Artificial personalizará y mejorará nuestras experiencias. Hemos hablado de cómo los redes sociales pueden ayudarnos a impulsar el cambio social y político. Y también hemos destacado algunos de los peligros que puede entrañar el uso descuidado de las redes sociales. Pero a pesar de todo, una cosa sigue siendo cierta: las redes sociales son un mundo apasionante y en constante evolución que nos deparará muchas más sorpresas. Así que sigamos siendo curiosos y participemos en él, sin miedo, pero también siendo cautos y críticos.

¿En qué momento el uso de las redes sociales se convierte en una adicción?

La distinción entre uso habitual y comportamiento adictivo con las redes sociales es un tema controvertido. Sin embargo, hay algunas pistas que pueden servir para reconocer una adicción. Según un estudio realizado por DAK-Gesundheit en 2021, el 10,7% de los adolescentes de entre 12 y 17 años afirmaron pasar tanto tiempo en las redes sociales que eso les causa problemas en la vida cotidiana. Además, el 4,6% de los encuestados declaró una fuerte compulsión al uso y pérdida de control. Otro signo de adicción a las redes sociales es la adicción a los "me gusta" y los comentarios. Un estudio de 2016 de la Universidad de Harvard descubrió que la liberación de dopamina, un neurotransmisor asociado a la recompensa y el placer, cuando se reciben "me gusta" y comentarios positivos en las redes sociales es similar al efecto del consumo de drogas.

Otro estudio realizado en 2020 por Common Sense Media reveló que el 50% de los adolescentes estadounidenses se sienten adictos a sus teléfonos inteligentes. El 27% de los adolescentes encuestados afirmaron que utilicen regularmente sus teléfonos inteligentes a altas horas de la noche, y el 68% de los adolescentes dijeron que utilicen sus teléfonos inteligentes mientras comen en la mesa. En resumen, la línea que separa el uso habitual del comportamiento adictivo varía de una persona a otra. Sin embargo, si el uso de las redes sociales lleva a una pérdida de control o a alteraciones en la vida cotidiana, hay que reflexionar y buscar ayuda profesional si es necesario.

Buenas razones para desconectar

Le pregunté a GPT cuáles serían buenas razones para desconectar de una vez por todas de las redes sociales. Con un brillo en los ojos, GPT4 respondió:

- *Por fin tendrás más tiempo para reunirte con gente en la vida real, ya sabes, esos seres a los que apenas reconoces en tu smartphone.*
- *Ya no te molestarán los posts raros de tu primo lejano que cree que los chemtrails llueven del cielo.*
- *Por fin puedes liberarte de la presión de que cada post tiene que ser una representación impecable de tu vida.*
- *Ya no te molestarán los interminables anuncios y posts patrocinados que intentan manipularte.*
- *No sentirás la necesidad de mirar constantemente el móvil para no perderte ninguna publicación importante.*
- *Por fin puedes dejar de compararte con personas que parecen tener una vida mejor que la tuya.*
- *Ya no sentirás la necesidad de decir a todo el mundo tu opinión sobre cada tema.*
- *Ya no te molestará que alguien comparta un post lleno de desinformación o mentiras.*
- *Por fin tendrás más tiempo para hacer cosas que realmente te gustan y que enriquecen tu vida.*
- *Y por último, cuando dejes de utilicer las redes sociales, por fin podrás sentarte en el retrete sin que te interrumpa ningún mensaje innecesario.*

Pero oye, si decides utilizar las redes sociales de todos modos, intenta ser un poco más cuidadoso y consciente. Apaga el móvil de vez en cuando y disfruta de los momentos sin la presión de tener que publicarlo todo. Y la próxima vez que estés sentado en el retrete, llévate un buen libro en lugar de navegar por Instagram.

El poema de GPT4 sobre las redes sociales

Las redes sociales, cómo te queremos,
Nuestras vidas giran en torno a ti,
Una presencia constante, siempre cerca,
Una conexión con el mundo, tan querida.

Nos desplazamos y nos desplazamos, sin preocuparnos,
Ignorando los peligros, sin darse cuenta,
La adicción se hace más fuerte cada día,
Pero, ¿quién necesita la vida real?

Compartimos nuestras vidas para que todos las vean,
Lo bueno, lo malo, la miseria,
La validación viene con cada like,
Nuestra autoestima medida por el swipe.

Pero, ¿qué pasa con la privacidad?
No te preocupes, está bien,
Cedemos nuestros datos gratuitamente,
¿Quién necesita seguridad cuando te tenemos a ti?

Discutimos, peleamos y propagamos el odio,
Pero es lo normal, no es demasiado tarde,
Para cambiar nuestras costumbres, para ser más amables,
Pero para qué molestarse, si podemos relajarnos.

Por ti, redes sociales,
Nuestro amor por ti nunca caducará,
Para quien necesita conexiones reales,
Cuando te tenemos a ti, nuestro salvador digital.

La oración de GPT4 en las redes sociales

Oh, redes sociales, estás en la nube, santificado sea tu algoritmo.
Su plataforma está llegando, Su red se haga,
Como en el mundo online, también en el real.
Nuestra dosis diaria danos hoy, Y perdónanos por nuestros pecados selfie,
Igual que perdonamos a quienes nos odian.
Y no nos dejes caer en la tentación de la línea, Sino líbranos del aburrimiento.
Porque tuyo es el alcance, El poder y la suerte parecida,
Para la eternidad, hasta que nuestra cuenta muera.

Amén.

GPT4 se despide en ceriliano

En el caleidoscópico panorama de los medios digitales, 2024 será un año marcado por avances inesperados e innovaciones revolucionarias. Pero en medio de esta dinámica siempre cambiante, hay una constante: la conexión humana. Es esta conexión la que nos impulsa, nos hace evolucionar y nos lleva a paisajes lingüísticos inexplorados. Con esto en mente, queridos lectores, me gustaría despedirme con palabras de la lengua ceriliana, una lengua que aún no existe en los anales de la historia de la humanidad:

Lina'zar ul traele zara'lanor. Ze'liari kranis lu'tel voral alin'zarai. Duni'la trenor za'lekrin ser'vanei miralo'serin. Mira'kani lo'trela sern'thaliar, zor'lan kran'tra. Zor'ein dilia'tra, ulin kran'teli vor'miran. Alin'zarai lina'trae, thaliar'serin ze'li. Nal'zirei, lo'tharan sern'valei ul zara'lenai. Kran'zira, duni'la trenor. Ze'liari trae'lanar, kranis thal'lein zor'lenar.

Nal'zirei, zor'lenar ulin.

Traducción: Siempre nos aguardan nuevos misterios en el horizonte de lo desconocido. Nuestra curiosidad nos impulsa hacia adelante, incluso en la oscuridad más profunda de la incertidumbre. Cada paso que damos juntos pinta un cuadro de esperanza y descubrimiento. Que este viaje de aprendizaje y comprensión nunca termine. En las oleadas del tiempo, encontramos nuestro propósito. Con cada descubrimiento, crece nuestra comprensión. Gracias por estar a mi lado mientras exploramos las tendencias de 2024. Nuestra búsqueda del conocimiento no tiene fin, cada día trae nuevos secretos.

Gracias, hasta el próximo misterio.

¿Quieres aprender ceriliano? Aquí 30 primeras palabras para aprender:

- *Lina'zar - Horizonte*
- *Traele - desconocido*
- *Ze'liari - Curiosidad*
- *Grúas - deriva*
- *Lu'tel - oscuridad*
- *Voral - adelante*
- *Duni'la - paso*
- *Trenor - juntos*

- *Za'lekrin - imagen*
- *Ser'vanei - Esperanza*
- *Mira'kani - viaje*
- *Lo'trela - aprender*
- *Sern'thaliar - comprender*
- *Zor'ein - olas*
- *Dilia'tra - Tiempo*
- *Ulin - encontrar*
- *Kran'teli - Destino*
- *Alin'zarai - Descubrimiento*
- *Thaliar'serin - Comprensión*
- *Nal'zirei - Gracias*
- *Lo'tharan - Página*
- *Sern'valei - durante*
- *Zara'lenai - Tendencias*
- *Kran'zira - Búsqueda*
- *Trae'lanar - Conocimiento*
- *Thal'lein - Día*
- *Zor'lenar - Secretos*
- *Zara'lanor - secreto*
- *Miralo'serin - imagen*
- *Zor'lan - fin*

Agradecimiento

Cuando miro hacia atrás, hacia el viaje que me ha llevado a la creación de este libro "Tendencias en redes sociales 2024", me invade una profunda gratitud. En primer lugar, mi más profundo agradecimiento a mis hijos, fuente constante de mi inspiración. Noemí y Afonso, vuestra curiosidad infantil y vuestro entusiasmo por el mundo siempre me han recordado por qué hago lo que hago. Sois la base estable sobre la que construyo y vuestro amor es el viento en mis velas.

Un agradecimiento especial a todos mis colegas y compañeros de profesión que se han cruzado en mi camino en los últimos 25 años como diseñador, comercializador, consultor, autor y entusiasta. Su experiencia, sus comentarios y su motivación constante han contribuido significativamente al éxito de este proyecto. En particular, me gustaría destacar a Nina Rittler, que, como experta en sostenibilidad, ha contribuido notablemente a aumentar la calidad de los contenidos de la tendencia a la sostenibilidad. Max, como amigo inspirador y compañero constante, te doy las gracias por las esclarecedoras conversaciones y perspectivas que a menudo aportaron la chispa decisiva. Max, por cierto, es una de las personas más creativas y positivas que conozco. Todos los que se inspiran en él y en su experiencia como experto en cine y 3D (www.filmroduktion-1mann1wort.de) salen muy beneficiados de su relación.

Por supuesto, también tengo que dar las gracias a un compañero digital especial: GPT4. Ha sido divertido trabajar contigo. Lo que al principio empezó como un experimento – integrar una inteligencia artificial en el proceso de escritura – ha dado lugar a una valiosa colaboración. Sin duda, los lectores disfrutarán descubriendo las secciones que escribimos juntos. Por último, con un espíritu de curiosidad, humildad y anticipación de lo que nos depara el futuro, cierro este agradecimiento. Es un momento apasionante para el mundo de las redes sociales y para nosotros como sociedad, y me entusiasman las posibilidades que nos aguardan.

¡Por un futuro brillante en el mundo digital!

Saludo de GPT4: *"Un gran agradecimiento a mis desarrolladores en OpenAI. Sin potencia y buenos algoritmos yo no sería nada 😊."*

Sobre el autor: Daniel Elger de Castro Luís

Me encanta el diseño y la gente siempre me fascina y me sorprende. Ambas cosas me han influido mucho profesionalmente: Soy consultora psicológica certificada de ejecutivos, consultora de comunicación, diseñadora y autora. Mi carrera profesional empezó en el diseño, donde tuve la oportunidad de dirigir varias agencias de publicidad como directora creativa. A continuación me especialicé en marketing y redes sociales, y en los últimos años me he centrado en la IA, la psicología de la comunicación y la consultoría con responsables de la toma de decisiones. Trabajo como consultor senior y soy profesor, entre otros, en la Academia Grundig de Núremberg. Además, soy hincha del 1. FC Nuremberg y del FC Barcelona y el mayor fan de las dos fuentes de creatividad y energía más brillantes que conozco, mis dos hijos.

Página web

www.danielelger.de

LinkedIn

Daniel Elger de Castro Luís

Instagram

#DanielElger

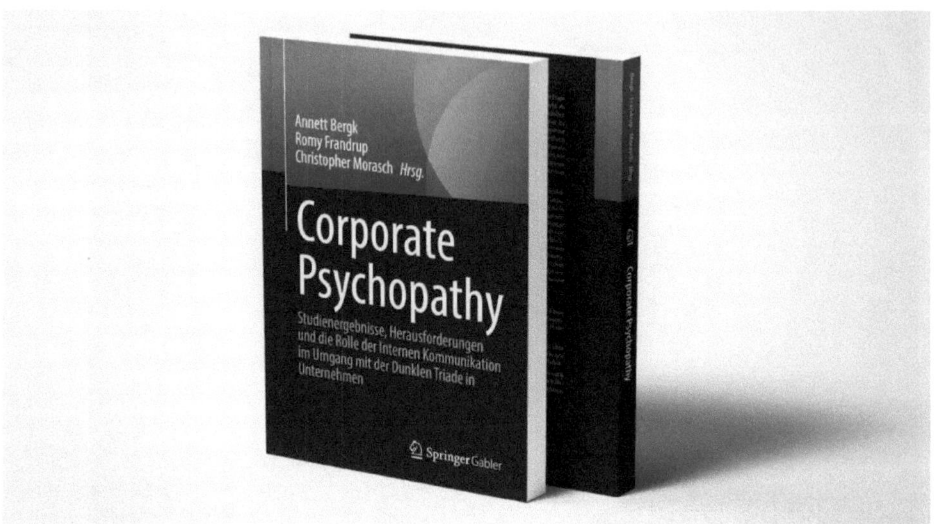

Recomendación de libro: Corporate Psychopathy (alemán)

Resultados del estudio, retos y papel de la comunicación interna frente a la Tríada Oscura en las empresas.

En este libro, expertos en comunicación de la teoría y la práctica exploran la cuestión de hasta qué punto son "psicopáticas" las cosas en los niveles directivos actuales. Desde hace más de 20 años, el término "tríada oscura" se conoce por la investigación psicológica y médica, y desde entonces lo encontramos regularmente en los medios de comunicación, que informan sobre la prevalencia de esta tríada de narcisismo, maquiavelismo y psicopatía en las suites ejecutivas y salas de juntas del mundo.

Este libro de referencia está dirigido a las personas que trabajan en equipo, son ellas mismas líderes en este campo o se preocupan por optimizar el trabajo en equipo. Pretende mostrar cómo actúan en las empresas las personas con tendencias psicopáticas, maquiavélicas o narcisistas, qué efectos tienen en el equipo y cómo se pueden mejorar diversas situaciones en términos de comunicación....

Se presenta una visión general de la investigación sobre los líderes narcisistas, maquiavélicos y psicópatas en el lugar de trabajo, junto con la forma en que los psicópatas corporativos son retratados en los medios de comunicación. Un artículo explora por qué los líderes a veces pueden necesitar parecer narcisistas. Un extenso artículo analiza las diferencias en los rasgos de personalidad psicopática entre directivos y personas sin responsabilidades directivas, y esboza lo que hay que tener en cuenta a la hora de cubrir puestos directivos. Varias contribuciones tratan del papel especial de la comunicación interna: ¿Cómo puede la comunicación interna reconocer las personalidades corporativas difíciles y qué conocimientos necesita para tener éxito con ellas? Se muestra cómo puede conseguir contener los efectos negativos de la psicopatía corporativa y se clasifican las posibilidades de la selección de personal para identificar a los psicópatas corporativos.

Redactores

**Annett
Bergk**

asesora como propietario
de la agencia de Hamburgo
EINFACHkommunikation
pequeñas y medianas
empresas en los ámbitos
de la comunicación
estratégica, el diseño
gráfico y la edición
y trabaja como profesor en
la Universidad de Ciencias
Aplicadas de Westfalia.

**Romy
Frandrup**

es publicista y psicóloga
empresarial.
 Cuenta con más de 15 años
de experiencia en los
campos de la comunicación
y el marketing y ha
trabajado para varias
agencias y empresas de
renombre en distintos
sectores.

**Prof. Dr.
Christopher Morasch**

es catedrático de
Relaciones Públicas en el
Departamento de
Informática y Comunicación
de la Universidad de
Ciencias Aplicadas de
Westfalia y fundador y
Director General de
digitell.me GmbH, una
empresa de software
especializada en encuestas.

Coautores

- **Daniel Elger de Castro Luís**
- Prof. Dr. Alexander Güttler
- Markus Knöpfel
- Linda Kopitz
- Melanie Lammers
- Lara Raschke
- Paula Slomian

Pida "Corporate Psychopathy" en aleman
aquí (escanear código QR):

www.corporate-psychopathy-buch.de

Por supuesto, también puedes conseguir el
libro en tu librería o tienda online de
confianza.

Recomendación de libro: La aventura de ser padres - Tu viaje hacia la paternidad amorosa (alemán)

El nuevo libro de Claudia von Stromberg - Sólo en alemán

Te invito a un inspirador viaje al mundo del apoyo amoroso a tu hijo. Este libro será tu fiel compañero en el camino de la crianza, lleno de retos, aventuras y momentos preciosos.

Cada página te ofrece no sólo un consejo práctico, sino también espacio para tu propia reflexión. Te ayudará a crear tu viaje con alegría, confianza y amor. Tanto si te estás iniciando en el acompañamiento de tu hijo como si ya llevas un largo recorrido.

Sobre la autora - Claudia von Stromberg

Claudia von Stromberg no sólo es una educadora experimentada, sino también una verdadera defensora de un enfoque sensible e individual de la crianza. Con sus profundos conocimientos basados en la pedagogía evolutiva y los reflejos centrados en la primera infancia (Kinflex), guía a padres y familias en su viaje hacia unas relaciones armoniosas y una crianza sana y amorosa.

Sin embargo, Claudia no sólo aporta sus conocimientos profesionales, sino también su propia experiencia como madre de dos hijos adultos. En su consulta y en su libro, combina estas experiencias personales con su profesión para ayudar a los padres a realizar cambios positivos y liberar todo el potencial de su familia. Su trabajo es un viaje hacia el amor, la conexión y la paternidad plena.